外国法制史简明教程

主　编　杨馨德
副主编　赵晗旭　刘　旗

上海财经大学出版社

图书在版编目(CIP)数据

外国法制史简明教程 / 杨馨德主编.—上海：上海财经大学出版社，2021.8
ISBN 978-7-5642-3779-0/F・3779

Ⅰ.①外…　Ⅱ.①杨…　Ⅲ.①法制史—国外—开放大学—教材
Ⅳ.①D909.9

中国版本图书馆 CIP 数据核字(2021)第 098080 号

责任编辑：刘晓燕
封面设计：张克瑶

外国法制史简明教程

著 作 者：杨馨德　主编
出版发行：上海财经大学出版社有限公司
地　　址：上海市中山北一路 369 号(邮编 200083)
网　　址：http://www.sufep.com
经　　销：全国新华书店
印刷装订：上海叶大印务发展有限公司
开　　本：787mm×1092mm　1/16
印　　张：13.25
字　　数：306 千字
版　　次：2021 年 8 月第 1 版
印　　次：2021 年 8 月第 1 次印刷
定　　价：48.00 元

前　言

《外国法制史简明教程》是江西开放大学法学专业教学团队成员针对高等学校及高等成人院校法学专业本科、专科学生而编写的实用性教材，是“高等学校法学专业选修课程教材”之一，也是江西开放大学法学专业的必修课程教材。

本书涵盖了楔形文字法、古印度法、古希腊法、罗马法、日耳曼法、英国法、美国法、法国法、德国法、日本法及欧洲联盟法等世界上具有代表性的法律体系，对上述法律体系的历史演变、主要法律内容、基本特征及历史地位做了系统的阐述，吸收了学界最新学术成果，适合法学专业外国法制史课程的教学，同时可供参加自学考试及国家统一法律职业资格考试者学习。

本书由杨馨德任主编，赵晗旭、刘旗任副主编，全书由主编、副主编审阅、修改，各参编老师协助主编、副主编校稿。具体分工如下：

杨馨德：绪论第一部分、第八章

赵晗旭：绪论第二部分、第四章第一节

刘　旗：第六章第三至第九节、第七章

谢洁茹：第一章、第二章

陈　松：第六章第一、二节

李庭杨：第五章

江　帆：第四章第二至第六节

潘　玮：第三章、第九章

我们在本书的撰写中参考了大量的学术界同仁的研究成果，对此本书编者表示真诚的感谢！

由于时间仓促加之水平有限，书中难免有疏漏、错误之处，敬请读者和专家指正。

编　者

2021 年 5 月

目　录

绪　　论

一、外国法制史学科的研究对象和体系

(一) 外国法制史的研究对象

外国法制史是法学体系中的基础学科之一，是以马克思列宁主义、毛泽东思想为指导，以世界上各种不同类型的具有代表性的法律制度产生、发展和演变的过程及其规律为研究对象的学科，是一门研究世界上各种不同类型的、有影响的、有代表性的法律制度的内容、形式、本质、特点和相互联系及发展规律的学科。究竟哪些法律制度属于具有“代表性”或者“有影响的”呢？一般来说，主要是指那些在世界法律发展史上占有重要地位的法律制度，比如，各种法系的母法，对后世法律或者当时的社会进步产生了重大影响的法律制度，对认识法的本质及法律与宗教、道德、伦理等社会现象的联系有直接帮助的法律制度，在立法技术、法律意识及司法活动等方面有独特表现的法律制度，对当代中国的法制建设具有重要借鉴意义的法律制度，等等。法律制度的内涵非常丰富，其外延也是多方面的。外国法制史学不仅要说明这些法律制度“是什么”，还要揭示“是什么”背后的“为什么”；它不仅要说明一种法律制度的内容、形式、特征和本质，还要解释这种法律制度与其他法律制度之间的联系和区别及这种法律制度与其他社会现象之间的相互关系；它不仅要说明一个特定时期某种类型的法律制度，更要阐明这种法律制度的来龙去脉以及造成其变化的原因，并且以具体事例为依据，总结法律制度发展、更替的规律。

法律制度和其他社会现象一样，都有自己产生、发展的过程和规律。因此，对于任何一种法律制度的研究，都应当把它放在一定的历史条件下，进行历史分析。这就是说：考察问题最可靠、最必需、最重要的就是不要忘记基本的历史联系，考察每个问题，都要看某种现象在历史上怎样产生，在发展中经过了哪些主要阶段，并根据其发展来考察这一事物现在是怎样的。

外国法制史的研究对象决定了这门课程不仅要从总体上分别揭示历史上各种类型的法律制度发生、发展、变化的一般规律，而且必须按照不同国家法律制度演变过程中合乎逻辑的年代顺序来安排自己的体系。因此，外国法制史的体系既要考虑同一社会经济形态中不同国家的法律制度在基本的、主要的方面属于同一类型，也要考虑它们的不同特征，在比较中阐明它们之间的具体联系和区别。时间界限大体上应以世界通史的历史分期为标准，

分古代、中世纪、近代、现代四个时期。历史上出现过不少因传承关系或某种联系而形成的相同又有差异的法律传统，即通常所说的“法系”，如楔形文字法系、希伯来法系、印度法系、罗马—日耳曼法系、普通法法系、天主教教会法系、伊斯兰法系等。这对于比较与研究各国法律制度的特点和相互借鉴关系具有参考价值。

（二）关于外国法制史学科的体系

外国法制史在我国法律学科体系中属于基础学科，它与各个部门法学如宪法学、民法学、刑法学、诉讼法学、国际法学等的关系，是历史和现实、一般与特殊的关系。今天的法律既是昨天法律的发展和延续，也是明天法律的瞻示。因此，每一法律部门都有自己的专史，其任务在于阐明各自领域的基本内容、原则和制度发生、发展、变化的具体规律。然而，外国法制史不同于这些专史，它不是各个法律部门史的简单拼凑，而是从总体上对各个法律领域的基本内容、原则和制度进行研究，揭示它们在不同历史阶段所表现出来的不同特点及相互之间的影响和联系，从而为各个法律部门专史的研究，理出一条基本线索。毫无疑问，部门法的专史也会不断以自己的研究成果，充实外国法制史。

对外国法制史所涵盖的内容进行划分，大致可以包含以下几种情况：

1. 以历史类型的划分为基础，可以分为奴隶制法、封建制法、资本主义法、社会主义法；

2. 以世界通史的历史分期为标准，可以分为上古时期法、中古时期法、近代时期法、现代时期法；

3. 以法系划分为参考，可以分为大陆法系、英美法系、伊斯兰法系、中华法系、印度法系、社会主义法系；

4. 以国别划分为依据，可以分为古埃及法、楔形文字法、古印度法、希伯来法、希腊法、罗马法、日耳曼法、天主教教会法、城市法、商法和海商法、伊斯兰法、英国法、美国法、法国法、德国法、日本法、俄罗斯法、欧洲联盟法。

总之，外国法制史是一门研究外国法律制度的基本内容、基本特点和发展规律的学科，在吸收和借鉴人类社会创造的文明成果和当今世界各国法制建设经验方面，有极其重要的作用。

第一，它揭示了历史上各种类型的法律制度产生、发展和变化的规律，展示出一幅贯穿古今的外国法制史发展的绚丽多彩、生动活泼的历史蓝图，从而开阔人们的视野，给人们以启迪，增强人们对法的理论的理解，正确认识法律这种社会现象，牢固树立马克思主义的法律观。

第二，它可以帮助人们从法律制度的沿革和变迁的起因及结局中，系统地总结历代统治阶级运用法律实施统治的经验，从中比较、鉴别，批判地利用和吸收，“古为今用，洋为中用”，以利于把我国建设为具有中国特色的社会主义法治国家。

第三，它从宏观和微观方面介绍世界上一些有影响、有代表性的法律制度和原则，提供外国法学研究和法制建设的最新信息，使我们能够知己知彼，在对外交往中更有力地维护我国人民的权益，加快我国法律学科和法律制度改革和建设的步伐。

二、世界各国法律产生和发展的概况

（一）古代法律制度

古代法律制度是指大约自公元前 4000 年起至公元 5 世纪西罗马帝国覆灭时为止的奴

隶制时期的法律制度。人类法律文明最早发端于东方文明古国，先后出现了古代埃及法、两河流域法和古代印度法，随后古代希腊法、古代罗马法也相继产生，并迅速发展。特别是随着罗马奴隶制商品经济的空前繁荣，罗马法成为奴隶制社会最发达、最完备的法律体系，对后世的资本主义立法产生了深远的影响。

古代时期一般是指奴隶制社会时期。其时间起讫，约从公元前4000年人类社会产生私有制、阶级以及国家与法的时候起，到5世纪西罗马帝国灭亡时止。由于各个地区经济发展水平和自然环境以及其他条件存在差异，原始公社制度的解体和奴隶制法律制度的产生与发展，呈现出极不平衡和错综复杂的情况。

据最新的考古资料证明，在人类历史上，奴隶制法最早出现于西亚两河流域的巴比伦地区。该地区在公元前6000年前后开始步入阶级社会，形成了不少城市国家。至公元前4000年出现了法律文明。到公元前3000年前后，成文法典开始登上历史舞台，其中比较著名的是《乌尔纳姆法典》(也称《苏美尔法典》)，由于这些法律都使用古代苏美尔人发明的楔形文字来书写，故一般被称为"楔形文字法"。公元前18世纪巴比伦王国的《汉穆拉比法典》，是楔形文字法的代表。

非洲尼罗河流域的埃及，其法律史也非常悠久。根据确切的史料，大约在公元前4000年埃及也出现了习惯法。至公元前3200年，埃及第一王朝的创始人美尼斯(Menes，约公元前3200年登位)就开始制定成文法。至公元前8世纪，这种立法已发展到相当规模，并编纂了系统的法典。法典之外，还出现了由宰相等行政官吏所发布的法规、命令等。与此同时，全国建立了比较系统的法律体系，即在中央法院之下，分设了六个地区法院，由国王的大法官领导。在里面工作的法官，既兼任地方的行政官员，同时还是高级僧侣。从考古发现的古代埃及留下来的一些法庭原始记录(其年代约在公元前2500年)来看，当时的民事诉讼和刑事诉讼都已达到一定规模。当然，由于波斯、马其顿和罗马的征服与统治，埃及奴隶制法的独立发展自公元前6世纪起就中断了。

公元前15世纪，亚洲南部的印度地区奴隶制国家逐渐兴起，并开始出现习惯法。公元前7世纪，在印度产生了婆罗门教，编纂了《吠陀》等教会法文献。公元前6世纪，又产生了佛教，编写了《律藏》等典籍。至公元前4世纪，在婆罗门教和佛教的基础上产生了印度教，教法也日趋完备，编纂了比较系统的《摩奴法典》，它虽然是宗教法规，但也规范着婚姻、家庭、财产、契约、继承、犯罪与刑罚等世俗社会生活。

公元前11世纪，在中亚出现了希伯来奴隶制国家，当时的祭司编纂了《摩西律法》，其核心是《摩西十诫》(Ten Commandments)。它既是犹太教的经典，又是希伯来国家的基本法律文献，主要是各种习惯法和祭司法院判例的汇编。希伯来法一方面继承了楔形文字法的许多内容，另一方面又发展了许多新的法律原则。因此，虽然希伯来国家为罗马帝国所灭亡，但它的法律规范为基督教立法所吸收，从而影响到整个西方世界。

古代亚非一些主要国家的法律制度，有许多共同特点：长期保留着土地公有形式；保留着原始公社的许多残余；家庭奴隶制没有绝迹；君主专制制度和宗法制的家庭生活方式占统治地位；习惯和专制君主的命令是法律的主要渊源。这说明，古代亚非国家的法律制度还很不完备，发展十分缓慢。

但是,这些国家的法律制度还有许多不同特点。古代埃及法产生最早,对后来的希腊化国家的法律和罗马法都产生过巨大影响,可惜它几乎没有一部完整的成文法典流传到后世。闻名于世的楔形文字法——《汉穆拉比法典》是世界上最早的一部比较完整的成文法典,它以清晰的文字记载着古代美索不达米亚平原所特有的奴隶占有制关系,对以后的希伯来法和西亚其他地区法律制度的形成和发展有巨大影响。古印度和希伯来的法律制度是另一种典型,它们都是具有浓厚宗教色彩的宗教法,立法指导思想主要是宗教教义;法律规范、宗教规范、伦理道德规范不分,相互作用、相互补充。古印度著名的《摩奴法典》,其内容多半是古远年代的惯例,给人以强烈的宗教感,最初受婆罗门教影响,后又直接受佛教和印度教影响。这部法典在东南亚地区法律制度的发展中占有十分重要的地位。希伯来法尽管在历史上存在的时间较短,但对欧洲的教会法和阿拉伯国家的伊斯兰法有着直接影响。

古代东方国家的法律制度是奴隶制早期阶段社会经济结构和政治制度特点的反映。古代西方希腊和罗马的法律制度则反映了奴隶制发达时期经济关系和阶级结构的特点。当然,希腊和罗马也经历过奴隶制的早期阶段。那里的法律制度有一段漫长的产生、发展和逐渐臻于完备的过程。

上述亚非国家进入文明社会的同时,欧洲地区也开始形成国家与法。公元前20世纪前后,希腊的克里特岛地区率先进入阶级社会,公元前15世纪,迈锡尼地区产生了国家。公元前8世纪至公元前5世纪,希腊国家日趋成熟,其法律也不断发展、完善。公元前8世纪,古代罗马也开始进入阶级社会。经过多次改革,罗马法律日趋完善。至公元3世纪,随着罗马帝国的版图扩及欧、亚、非三大洲,其法律达到古代世界最完备的程度。公元6世纪查士丁尼(Justinianus, 483-565, 527-565年在位)的法典编纂,是对罗马一千五百余年法律发展的集大成,为近代西方法奠定了历史基础。

希腊是欧洲最先进入阶级社会和产生奴隶制国家的地区。早在公元前12世纪到公元前6世纪,希腊本土就已形成了几十个城邦国家,相应地产生了各个城邦的习惯法和成文法。由于各国经济发展不平衡以及自然环境和历史条件的影响,古希腊各国一直没有形成统一的整体,因而也没有形成统一的法律体系。所谓希腊法,实际上是各个城邦多种法律的组合。其中影响最大的,一是奴隶制贵族政体的典型——斯巴达,二是奴隶制民主制的典型——雅典。

雅典的工商业和航海业发展迅速,因而较早地进入奴隶制发达时期,正是在这样的基础上建立起奴隶制民主共和国。其法律制度保证了雅典公民的民主权利,调整了自由人内部的私有财产关系;债法比较发达;刑法十分残酷;开始有私诉和公诉的区分;相应地建立起一套比较完整的诉讼制度。斯巴达法律制度的特点,与其贵族专政密切相关,普遍实行严格的军事训练,全国布满军营,土地被分为不可转让的“份地”。公民与自由人(庇里爱克)以及奴隶(希洛人)的地位极不平等。

希腊各城邦很早便与埃及、迦太基和西亚各国有着经济和文化交往,吸收了那里的不少法律文化,从而形成了自己独特的法律体系,并影响了罗马法的发展进程。希腊法之所以对罗马法有直接影响,不仅是因为罗马在历史上一直与希腊有着十分密切的经济、政治和文化交往，而且因为罗马最早的成文法（十二铜表法）是在考察了希腊、西西里，翻阅了那里的法律文件之后制定的；罗马法的理论基础来源于希腊的自然法思想。

自公元前4世纪希腊被马其顿征服后，两河流域各国、埃及、巴勒斯坦、叙利亚等地都相继成为马其顿帝国的组成部分，它们的法律进入了希腊化时期（公元前4世纪至公元前1世纪）。

罗马法形成较晚，却后来居上。公元前3世纪以贵族为主体的罗马共和国一跃成为地中海沿岸的统治者。罗马奴隶制经济发展迅速，阶级关系和民族关系复杂。正因如此，罗马法超越希腊法，进而发展成为奴隶制社会最发达、最完备的法律，对奴隶制占有关系，特别是对简单商品生产的各种关系（如买主和卖主、债权人和债务人、契约、家庭等）都做了详尽而明确的规定，以至于后来调整商品经济的法律，都不能对它做实质性的修改。恩格斯说："罗马法是商品生产者社会的第一个世界性法律。"

（二）中世纪法律制度

中世纪法律制度是指自公元5世纪起至17世纪英国资产阶级革命时为止的封建社会的法律制度。这一时期各民族封建法律的表现形式及其特点都存在着相当大的差异。法律渊源的多样化是贯穿西欧各地整个中世纪法律的最主要的特点。

从公元5世纪开始，印度逐渐转变为封建社会。由于此时占据统治地位的印度教是由婆罗门教和佛教结合而成，因此，集婆罗门教和佛教各种法律经典而成的《摩奴法典》也成为该时期的基本法律渊源。公元11世纪以后，一方面，随着阿拉伯帝国的入侵、印度皈依伊斯兰教，伊斯兰法也成为印度的法律渊源之一；另一方面，印度教徒自己为适应社会发展的需要，也撰写了不少解释《摩奴法典》等经典的文献，如《米泰沙拉》等，构成了调整印度封建社会各个领域法律关系的规范体系。

在日本，646年的"大化革新"确立了天皇中央集权专制制度，完成了由奴隶制向封建制的转变。《大宝律令》（701年）、《养老律令》（718年）等是这种转变的法律总结。从1192年至1868年"明治维新"，日本进入幕府统治时期。1232年的《御成败式目》和1740年的《公事方御定书》等武家法典确立了幕府封建法制的基础。

在中亚地区，公元7世纪初建立了阿拉伯封建统一帝国，形成了伊斯兰教法。穆罕默德（Muhammad，约570-632年）发布的《古兰经》，以他的言行为内容汇集的《圣训》，以及教法学家的著作等，既是伊斯兰教的基本规范，又构成了阿拉伯国家封建法律的基础。

西欧封建法律制度史分为早期、中期和晚期三个时期：

在早期，各国盛行日耳曼习惯法。有一些习惯法被写成文字，如《撒利克法典》《西哥特法典》《盎格鲁—撒克逊法典》等。这些法典被统称为"蛮族法典"，并在它们的基础上形成对西欧各国法律发展具有深远影响的日耳曼法。

在中期，各国法律制度出现很大差异。在原高卢和西班牙地区即西欧大陆，商品货币经济的发展引起"罗马法的复兴"并被广泛采用，日耳曼法与罗马法逐渐融合。而在不列颠，罗马的征服几乎没有留下痕迹，法律的发展在很大程度上受11世纪诺曼征服的影响，创建了适用全国的"普通法"，从而奠定了英吉利法系的基础，与直接采用罗马法的大陆法系，形成鲜明的对照。

在晚期，伴随“罗马法的复兴”，商法、海商法和城市法应运而生。这与11世纪以来地中海沿岸商业和海上贸易的恢复和发展以及自治城市的出现有直接、密切的关系。商法既渊源于各地的商业习惯，也深受罗马法的影响，并逐渐通过各自治城市订立条约和司法实践，使其规则趋于一致，从而出现了不少“商法典”和“海事判例集”。这些“法典”和“判例集”便成为后来西欧大陆各国商法典和英国普通法中商法规范的主要渊源。商法、海商法、城市法和罗马法的复兴汇合在一起，为近代资本主义法律的诞生准备了条件。

由于中世纪西欧特殊的历史条件，天主教会居于至尊地位，因而教会法规在西欧法律的发展中具有重要意义，尤其在婚姻、家庭和继承方面，至今仍有巨大的影响。

东欧5世纪以后出现了两种情况：一方面，东罗马帝国开始从奴隶制向封建制过渡；另一方面，居住在拉巴河沿岸与波罗的海沿岸的斯拉夫人的一些强大部落从前封建社会向早期封建社会过渡。

俄国自9世纪末罗斯封建王国建立开始，到19世纪60年代废除农奴制，封建主义统治经历约900年时间。从俄国封建法律的发展中，可以看到罗马法和拜占庭教会法对它的影响。

从中世纪各个国家和地区封建法律的发展过程，我们可以看到，东西方之间存在着一些差异，表现在以下方面：

中世纪的东方，由于国家结构和政体形式是中央集权和君主专制，因此，尽管也有分散的习惯法，但国家的法律总体上是比较集中、统一的，不仅《摩奴法典》《古兰经》适用于印度和阿拉伯帝国的全境，而且《大宝律令》《御成败式目》等也是通行于日本全国的权威法典。但在西方，法律渊源则比较分散，不仅有教会法与世俗法的区别，在世俗法中，也有各种法律渊源，如习惯法、王室法、罗马法、商法、城市法等。

中世纪的东方，刑法比较发达。而在西方，尽管社会性质是封建制，但前期由于罗马帝国的传统影响，后期由于城市和商业的兴起，因此私法关系比较发达，如欧洲大陆的罗马法、商法、城市法，英国的衡平法等。这些，成为近代资产阶级民商法的基础。

中世纪的东方，法律或者和道德规范相混，如日本等；或者与宗教重合，如印度、伊斯兰社会等。而在西方，法律和宗教是并列的，虽然在内容上互相影响，但却是彼此独立的，形成教会法和世俗法并存的二元局面。

中世纪的东方，一直到19世纪被西方列强入侵，一直未能产生调整商品生产的法律体系。而在西方，自11世纪起，就在地中海沿岸的国家中形成了具有一定发展水平的城市法、商法和海商法，它们虽然比较简单、粗陋，但其中却包含了一些平等的、正义的规范，从而构成了近代资产阶级法的一部分。

中世纪东西方的法律，虽存在上述差异，但在本质上是相同的，且由于生产方式相近，因此与古代东西方奴隶制法相比，具有更多的共同点。

(1) 公开的等级不平等。封建制度的基本特征之一就是等级制，中世纪东西方的法律既反映了这一特征，又强化了这一特征。无论是日本、印度、阿拉伯帝国，还是在西欧的法兰克、英国、基督教会的法律中，都在财产所有、婚姻、家庭、刑罚、继承等方面规定了不同的等级，即使是相对自由的西欧城市，其行会内的法律也是等级森严的。

(2) 对不动产做了充分规定。在封建制度下，土地等不动产是社会的主要财富。因此，各个封建国家的法律对不动产所有权都尽可能做出详细的规定。从日本的《御成败式目》、印度的《摩奴法典》、伊斯兰的《古兰经》，到日耳曼法的代表《撒利克法典》，以及英国的普通法都是如此。只是到了中世纪末期，由于资产阶级的兴起，西欧的动产法律才开始显得重要。而在东方，这是迟至 19 世纪的事情。

(3) 家族本位。在中世纪，无论是东方还是西方，家族都是共同生产和共同消费的社会单位。为了维护这一社会单位的稳定，家族就成了法律保护的出发点和中心。至于个人，无论是男性还是女性，也无论成年与否，均处在依附于家族的地位。他们的权利与义务关系，必须服从家族的利益。

(4) 男尊女卑。中世纪东西方的法律，对男尊女卑都做了明确的规定。如妻子应处于夫权的支配之下，丈夫可以随意休掉妻子，而妻子的离婚请求则受到种种限制。当然，与中世纪东方国家相比，日耳曼法和教会法规定的妇女地位相对要高些，如日耳曼法规定，丈夫要处理妻子的不动产，必须征得妻子的同意等。而在东方各国，是看不到这样的规定的。

(5) 习惯法的地位比较重要。在古代西方，希腊和罗马曾因商品经济的高度发达而诞生了一系列成文法典，并形成了一个发达的成文法典体系。至中世纪，由于罗马帝国的灭亡，在其废墟上建立国家的日耳曼民族刚刚脱离原始社会生活，因此，习惯法在法律渊源中占据主导地位。即使后来编纂了一些法典，也只是习惯法的汇编。在印度和阿拉伯，虽然有教法经典《摩奴法典》《古兰经》等，但主要法律渊源仍然是习惯法。在日本，12 世纪末律令制国家解体后，调整社会关系的法律规范主要是武家习惯；其基本法典《御成败式目》，也是武家习惯的汇编。

(三) 近代法律制度

近代法律制度是指自由资本主义时期的法律制度，其时间自公元 17 世纪资产阶级革命先后在各国获得胜利起，至 19 世纪末自由资本主义过渡至垄断资本主义时为止。各国先后完成了自由资本主义法律制度的创建，确立了主权在民、三权分立、法律面前人人平等的宪政原则，贯彻资产阶级刑法、民法和司法的基本原则和制度，充分体现了自由主义和放任主义的时代特征。

发生于 1640 年的英国资产阶级革命，经过复辟与反复辟的长期斗争，终于在 1688 年以所谓“光荣革命”的方式，确立了君主立宪政体，以资产阶级和贵族的妥协而告终。尽管取得政权的资产阶级和新贵族为适应资本主义经济发展的需要，进行了经济的、政治的和法律的改革，但其仍然继承了封建时期的原则、制度和法律传统，保留了封建时代的司法机构。

美国原属英国的殖民地，爆发于 1775 年的独立战争本质上是资产阶级革命。1776 年，在启蒙思想家的影响下，美国发表了著名的《独立宣言》，随后制定了《邦联条例》和《美国宪法》。独立后的美国的法律制度，一方面继承了英国法的传统和特点，另一方面却始终注意清除英国法中不适合美国国情的封建的、烦琐的形式和内容，建立适应美国资本主义经济发展需要的政治法律体系。

法国原本是一个封建君主专制的农业国。自 1789 年的资产阶级革命始，法国一直沿着上升路线发展，迅速走上了创建资本主义国家与法律制度的道路。从1804年到1810年的短短6年间，法国连续制定出《法国民法典》《法国民事诉讼法典》《法国商法典》《法国刑事诉讼法典》和《法国刑法典》。这些法典吸取了法国民族的法律文化传统和革命以来的立法成就，首创了系统、完善的资本主义法律体系，成为举世效法的楷模，奠定了大陆法系的基础。

德意志原是封建诸侯割据的国家，资本主义发展较晚，至19世纪50年代至60年代，才开始由农业国转变为工业国。资本主义的进一步发展使得德意志的统一成为当务之急。统一是于1815年至1898年通过普鲁士首相俾斯麦推行"铁血政策"自上而下完成的，实质上是一场实体法和程序法资产阶级革命。1871年1月18日，德意志帝国正式宣告成立，标志着统一任务的完成。

统一前，德国各邦都接受了罗马法传统，兼受日耳曼法和教会法的影响。统一后，立即于1871年制定了《德意志帝国宪法》，并于1897年以前陆续公布了《德国刑法典》《法院组织法》《民事诉讼法》《刑事诉讼法》《破产法》《德国民法典》《德国商法典》。这些立法对大陆法系的最终形成有很大影响。

东欧的俄国和东方的日本，资本主义发展也都比较晚。1861年2月19日，俄国沙皇政府颁布了废除农奴制法令，标志着俄国从封建制度开始向资本主义制度过渡。接下来又进行了一系列自上而下的政治、司法改革，其主要法律成果是1885年生效的《俄罗斯帝国法律全书》。日本在1867年以前由封建幕府统治。1868年9月通过倒幕运动，建立起中央集权的天皇制国家，改年号为"明治"，实行一系列资产阶级改革，史称"明治维新"。日本的一系列立法深受德国法的影响，但保留了浓厚的封建残余，在大陆法系中，成为兼有东方法律文化传统的代表者之一。

资产阶级法律不像奴隶制和封建制法律那样公开主张阶级、等级的特权。它宣布"公民在法律面前人人平等"，"自由"是不可割让的权利，等等。这无疑是一巨大进步。

近代时期，资本主义法律制度的一个突出特点是形成了大陆法系和英美法系。

大陆法系亦称"民法法系"或"罗马—日耳曼法系"。它以法国和德国为代表，从中世纪后期开始，在罗马法的基础上，融合了日耳曼法、天主教教会法以及其他法律成分，逐渐形成世界性的法律体系。其分布范围极为广泛，以欧洲大陆为中心，遍及全世界广大地区，包括近东、亚洲、非洲，特别是中南美洲，如巴西、阿根廷、秘鲁、智利、哥伦比亚，一些阿拉伯国家(叙利亚、伊拉克、约旦等)、日本、泰国、菲律宾、印尼、阿尔及利亚、埃及、突尼斯、摩洛哥、土耳其、刚果、卢旺达、布隆迪、南非、英国的苏格兰、美国的路易斯安那、加拿大的魁北克等。此外，北欧各国即斯堪的纳维亚法律也接近大陆法系。

英美法系亦称"英吉利法系"或"普通法法系"，是以英国普通法为基础，兼以衡平法和制定法为主要渊源，融合教会法和商人法，吸收罗马法的一些原则和制度，逐渐形成的世界性法律体系。因美国具有自己的突出特点并在其中占有重要地位，故称"英美法系"。除英国、美国外，其成员也分布于世界各地，主要有：爱尔兰、加拿大(魁北克除外)、澳大利亚、新西兰、印度、马来西亚、新加坡、冈比亚、尼日利亚、加纳、肯尼亚、乌干达、赞比亚等。

两大法系的主要区别在于：(1)大陆法系沿袭罗马法关于法律分类的学说，将整个法律体系分成各个法律部门并分别制定成法典，辅之以单行法规；英美法系则没有大陆法系那种分类，也不制定大陆法系那种系统性、确定性和逻辑性很强的法典，而将判例法奉为主要渊源，以“遵循先例”为原则。(2)大陆法系主要是在继承罗马法的基础上发展起来的；英美法系则没有全面继承罗马法，而只是吸收了罗马法的若干原则和制度。(3)大陆法系将全部法律划分为公法和私法两大类，强调制定法的权威，法官只能严格执行法律规定；英美法系则延续了中世纪英国的法律制度，体系庞杂，缺乏系统分类，强调法官的裁量作用，法官可以通过解释法律创制先例，对后来同类案件的审理有约束力。(4)大陆法系重视理论在法律发展中的指导和推动作用，英美法系则强调经验和法律的实际应用。(5)大陆法系在制作司法判决的技术风格上注重概念明确、语言精练，富于逻辑性，采用演绎推理形式，以法律条文为大前提，以案件事实为小前提，然后推导出必要的结论；英美法系则讲求实际，恪守先例，采用归纳推理形式，从大量的判例中归纳出普遍适用的原则，然后得出处理本案的结论。(6)大陆法系重视实体法和程序法的区分，程序法被视为从属于实体法，是适用实体法的工具，实行纠问式诉讼以及普通法院和行政法院双轨平行的体制；英美法系则奉行“程序中心主义”，强调程序法的重要性，实行对抗制诉讼，行政诉讼由普通法院管辖。

尽管两大法系之间有上述种种差异，但它们形成的历史背景、思想理论基础大体相同，不少制度和原则极其相似。而且随着世界经济、政治、文化的发展，两大法系逐渐出现相互借鉴与融合的趋势。

(四) 现代法律制度

1. 世界各主要资本主义国家法律制度的发展

20世纪以来，各资本主义国家普遍推动了法律的变革，基本实现了垄断资本主义条件之下法律原则和制度的现代化发展。在现代社会，各国法律的发展呈现出较多的共性。虽然经历了德国、意大利和日本法西斯主义的肆虐过程，但从总体趋势看，是在不断进步，并日益完备。

第一，一些新的法律部门开始崛起。如在资本主义由自由转入垄断的背景下，国家加强了对经济的干预，从而形成了经济法这一新兴的法律部门。随着现代科技的进步，出现了科技法、环境保护法、能源法、航空航天法、知识产权法等新的法律领域。随着现代社会国际间经济贸易的发展，在传统的国际法领域内，出现了国际贸易法、国际投资法、国际税法、国际反不正当竞争法、国际反倾销法等新的分支学科。

第二，行政法的地位日显重要。20世纪以后，随着国家行政事务的增多和管理领域的扩大，政府的权力日益膨胀，行政管理活动中侵害公民的事例也不断增加。为了理顺行政活动中方方面面的关系，限制政府权力的滥用，使其依法行政，保护公民不受行政权力的侵害，各国的行政法得到迅速发展。即使是以前不承认或忽视行政法的英美法系国家，也制定了许多行政实体法和行政程序法。现代行政法的发达，是现代国家法制日益完备的重要标志。

第三，法律的社会化倾向越来越突出。20世纪以后，不仅各种体现社会利益的法律部门，如劳动法、社会保障法等迅速崛起，而且在传统的法律领域，其社会化倾向也越来越突出。如在民商法领域，强调社会的公共利益，对私人财产所有权和契约自由的限制不断加强；在刑法领域，累犯的加重惩处、保安处分的强化、青少年犯罪的防治等，都表明了法律对社会利益的关注。

第四，法律的民主化日渐受到重视。20世纪以后，在各国宪法中，公民权利日益受到重视，规定得越来越详细。尤其是第二次世界大战以后，法国、德国和日本等大陆法系主要国家，都制定了比较民主、自由、和平的新宪法，对公民的财产权、劳动权、受教育权、居住权、迁徙权，以及言论、出版、集会、结社、宗教信仰等各种自由做了明确规定。在英国，通过制定一系列关于婚姻、家庭、选举、财产等单行法规以及做出许多重大判例，保障了公民的民主权利和自由。在美国，则通过一系列的宪法修正案，废除了种族歧视、性别歧视等现象，保障了公民的各项政治、经济、文化、教育和医疗等的权利，在比较广的范围内实现了资产阶级的民主。

第五，法律的统一化和国际化趋势加强。20世纪以后，随着世界经济联系日益紧密，文化交流空前频繁，法律的统一化和国际化趋势也不断加强。表现为：首先，两大法系之间互相靠拢，即英美法系国家的成文立法不断增多，而大陆法系各国则开始注重判例的作用，并引进英美诉讼程序法中的一些原则以及破产法中的各种救济手段等。其次，东盟法、欧盟法和世界贸易组织法的出现，一方面促进了其成员国之间立法和司法的统一，另一方面，由于东盟、欧盟和世界贸易组织涉及的国家多，在国际交往中影响大，因此也加强了法律发展中国际化的趋势。

2. 社会主义法律体系的诞生

20世纪以后，世界法律发展的最大变化是社会主义法的诞生。1917年俄国十月革命的胜利，在世界上诞生了第一个社会主义国家，1924年，又建立了苏维埃社会主义联盟。经过十多年的努力，苏联先后制定了宪法、民法、刑法、民事诉讼法、刑事诉讼法、土地法、森林法和行政法典等，形成了比较系统的法律体系。第二次世界大战以后，随着南斯拉夫、罗马尼亚、捷克斯洛伐克、波兰、民主德国等东欧一批国家以及中国、朝鲜、越南等亚洲国家走上社会主义道路，社会主义法律体系得到了进一步的扩大和丰富。20世纪80年代末，在苏联解体和东欧剧变的冲击下，社会主义法律体系受到了挫折，但许多社会主义国家在坚持社会主义基本方向的基础上，结合本国的国情，进行了比较大的改革，使社会主义法律体系更具有自己的特色，并在世纪之交的世界法律发展中占有重要的一席之地。

3. 新兴民族独立国家法律的振兴

第二次世界大战后，伴随民族、民主运动的高涨，旧的殖民世界迅速崩溃，产生了许多民族独立国家。这些国家原是宗主国的殖民地，分别受大陆法系或英美法系的影响。独立后各自依据自己的国情，进行了丰富多彩的法律改革。尽管这些改革仍未摆脱原属法系的影响，但已形成了发展中民族国家法律的特色。例如，信奉伊斯兰教的国家，形成了西方法律与伊斯兰法混合的法律制度；印度1950年宪法宣布“英国以前在印度施行的法律继续有效”(第372条)的同时，仍在亲属法、继承法中保留了印度教法的传统；其他英语国家如埃塞俄比亚、加纳、尼日利亚等则参照大陆法系的经验，重新制定了自己的民法、商法、刑法、民事诉讼法和刑事诉讼法；非洲各法语国家独立以后制定和公布了一百多部法典，同时也吸收了英美法因素；等等。

进入21世纪，尽管国际形势复杂多变，人类社会面临种种挑战，但由于经济全球化趋势深入发展，科技进步日新月异，各类全球性和区域性合作体制生机勃勃，呈现新的发展态势。

第一章 古代法概述

本章重点

《汉穆拉比法典》；两河流域法；雅典法律制度

第一节　楔形文字法

一、概述

（一）楔形文字法律的概念

楔形文字是起源于古代两河流域的一种古老文字，因为这种文字是用削尖的芦苇秆或木棒在泥板上刻画而成，很像木楔，故称楔形文字。公元前3000年至公元1世纪，楔形文字在两河流域被广泛使用。

楔形文字法是指古代使用楔形文字编写的法律的总称，包括苏美尔人、巴比伦人、亚述人、依兰人、赫梯人等建立的国家所适用的法律。此法律起源于两河流域之美索不达米亚平原，有学者称为美索不达米亚法，但范围过窄。如称其为古“近东法律”，又过于宽泛，因为犹太法和埃及法不属于楔形文字法律。楔形文字法是世界上最古老的成文法律，本身带有独特的结构、体系和共同特征，它既不同于埃及法，又与后来的希腊法、罗马法存在很大差异。

（二）楔形文字法律的沿革

楔形文字法律在古代法律史上存在大约有3000年的历史，有其产生、发展到消亡的具体过程。

公元前3000年左右，西亚两河流域南部出现一些奴隶制小国，称为城市国家，法的形式是习惯法。小国间经常发生战争，后来乌尔国家实现统一，称为乌尔第三王朝，其创始人乌尔纳姆编纂了适用全境的成文法典《乌尔纳姆法典》，是历史上第一部成文法典。除序言共29条，序言中提到乌尔纳姆的权力是神授的，按神的意图在人间确立正义和社会秩序。其主要内容规定：禁止巫术，主人要给捕获奴隶者一定报酬；伤害他人要罚款及婚姻、家庭、继承、刑罚等方面的规定。

乌尔第三王朝灭亡后，随后出现的小国制定了一些成文法典，有拉尔萨的法典三部，即《苏美尔法典》《苏美尔亲属法》和《尼尼微法律教本》，伊新的《李必特·伊丝达法典》、埃什嫩那的《俾拉拉玛法典》等，都用楔形文字书写。从内容看，社会上雇佣、租赁、借贷不动产及奴隶的买卖十分流行。法典以罚金、赔偿的方式来取代过去实行报复的手段，还较详细地规定了婚姻家庭和继承方面的内容。技术、体系比《乌尔纳姆法典》更进一步，《俾拉拉玛法典》和《李必特·伊丝达法典》还有序言和结语，都对《汉穆拉比法典》有影响。

公元前18世纪，古巴比伦第六代国王汉穆拉比在吸取两河流域固有的苏美尔·阿尔德立法与伊新·拉尔萨时期各小国立法经验的基础上，制定了《汉穆拉比法典》。

(三) 楔形文字法律的传播

汉穆拉比死后，巴比伦一度沦于亚述的统治下。公元前15至11世纪中期亚述时期，曾编纂了一部法典，史称中期亚述法典。法典有3表，许多条款与汉穆拉比法典类似。除《亚述法典》外，还有一部楔形文字书写的《赫梯法典》。颁布约在公元前14世纪至公元前13世纪初，共有3表，200条。刑法条款较发达，有闪姆语系的特点。法典受《汉穆拉比法典》影响很大，赎罪金最多。

楔形文字法律先后为亚述、赫梯、依兰等国家使用，直至波斯帝国时期。公元前1世纪左右，伴随波斯帝国灭亡，楔形文字法律趋于消失。

(四) 楔形文字法律的主要特征

(1) 几部楔形文字法典在结构体系上比较完整，一般划分为序言、法典文本和结语。最早的《乌尔纳姆法典》到目前为止仅发现有序言和法典文本，没发现结语，《李必特·伊丝达法典》三部分齐全，《汉穆拉比法典》发展到最完备的形态，是一部内容详尽、体系完整的成文法典。

(2) 各国统治者有意将法律描绘为神的意志的体现，这是由当时生产力发展的水平以及人们的宗教信仰程度所决定的。楔形文字法律虽然被说成是听从神的意志而制定的，但这些立法均非宗教性质，一般均由世俗的君主通过各种手段加以制定或编纂，不像印度、希伯来等法律带有浓厚的宗教色彩。

(3) 楔形文字法律的内容缺乏一般的抽象概念和立法原则，多半是针对某种事例、纠纷，确定解决的具体办法，实际上均是习惯的记载或审判实践的记录，也是一些在处理具体案件时所体现的具体原则。

二、汉穆拉比法典的制定、结构及其历史地位

(一)《汉穆拉比法典》的制定

传世的《汉穆拉比法典》是公元前18世纪左右，由古巴比伦王国第六代国王汉穆拉比在晚年颁布的。法典原文刻在黑色玄武岩的石柱上，是1901年法国考古队在伊朗苏萨古城旧址发现的，经过各地抄本的补充，成为迄今为止世界上保留最为完整的一部奴隶制成文法典。法典制定的原因有三个方面：

(1) 迅速消除境内法律的不统一和地方上各自为政的混乱现象。汉穆拉比将两河流域

存在的习惯法予以加工、整理，编纂了一部全国适用的法典；

(2) 适应私有关系的发展，调整新产生的各种关系；

(3) 缓和自由民内部的矛盾，稳定社会秩序，巩固奴隶主阶级的统治。

(二)《汉穆拉比法典》的结构和体系

(1)《汉穆拉比法典》是根据所调整的社会关系内容，针对古巴比伦社会存在的实际问题进行编排的，其内容大致包括法院、诉讼、盗窃处理、租赁、雇用、商业高利贷、债务关系、家庭和婚姻、伤害赔偿以及劳动工具和奴隶地位等方面的规定，是一部司法判决的汇编。

(2)《汉穆拉比法典》分为序言、正文和结语 3 部分，正文共 282 条。在序言里，汉穆拉比宣称自己是神的代理人，声称天神和苏美尔土地神等将国家交给他统治，然后列举不少头衔，称颂自己的伟大，并指出他给本国各城市居民的“恩惠”和“德政”。

法典正文是最主要的部分，根据条文的性质和调整社会关系的不同内容，可分为下列几部分：法院(1-5 条)；财产(6-126 条，其中 67-70 条为突厥文)；婚姻、家庭和继承(127-193 条)；保护人身(194-227 条)以及劳动和劳动工具(228-282 条)等。

在结语部分，汉穆拉比王在臣民面前列举自己的丰功伟绩，并进一步劝慰后世的国王要执行他所确定的“公正的法律”；相反，对那些将来不愿遵守他的法律的人进行了种种诅咒。

(三)《汉穆拉比法典》的历史地位

《汉穆拉比法典》在古代西南亚奴隶制法的发展中占有重要地位，它包含了两河流域《苏美尔法典》的精华，集两河流域古代法律的大成。从世界范围来看，它也是奴隶制早期一部比较完备的成文法典。至今在其他国家中尚未发现这样内容详尽且保存得相当完整的法典。它对后来东方一些国家的法律产生影响，法典的许多部分，特别是有关契约、债权、损害赔偿等方面的规定相当完备，是许多早期奴隶制国家的立法文献所不能比拟的，甚至超过欧洲某些国家早期立法发展的水平。它对赫梯、亚述、新巴比伦、波斯等国的成文法律产生过一定影响。亚述和希伯来人的摩西法律均源于或直接采用《汉穆拉比法典》。

三、《汉穆拉比法典》的主要内容

(一) 极力维护君主专制制度，借神权保护王权

在古巴比伦，国王居于最高的统治地位，集行政、立法、司法和祭祀大权于一身，丝毫不得违抗。法典将神权与政权密切结合，用神权维护政权，借以愚弄、欺骗广大奴隶和贫民。国王的官僚机构的主要官吏是奴班达，管理与监督一切重要事务，是国王私人事务的管理人。大城市由沙根那库管辖，基层管理者称为拉比阿奴姆。军队是官僚机构的重要组成部分。“里都”和“巴衣鲁”(重装兵和轻装兵)可领得份地。

(二) 充分保护奴隶主对财产和奴隶的私有权

这是法典的首要任务，体现在整个法典中，法典针对各种盗窃行为而给予不同的惩处。法典还将奴隶视为“权利客体”，是奴隶主的私有财产，可以任意出卖、转让或抵押。如伤害了奴隶的眼睛，仅以这个奴隶的一半身价偿还原主，同伤害一头牛的眼睛同等对待。为了防止奴隶逃跑，奴隶主在奴隶身上或脸上烙刺特殊的印记，未经主人同意私自改变烙印，便被认为是霸占人家的奴隶，应以盗窃罪论处。

（三）反映古巴比伦社会的阶级对立和自由民内部地位与权利的不平等

《汉穆拉比法典》是一部奴隶制法典，充分反映古巴比伦社会占统治地位的奴隶主阶级的意志，保护他们的利益不受侵犯。

法典里有一系列条文专门保障奴隶主对奴隶的无限权利，奴隶主有权杀死奴隶，任意摆布奴隶，可以强制奴隶在任何条件下生活和劳动。奴隶被看作主人的财产，打伤或杀死奴隶意味着对奴隶主财产造成的损失，一般情况下，通过诉讼程序加害者要进行赔偿。奴隶对其主人稍有不逊之处，就会受到严厉的制裁。

法典不仅表现了古巴比伦社会里奴隶主与奴隶根本对立的关系，而且也充分反映自由民内部的公开不平等。法典将自由民与奴隶相对立，又把自由民分为两类：阿维鲁和穆什凯努。前者享有充分的权利，包括僧侣贵族、高级官吏，也包括自耕农、独立手工业者。其法律地位比后者高，法典里有许多条款专门保护他们的人身安全及其享有的一切财产。后者是没有充分权利的自由民，包括范围很广：从王室那里分得田产、房屋的"佃耕者"，接受田宅充当常备军的"里都"和"巴依鲁"以及直接依附于宫廷的服役者等。

（四）包含着大量调整手工业和商业的规范，有关财产、契约的规定，几乎占全部条文的一半

法典包括很多关于手工业和商业的规范。商业方面的内容集中在第 90 至 126 条，说明古巴比伦社会的民事流转已发展到相当程度，商品经济比较繁荣。据统计，可以归类于商业方面的条款不下数十种，约占整个法典的 10%。专门从事商业的大商人称为"达木卡"，分为官商和民间商人两种，也可委托代理人沙马什进行商业活动。

《汉穆拉比法典》规定：(1)各种手工业工匠每天应得的报酬。(2)把土地、房屋、牲畜及其他非禁止流转的财产列为可以买卖的对象。(3)借贷的对象主要是钱款和谷物。借用人无力偿债而在债权人家里服役不得超过 3 年。对高利贷利率进行限制。(4)财产租赁契约的对象更为广泛，从房屋、土地、田园一直到车辆、船只、牛、驴等。租赁土地大部分是短期的，租期为 1 年，田园的租赁期限可延长至 5 年。

（五）保留了若干原始公社制的残余

古巴比伦从原始社会脱胎而来，根据奴隶主阶级的需要，对一些原始社会的习惯加以认可、改造，保留在法典中。在土地方面长期实行土地国有制，法律规定国王对全部土地享有最高所有权。此外，在一定条件下，还保留双方当事人自行调解某些争端的原始社会遗风。在诉讼程序方面实行神明裁判，发誓被视为重要的证据。法院的判决在特定场合不由法院来执行，而是由受害人及其家属和有关人员按照立法的规定直接处理。

四、两河流域法

人类最早的成文法出现在两河流域，即位于西亚的底格里斯河和幼发拉底河流经地区，亦即今天的伊朗、伊拉克地区。这是一个比较特殊的地区。

在古代社会，这一地区居民适用的法律统称为两河流域法，其性质为奴隶制法，又因其用来镌刻成文法的文字呈楔形，亦称楔形文字法。它产生于公元前 3000 年左右，到公元前

6世纪随新巴比伦王国的灭亡而逐渐走向消亡。两河流域法的立法原则、具体制度及其法典的结构和体例,对东方各国法的影响尤为深刻。

(一) 两河流域法的产生

公元前3000年两河流域由于优越的自然条件及相应发展的农、牧、商业,使当地苏美尔人、阿卡德人相继建立了最早的奴隶制国家,并创造了楔形文字。随着城市国家的出现,最早的习惯法应运而生。约公元前3000年中期开始有了以楔形文字记载的成文法,其内容主要是调整婚姻家庭方面的法规。此后,成文法逐渐发展,调整社会关系的范围日益广泛,如契约、债务、侵权行为、损害赔偿等,并向自成一体化的法典方面发展。

公元前21世纪,苏美尔人建立的乌尔第三王朝制定了一部著名的法典《乌尔纳姆法典》,是迄今所知历史上第一部成文法典。这部法典比较完整的抄本是在20世纪60年代中期发现的。该法典由序言和正文29条组成,但是部分条文遗失,保留下来的有23条。序言宣扬君权神授,正文内容则反映了古代早期法的一些基本特点:

(1) 诸法合体、民刑不分、实体和程序不分的法律编纂模式。

(2) 确认了奴隶制的社会等级制度。全体居民被划分为自由民和奴隶两个等级。自由民内部的等级划分尚不明显。奴隶的地位十分低下,不仅可以作为财产任意买卖,还可以作为实物赔偿给受害者。对奴隶的反抗规定了严厉的刑罚。

(3) 保护正在形成的奴隶制私有财产关系和人身关系。《乌尔纳姆法典》严格保护私人土地所有制。强行耕种他人土地,或破坏他人土地者都要负赔偿责任。债的形式单一,只有损害赔偿,契约种类只有土地租赁,婚姻家庭关系中妇女没有权利,实行买卖婚姻制。关于犯罪,主要是侵犯人身权利罪,如伤害、诬告,奴隶对主人不尊敬也列为侵犯人身权的犯罪。关于刑罚,除犯通奸罪的妇女要被处以死刑外,对其他犯罪都以赔偿金来惩罚或适用"以眼还眼,以牙还牙"的同态复仇制度。

(4) 确认了早期社会的诉讼制度。规定诉讼由私人提起,起诉后要经法庭审理,审理时须有证人作证,作证者必须起誓不作伪证,作伪证或拒绝起誓者要受罚,除法庭审理外,神明裁判也很盛行。

(二) 两河流域法的发展

乌尔第三王朝灭亡后,约在公元前20世纪,两河流域地区出现了多国并列的局面,各国都制定了各自的法典,从法典的结构和内容上看都较以前有很大发展。当时的法典主要有:拉尔萨王国的《苏美尔法典》《苏美尔亲属法》;埃什嫩那王国的《俾拉拉玛法典》;伊新王国的《李必特·伊丝达法典》。两河流域法在这一阶段的发展主要表现在以下方面:

(1) 法典的结构相当完整,由序言、正文和结语三部分组成。但是仍然坚持诸法合体的法律编纂方式。

(2) 在民事法律方面所反映的社会经济状况显然比《乌尔纳姆法典》要详细和复杂。除土地外,房屋、果园、奴隶及一切动产的所有权都受到严格的保护。房屋受到损害,所有人可以向加害人要求赔偿。房屋所有人必须缴纳赋税,否则三年后丧失所有权。奴隶主拥有对奴隶完整的所有权,奴隶则完全沦为奴隶主的财产。

债法相当发达,因契约所生之债中,买卖、租赁、劳务、保管、借贷等契约形式已很流行。

对于借贷契约，法典强调了借方须具备家长资格，否则不得贷与财物。在婚姻关系中，父母同意是女儿婚姻成立的关键，妇女无权决定自己的婚姻，离婚的主动权也在男方，但若妻子已生育，丈夫则不得遗弃她而另娶，否则，他将丧失一切财产。在继承方面，妾所生之子不能与亲子同时继承财产。

(3) 在刑事法律方面，犯罪的种类很少，最多的是伤害罪。法典对盗窃罪的惩罚很特别，白天行窃者赔偿，夜间行窃者要被处死。在诉讼法方面规定了案件的管辖问题和"诬告反坐"原则。

(4) 在亲权关系中更加强调父权和夫权。如规定儿子不承认父母，则被当作奴隶出卖；女儿不承认父母，则被逐出家庭；妻子不承认丈夫，应被投入河中；丈夫不承认妻子，只需赔偿即可。

公元前 18 世纪，古巴比伦王国统一了两河流域，建立了统一的国家。古巴比伦第六代国王汉穆拉比统治时期是两河流域经济最为繁荣、政治最为强大的时期。为适应经济发展、政治统治的需要，汉穆拉比在吸取固有的《苏美尔法典》《俾拉拉玛法典》和《李必特·伊丝达法典》的基础上，制定了闻名于世的《汉穆拉比法典》。该法典集两河流域立法经验之大成，承袭并弘扬了自《乌尔纳姆法典》以来逐渐形成的两河流域特有的法律传统，使两河流域法在立法技巧、各项法律制度的内容等方面都达到了历史上前所未有的水平。

作为古代两河流域最有系统性的法律文献，它也为我们今天了解古代两河流域的社会提供了极其丰富的历史资料和线索。

(三) 两河流域法的衰落

古巴比伦王国灭亡以后，两河流域法逐渐走向衰落，再无大的建树。虽然后起的赫梯和亚述等国家承袭了古巴比伦文化，也仍然采用楔形文字法，但其立法水平较之《汉穆拉比法典》已大为逊色。随着公元前 6 世纪新巴比伦王国的灭亡，严格意义上的两河流域法也就退出了历史舞台。

第二节　古 印 度 法

古印度法即古印度居民所遵从的婆罗门教、佛教、印度教等宗教教规、教义，属于宗教文化范畴。公元前 2 世纪开始编纂的《摩奴法典》是后人研究古印度法及古印度居民社会生活的重要史料，它是一部百科全书式的宗教经典，维护种姓制度是其重要特征之一。

古印度居民生活的地理区域包括今天的印度、巴基斯坦和孟加拉国，以及尼泊尔王国的部分地区。古印度法即公元前 15－10 世纪到公元前 7 世纪古印度居民遵从的婆罗门教、佛教、印度教等宗教教规、教义的总和。

一、古印度法的产生、发展和演变

(一) 婆罗门教法

大约在公元前 2000 年，从中亚迁来的雅利安人侵入南亚次大陆。这时的雅利安人文明程度很低，没有文字，不懂农耕，过着原始的游牧生活。人们的宗教迷信程度极深，凡是对人类有影响的自然现象，如太阳、火、雷、电、雨等都被尊崇为神并加以顶礼膜拜。在祭祀活动中，人们传诵着关于各种神的赞美诗、词，这些诗词被主持祭祀的长老汇总在一起，产生了雅利安宗教史上最早的一部经典，称为《梨俱吠陀》。以后人们又陆续完成了《娑摩吠陀》《夜柔吠陀》和《阿达婆吠陀》三部经典。四部吠陀被雅利安人视为神灵所授，极为神圣，由此产生了古代印度最早的原始吠陀宗教。

(二) 佛教法产生，婆罗门教法继续发展

公元前 6 世纪，古印度社会的若干早期王国逐渐由分散走向统一。在各个国家互相兼并的战争中，各种社会矛盾日益加深。由于古印度社会受婆罗门教支配，婆罗门教又为婆罗门所垄断，因此社会矛盾的焦点必然集中于第一种姓婆罗门这里。社会各阶层普遍不满婆罗门的特权统治，人们纷纷创立新的宗教，用宗教的形式对抗婆罗门教。公元前 5 世纪中叶，在古代印度社会基本上又形成了一个以乔达摩宗教主张为信仰的宗教——佛教。佛教产生后，和婆罗门教一样被尊奉为古印度国教，其教义对教徒来说既有宗教的感召力，又具有法律的强制力，于是在古印度社会的法律体系中又增加了一个新的因素——佛教法。

(三) 印度教法

在种姓制度越来越根深蒂固的情况下，佛教渐渐受到排挤，而婆罗门教则因其为雅利安人本民族的、土生土长的宗教，最终成为统一古印度各种宗教的基础。公元 6 至 7 世纪，婆罗门教融合了佛教的因素，适应社会发展的需要对自身加以改良，演变为一种新的宗教——新婆罗门教，又称印度教。印度教法是古印度社会晚期出现的适应当时形势需要的一种宗教法，从一定意义上来说它也是对一千多年来古印度社会相继形成的各种宗教法的归纳和总结。印度教法出现后，古印度法的历史实际上已基本宣告结束。

二、古印度法的渊源

古印度法的渊源即婆罗门教、佛教、印度教等宗教的教规和教义、典章和典籍等。

(一) 婆罗门教类(包括印度教类)

婆罗门教的经典是古印度法最基本的渊源，主要经典是：

1. 四部“吠陀”。即《梨俱吠陀》《娑摩吠陀》《夜柔吠陀》和《阿达婆吠陀》。它们是诗歌和散文的汇编，其中《梨俱吠陀》形成得最早。

2.《法经》。《法经》相当于民事、刑事法规，确定了教徒的社会行为准则。与婆罗门教其他经典相比，《法经》在古印度法的体系中有着更为突出的地位，成为当时执法机构判案的主要依据。

3. 婆罗门教的《法典》。即《摩奴法典》《述祀氏法典》《那罗陀法典》《布里哈斯帕提法典》等。

《摩奴法典》自编纂完毕之日起，一直被印度各代统治者奉为圣典，无论国内政治、宗教、经济状况有多么大的变化，《摩奴法典》都是各代统治者的立法依据。印度独立后，《摩奴法典》的强大影响仍未消除，其中许多内容伴随着种姓制被保留下来，20 世纪 50 年代制定的印度教法典就有许多《摩奴法典》的痕迹。

（二）佛教类

佛教作为古印度社会中和婆罗门教并行的另一大宗教，其经典也是古印度法的重要渊源。佛教经典的种类较单一，主要是《律藏》《经藏》和《论藏》，统称“三藏”。“三藏”中的《律藏》更多地涉及了教徒的生活准则，法律的性质更为明显。

（三）其他渊源

主要指古印度国王颁布的一些诏令。古印度各王国都是政教合一的国家，国王的法令大多以宗教名义颁发，因此也是古印度法这一宗教法的渊源。

三、古印度法的基本制度

（一）种姓制度

这是古代印度的社会等级制度，也是古代印度法的核心内容。

早期种姓制在梵文中称为“瓦尔那”，原意为“颜色”，早在雅利安人征服印度的过程中即已萌芽，大约在公元前11世纪初步形成。雅利安人有很强的优越感，称当地黑色人种的达罗毗荼人为“达萨”（敌人），种姓制的产生是两个不同肤色种族对立的结果。种族对立后来发展为四大种姓：婆罗门、刹帝利、吠舍和首陀罗，每个种姓遵循各自的行为和道德规范。根据婆罗门教法的规定，各种姓的法律地位和权利义务是截然不同的。最高种姓为婆罗门，即祭司种姓，掌握宗教祭祀大权；第二种姓为刹帝利，即武士种姓，掌握军政大权；第三种姓为吠舍，从事商业或农业生产，属平民种姓；第四种姓是首陀罗，从事低贱职业，多数为奴隶。前三个种姓被认为是“再生人”，除自然生命外，还可因入教而获得宗教上的再生；首陀罗是“非再生人”，只有一次生命。各种姓之间戒备森严，不得同桌而食，同井而饮，同席而坐，同街而居。低等种姓者对高等种姓者必须俯首帖耳，一心一意伺候高等种姓者；路遇高等种姓者时必须侧身而立，不得与之同行。在这四大原始种姓之外，还存在许多杂种种姓（即迦提），他们的地位和职业亦由法律明确规定。

（二）所有权

古印度的土地所有制以国有制（王有制）为基础。土地占有的主要形式是村社制，占有土地者均得向国王纳税。在此前提下，土地买卖和土地私有已出现，但受到限制。

私人财产所有权受到保护，偷盗要受到惩罚。但不同种姓的财产权有分别，婆罗门拥有一切，而首陀罗只能拥有维持生计的生活资料。

（三）债法

1. 契约关系较为简单，种类较少，仅有买卖、寄存、借贷、劳务等几种。契约的权利义务关系不明晰，但已经开始注意到契约的法律效果，如契约要履行等。

2. 债法最主要的特点是对高种姓者的债权给予特别保护。

（四）婚姻家庭法

1. 婚姻被认为是合于神意的行为，所以要按宗教举行相应仪式。

2. 严格维护种姓内婚制。为了维护种姓的纯洁，法律规定不同种姓不得通婚，如若通婚，即丧失原有种姓，其后代则为杂种种姓。但种姓间的通婚并非绝对不可能，高等种姓男子与低等种姓女子间的婚姻被视为“顺婚”，因而是允许的；但低等种姓男子与高等种姓女子的婚姻则被视为“逆婚”,因而是禁止的。最为法律所不容的是首陀罗男子与婆罗门女子之间的婚姻,其后代被称为“旃陀罗”,属于不可接触的“贱民”。他们被排除在种姓之外,不许与种姓人往来,必须住在村外,从事低贱的职业。

3. 高等种姓一夫多妻,低等种姓一夫一妻。婆罗门男子可以依种姓顺序娶四个妻子,刹帝利可以在同种姓和吠舍、首陀罗中娶三个妻子,吠舍可以在同种姓和首陀罗中娶两个妻子,而首陀罗男子只能以一个首陀罗女子为妻。

(五) 刑法

1. 一方面受宗教观念的影响,另一方面受种姓影响。如印度人视牛为圣物,所以杀害母牛就被列为仅次于杀害婆罗门等大罪的二等罪。犯罪人可通过苦行来赎罪。许多罪名的设置及惩罚方式与宗教直接有关。

2. 对不同种姓者同罪异罚。高等种姓者侵犯低等种姓者时,可以减轻处罚力度;而低等种姓者侵犯高等种姓者时,必须加大处罚力度。

(六) 诉讼制度

古代印度的诉讼制度不太发达,许多规定较为简单、原始。其基本特点是:

1. 缺乏统一、固定的法院组织

最高司法权由国王直接控制,遇到重大案件时,则由国王任命一个博学的婆罗门审理。大多数纠纷由村内长老解决。

2. 借助神的力量裁判

证言主要通过令证人宣誓和神明裁判的方法来获得。

(七) 继承法

1. 长子优先原则,其他诸子依赖长子,父债子偿。

2. 与种姓直接挂钩,高种姓妻子所生之子得到的财产多。

四、古印度法的特点和历史地位

(一) 古印度法的基本特点

古印度法具有东方奴隶制法的共性,维护君权、夫权、父权,维护奴隶主特权,并且诸法合体,缺乏抽象的概念和规则,但又有个性,主要表现在以下方面:

1. 与宗教密不可分,在很大程度上只是宗教的附属物。首先,宗教众多,使古代印度的法律渊源异常复杂。婆罗门教的产生使《吠陀》《法经》《法典》等各类经典成为古代印度法的重要渊源,它们以婆罗门教义为哲学基础,对教徒的言行乃至思想都做了严格规定;它们不仅对教徒的宗教生活进行约束,而且对教徒的世俗生活进行限制和调整。佛教的产生使古代印度法的渊源发生了巨大的变化,三藏以其完全不同于婆罗门教法的形式和内容规定了教徒的行为准则,它们紧紧围绕“五戒”等佛门戒律来展开。印度教的产生则使婆罗门教法得到极大的更新,融入了佛教法的某些精华,使法律渊源进一步复杂化。

其次,法律的内容和编排体例都深受教义的影响。有关法律的内容如何受宗教影响的问题,在上一节中已有详细的介绍,法律的体例受宗教影响的典型即《摩奴法典》。

2. 严格维护种姓制度，又称种姓法。除佛教法外，古代印度法的基本内容都贯穿着种姓制度，几乎所有条文都是对各个种姓权利与义务的直接规定。

3. 古印度法是宗教、法律、伦理等各种规范的混合体。因为古代印度法的主要渊源是宗教僧侣们根据社会习俗和自古流传的圣人言行，从本身利益出发编纂的，因而不可避免地将现在人们看来不是法律规范的那些内容包括进去。

（二）古印度法的历史地位和影响

1. 在印度法制史中占有重要地位

虽然印度先后受到伊斯兰法和英国法的冲击，但印度教法作为一种属人法，仍发挥着很大作用，1947 年印度独立后编纂的《印度教法典》仍以《摩奴法典》为基础。

2. 对周边国家的法律产生了一定的影响

公元 1 世纪至 15 世纪，东南亚历史上曾经有过一段印度化时期。印度的宗教文化对东南亚产生很大影响，许多国家如缅甸、泰国、斯里兰卡、越南等都模仿印度法建立自己的法律制度，形成世界五大法系之一的印度法系。但随着 16 世纪最后一个印度化王国的灭亡，它被认定为“死法系”。

第三节　古希腊法

古希腊法作为西方社会最早产生的法律文明，由各城邦不同类型的法律制度组合而成。其中雅典城邦经过多次重大立法改革，确立了奴隶制民主宪政制度，创立了“主权在民”“轮番为治”以及选举和监督等制度和原则，成为近现代西方民主宪政的历史基础。

一、古希腊法的产生与演变

古希腊法泛指存在于古希腊各奴隶制城邦及希腊化时代所有法律的总称。古希腊以爱琴海为中心，包括希腊半岛、爱琴海诸岛、克里特岛和小亚细亚半岛西部海岸的广大地区，是欧洲最先进入阶级社会和最早产生奴隶制国家与法的地区。

（一）古希腊法的萌芽时期(公元前 12 世纪—公元前 8 世纪)

公元前 20 世纪，在希腊文明的发源地——克里特岛，出现了早期的奴隶制城邦。在该岛克诺索斯城邦遗址，考古发现刻写在墙壁上的由国王米诺斯制定的法律，据说该法对后来的斯巴达法有一定的影响。公元前 15 世纪迈锡尼文明兴起，考古也发现了刻在泥版上的“迈锡尼法”。这些远古时代的法律与早期的城邦制度有着极为密切的关系，并具有远古法的一般特点，标志着古希腊法的萌芽。公元前 12 世纪至公元前 8 世纪的希腊历史，因荷马的两部史诗——《伊利亚特》和《奥德赛》——而被称为“荷马时代”或“英雄时代”。“荷马时代”末期，随着各地经济的迅速发展，氏族制度全面瓦解，阶级分化进程加速，数以百计的具有主权性质的独立的奴隶制城邦国家在整个希腊陆续产生，各城邦国家的法律也随之逐步形成。希腊各城邦国家的早期法律均为习惯法，带有神权法的特征，希腊神话中就有专司法律与正义的女神。

(二) 古希腊法的形成与发展时期(公元前 8 世纪—公元前 4 世纪)

公元前 8 世纪至公元前 4 世纪,希腊各城邦国家普遍进入成文法时期,这些立法有公元前 621 年“德拉古立法”、公元前 594 年“梭伦立法”、公元前 560 年“庇希特拉图立法”、公元前 440 年“伯里克利立法”,以及阿提卡地区的《阿提卡法典》《哥尔琴法典》和《罗得海商法》等。其中《哥尔琴法典》颁布于公元前 5 世纪,共有 70 条,内容涉及家庭、婚姻、养子、奴隶、担保、财产、赠与、抵押和诉讼程序等,是保存较为完整的希腊早期奴隶制的法律文献,也是我们研究古希腊法的宝贵历史资料。

(三) 希腊化法律时期(公元前 4 世纪—公元前 2 世纪)

古希腊法也包括希腊化法律。自公元前 4 世纪始,马其顿王国兴起并征服了希腊各城邦,以及小亚细亚、叙利亚、埃及、巴勒斯坦等近东地区,“希腊化时代”就此开始。古希腊法并没有随着城邦的衰落而消失,它不仅仍然适用于希腊居民,而且进一步随着马其顿帝国亚历山大大帝及其继任者东征的足迹,适用于被征服地区的希腊化居民,法律的发展进入希腊化法律时期。希腊化法律即指适用于希腊人及定居于被征服地区的希腊化居民的法律的总称,它来源于希腊法,因而具有希腊法的一般特点,但又不同于希腊法,是希腊法与当地原有法律相互渗透、相互融合的产物。公元前 2 世纪,希腊化国家为罗马帝国所吞并,希腊化法也被罗马法所取代,退出了历史舞台。

二、雅典的法律制度

(一) 雅典“宪法”

1. 雅典“宪法”的形成

雅典“宪法”与雅典民主政治紧密相联,是经历了多次激烈的政治斗争,通过一系列立法改革,逐步形成的。这些旨在推进民主政治的立法相当于以后的根本法,所以赢得了雅典“宪法”的称号。由于雅典“宪法”的高度成就和对后世所产生的巨大影响,古希腊被称为民主制度的摇篮。雅典是实行城邦民主制的典型代表。雅典产生民主制有深刻的社会原因:它是个领土狭窄的城邦国家,人们相互熟悉,政务简单,这是其实行民主制的先决条件。雅典“宪法”是经过以下几次改革逐渐建立起来的:

(1) 提秀斯改革。公元前 8 世纪左右,提秀斯进行了改革,设立了以雅典城为中心的中央管理机关。此时,雅典城邦法还处于习惯法阶段。

(2) 德拉古立法。公元前 621 年,在平民反对贵族操纵司法的斗争中,德拉古被选为执政官,将习惯法加以整理,颁布了雅典第一部成文法。主要有三项改革:

① 规定公民权取得的条件,即只有自备武装的才有公民权;

② 将贵族会议选拔官吏改为由公民抽签选举;

③ 组成一个由公民选举产生的 401 人议事会。由于德拉古法维护贵族利益,带有残酷性,又被称为“苛法”,但它在一定程度上对贵族有所限制。

(3) 梭伦改革。公元前 594 年,工商业贵族梭伦出任执政官,进行一系列的立法改革。

① 颁布“解负令”,取消债务奴役制。根据这一法令,凡以前以土地或人身抵债的契约一律无效,土地归还原主,人身恢复自由,由国家负责赎回因欠债而被卖到外邦为奴的人,

永远禁止以自由民人身作为债务抵押。

② 以财产特权和职位特权代替世袭特权。按照财产的多少将雅典公民划分为四个等级，按等级纳税、服兵役和享有权利。只有第一等级的公民才能担任最高官职，第二、第三等级担任一般官职，第四等级仅能参加民众大会和法院陪审。这一改革打破了过去贵族世袭专权的局面，为工商业奴隶主掌握政权开辟了道路。

③ 提高民众大会的作用，设立400人议事会，首创陪审法院。为了限制和削弱贵族会议的权力，法律规定民众大会是最高权力机关，各级公民均有权参加，民众大会决定战争与媾和等国家大事，并选举官吏。400人议事会类似民众大会的常设会议，由4个部落各选100人参加，前三个等级的公民均可当选，其任务是准备和审理民众大会的提案，监督国家财政，弹劾执政官。陪审法院是从贵族会议中分享司法权的最高司法机关，每个公民均可当选为陪审员，参与案件的调查与审理，推行司法民主化。

④ 颁布一系列发展经济的条例，促进雅典工商业经济的发展。

⑤ 废除德拉古法中的严刑峻法，仅保留有关杀人罪的条款。

梭伦的立法改革剥夺了氏族贵族享有的种种世袭特权，使富有的工商业奴隶主开始掌握城邦大权，赋予所有雅典公民有限的权利，规定城邦职能机构既分享权力又彼此制约。梭伦立法在雅典法制史上具有划时代的意义，为雅典民主政治的形成奠定了基础，开辟了道路，雅典民主宪政制度由此产生。

（4）克里斯提尼立法。公元前509年，平民领袖克里斯提尼当选为雅典执政官，又进行了立法改革。主要内容有：

① 取消原有的四个氏族部落，根据地域划分公民和选区。以地域关系取代血缘关系，彻底摧毁氏族制度的残余，分化、瓦解了贵族势力的基础。

② 进一步提高民众大会的作用，用500人组成新的议事会。民众大会作为雅典的最高立法机关，决定国家重大事项，由抽签选举产生的500人议事会取代梭伦时期的400人议事会，执行民众大会决议，并成为雅典重要的行政机关。

③ 颁布“贝壳放逐法”。为防止政治野心家建立僭主政权，克里斯提尼改革后不久，在雅典制定了“贝壳放逐法”。规定每年春天召开一次非常的民众大会，口头表决是否要举行“贝壳放逐”，如表决认为有人危害国家利益，破坏雅典民主政治制度，则另定日期，在中央广场再次召开民众大会，进行秘密投票表决。公民在贝壳或陶片上写下应予放逐的人名，如某人的票数超过6 000，则此人继续被放逐国外，10年后方可返回，但保留其公民权和财产权。

克里斯提尼的立法改革结束了雅典百余年来平民反对氏族贵族的斗争，雅典民主政治制度得以最终确立和进一步巩固。

（5）阿菲埃尔特立法。公元前462年，民主派首领阿菲埃尔特出任雅典执政官，制定了一系列打击贵族特权势力、促进雅典民主政治发展的法案。此次立法改革进一步剥夺了贵族的诸多权力，规定贵族会议不得对雅典民众大会的决议进行干预和监督，取消了贵族审判公职人员渎职罪的权力，在司法方面建立了不法申诉制度，公民可以就现行立法是否违反民主制度的问题向陪审法院提起申诉，目的在于保护民主政治不受寡头势力的干扰。

(6) 伯里克利立法。公元前5世纪中叶的希波战争，波斯战败，雅典成为希腊世界的盟主，缔结了“提洛同盟”，取得海上霸权。雅典的奴隶制民主政治进入极盛时期。公元前443年到公元前429年，伯里克利连任十将军委员会的首席将军，成为雅典的最高统治者，他锐意改革，又制定了一系列“宪法”性法律。主要内容有：

① 执政官和其他各级行政官职均由抽签选举产生，向所有等级的公民开放。伯里克利取消了财产资格的限制，原被梭伦列为第四等级的公民也有了参政权。

② 扩大民众大会的权力。民众大会是国家最高权力机关，每10天召开一次会议。凡年满18岁的男性公民均有权参加、讨论和决定国家一切重大事项，并有权提出建议或批评官吏的渎职违法行为。

③ 保留500人议事会，作为民众大会的常设机构。该议事会为民众大会准备议案，审查议案的合宪性，执行民众大会的决议，监督国家行政部门的日常事务。

④ 设立共有6 000人的陪审法院作为雅典的最高司法机关。陪审员由30岁以上的公民抽签产生，任期一年并不得连任。陪审法院内分10个法庭，其主要任务是审理国事罪、渎职罪等重大案件，对公职人员实行监督和考核，参与立法并核准民众大会的决议。

⑤ 实行公职津贴制度。为了资助贫穷的公民参加国家的政治生活，规定向担任公职的公民发放公职津贴，甚至参加文艺、体育盛会，都发放“戏剧津贴”等。

2. 雅典“宪法”的民主性与局限性

(1) 民主性的主要表现

① 赋予广大公民直接参政、议政的民主权利，在一定范围内实践了以“主权在民”为核心的平民政治。形式上承认公民的平等权利：凡年满18岁的雅典男性公民都有均等机会参与国家政治生活；都能参加民众大会，参与国家各项重要活动；有选举权和被选举权；年满30岁的公民都有资格参加陪审法院的司法审判活动等。

② 初步建立立法、行政、司法的权力分立和权力制约机制。规定民众大会作为最高权力机关，享有最高立法权，500人议事会、十将军委员会和执政官享有多种行政权力，陪审法院掌握司法权，这些机构彼此牵制。

③ 国家公职人员均由选举产生，而且集体职务多于个人职务。凡属重大公务，均由集体决定、集体负责。在雅典，没有总揽执行权力的最高官员，这对消除官僚主义具有重要意义。议事会是国家最高行政机关，陪审法院是国家重要的审判机关，它们均由公民选举产生。行使军事权力的是十将军委员会，也要通过民众大会的选举。除军职外，任何人不能同时担任两个职务，也不能连续两次担任同一职务。

④ 确立了体系完整、制度严密的监察弹劾制度，由公民通过各种制度和措施直接维护民主制度。如在克里斯提尼改革后不久实行了“贝壳放逐法”，阿菲埃尔特执政时期实施“不法申诉制度”。官吏自当选到卸任的一年时间内，先后需要通过资格审查、信任投票、卸任审查。推行朴素的司法民主制，陪审员通过抽签选举产生，法庭的案件分配也临时通过抽签决定，通过投票表决决定判决结果，以确保司法的公正、廉洁和判决的权威性。

(2) 局限性的主要表现

① 虽然雅典公民形式上享有平等权利，但享有公民权的人在其人口中只占1/10。所

以它的民主政治实质上只是奴隶主阶级内部的民主。

② 有限的津贴并不能使农民、手工业者经常参加民众大会。

③ 议案要经过复杂的立法程序才能成为法律。虽然形式上任何公民都可以提出议案，并参加讨论、表决，但议案难以成为法律。通常是先由500人议会对议案进行审查并做出结论，然后就结论进行讨论，如无异议，议案就被认为按照500人议会的意见通过了。民众大会通过的议案还得送交陪审法院审查，经陪审法院认可的议案，才能正式成为法律。所以，民众大会的立法职权得受500人议会和陪审法院的制约，三个机关的任何脱节都将使得立法工作无法进行。

④ 公民担任公职需要具备一定条件。经特别审查，符合条件者才能宣誓就职。

（二）雅典民事法律制度

1. 所有权制度

雅典的私有制已经相当发达，一切不动产和动产均可自由买卖。但私有制本身还带有一些由公社所有制产生的痕迹。私有财产权受到严格保护。历任执政官在就职时，都要申明保护每个公民的财产。

2. 债权制度

雅典的债法比较发达。债的来源分两种：因契约而产生的债和因损害赔偿而产生的债。

（1）因契约而产生的债。雅典的契约种类很多，有买卖、借贷、租赁、合伙、物品保管及人身雇佣等，其中以买卖、借贷、合伙和租赁较为流行，每一项契约都得有实在的根据。规定设立担保制度，其形式有人格担保和实物担保两种。梭伦改革前，主要是以债务人的人身作为担保，债务人到期若不偿还债务，便有沦为债务奴隶的危险。梭伦改革后，废除了债务奴役制，实行订金、抵押及保证等担保债务履行的方法。

（2）因损害赔偿而产生的债。因损害赔偿而产生的债主要是指对公民的人身或财产非法损害而产生的债，受害人有请求赔偿的权利，加害人有负责赔偿的义务。对他人的强制行为，除了构成刑事罪行外，还构成两种民事上的损害赔偿行为：一种是造成人身的损害，另一种是给人以某种类型的侮辱。但在损害赔偿方面存在一定的原始公社时期的残余。

3. 婚姻家庭与继承制度

（1）保留买卖婚姻，女方仅是婚约的客体。

（2）只准许公民之间通婚，异邦人在取得公民权以前不能与雅典公民结婚。

（3）家长在家庭中对妻子及子女享有绝对支配的权力。到梭伦改革后，家长特权受到一定限制。

（4）继承权只有男子享有，遗产由诸子共同分配，但长子份额稍多。遗嘱继承开始于梭伦改革时期，但只有在没有合法子嗣的情况下才准许遗嘱继承。

4. 刑法

各种犯罪中，国事罪被视为最重的犯罪。凡背叛国家、欺骗民众、亵渎神灵、向民众大会发表诋毁现行政策的演说或提出非法议案的，一律处以死刑。此外，犯罪种类还包括破坏家庭罪、侵犯人身罪、侵犯财产罪。

刑罚施行原则是：对奴隶是肉体处罚，对自由民主要是财产处罚或者剥夺权利。

雅典保留了某些原始公社血亲复仇的习惯残余。对许多重大犯罪行为，如杀人、投毒、纵火，允许被害者及其亲属同犯罪者订立赔偿契约。在某种情况下，还允许直接复仇。

5. 法院组织与诉讼制度

(1) 雅典设有许多专门性质的法院，虽无明确的审级关系，但已有粗略分工。

最早出现的法院是阿留帕克。开始，它作为氏族贵族的权力机关，拥有审判权。到公元前5世纪至公元前4世纪，才变成单纯从事审判的司法机关。凡故意杀人、毒害及纵火等案件，皆归它审理。稍后一个时期，又成立了埃非特法院。它由51人组成，因而也称51人委员会。它主要审理非故意杀人、教唆杀人、致人残废以及杀死异邦人的案件等。此外，还审理那些被告人自认为合法的杀人案件或误杀案件，以及被逐出雅典的非故意杀人罪犯重犯杀人罪的案件。由11名法官组成的11人法院，专门审理强盗案、夜盗案、小偷案、拐骗案等。

除上述审理刑事案件的法院外，审理有关财产纠纷案件的法院是迪埃德特和40人法院。前者审理价值10德拉赫以上的财产案件；后者审理不足10德拉赫的财产案件。财产纠纷案件的上诉法院为陪审法院。陪审法院是雅典最重要的司法机关，它是有关国事罪、渎职罪等重大案件的第一审级，同时也是其他法院判决案件的上诉审级。

(2) 在雅典，审判被视为用一种执行程序来确定收押被告的人身或财产以及这两者的要求是否正确的一种方法，采取的诉讼分为“私诉”和“公诉”。由原告，即受害人或其法定代理人为了保护自己民事权利提出的诉讼称私诉；任何享有完全权利的公民，不论涉及本人利益与否，为了惩罚被告而提出的诉讼称为公诉。但是，二者的区分并不严格。

(3) 诉讼分为侦查与庭审两个阶段。庭审结束，法官用秘密表决方式做出判决，如不服，可向陪审法院上诉。陪审法院对一般案件的判决为终审判决。

(4) 只有男性公民才有起诉权。

三、古希腊法的基本特征及其历史地位

(一) 古希腊法的基本特征

古希腊法作为欧洲最早的奴隶制法，与古希腊的自然条件和经济发展状况相适应，其主要特点可以概括如下：

1. 古希腊法是希腊各城邦国家多种法律的组合，并非希腊全境统一适用的法律体系。希腊境内多崇山峻岭，各地区之间分离隔绝的自然地理环境，加之优良的港湾，为海外贸易提供了便利，使得希腊半岛在古代没有形成全境统一的政治经济基础。因此，各城邦国家的法律制度长期处于分立状态，其内容和形式都存在着不同程度的差异。以希腊历史上最为重要的两个城邦国家——雅典和斯巴达——的法律为例，雅典实行奴隶制民主政治；斯巴达则实行贵族寡头统治；雅典法中，妇女没有政治权利，不能参加民众大会，没有选举权；而在斯巴达，妇女则享有同男子一样的政治权利和财产权利。在雅典，土地私有化程度较高，土地可以自由转让；在斯巴达，长期实行土地公有制，严禁土地的买卖和转让。在雅典，成文法发达，从公元前621年制定第一部成文法开始，立法改革取得了重大成就；在斯巴达，

则以习惯法为主，成文法不发达；等等。当然，尽管各城邦法律之间存在显著的差异，但同时也存在共同适用的法律与习惯，具有共同的或接近的一些特点。

2. 古希腊法是一种世俗法律，其指导思想是自然正义的法律观念，而非神的意志。

3. 古希腊未能编纂完善成熟的成文法典，古希腊的多数城邦虽然都制定了为数众多的成文法规，但总体水平不高，缺乏严密的法律概念和法学理论，没有对具体分散的法律进行理论抽象和概括分析。这与希腊没有出现罗马那种务实的带有职业化性质的法学家集团有关。

4. 司法实践中倾向于运用法的“正义”观念和“公道”标准裁断案件，而不是分析适用具体的法律条文。众所周知，古希腊是西方哲学、政治学的发源地，包括柏拉图和亚里士多德在内的希腊学者偏重于以哲学、政治学的观点和方法研究法律问题，注重研究和发现抽象的法的“正义”理论和“公道”的理性准则，对法律条文内容本身的适用或法理方面的分析缺乏兴趣。陪审法院的千余名陪审员普遍身兼数职，有很多人根本不懂法律，审判过程中往往依照极具弹性的“公理”和“正义感”，而不是依据法律裁断事实并做出判决。

5. 希腊法中的私法相对落后，公法比较发达，对后世影响较大。古希腊社会所处的时代是奴隶制社会的中期，奴隶制的商品经济尚未得到充分发展，有关所有权、债权以及婚姻家庭制度的规定都不发达，未能形成像古罗马一样发达的私法体系。另一方面，古希腊学者偏重于对国家形态、政治体制和社会结构的研究，各城邦在政权组织、权力分工以及行政管理方面的立法相当完备，特别是雅典的民主政治制度对后世产生了极为深远的影响。

6. 希腊化法律中，“冲突法”比较发达。由于古希腊各城邦的法律制度存在着较大差异，城邦之间的法律冲突必然存在。为了解决商业纠纷，协调城邦之间的商事法律关系，公元前 4 世纪雅典设立了“商事法庭”，形成了一些解决法律冲突的基本规则。希腊化时期，希腊本土城邦以及各被征服地区之间的法律冲突更加显著，冲突法规则也得到进一步发展。各地商人也可以在签订契约时任意选择受其约束的法律，这种做法使双方当事人可以得到在自己所属的法律制度中得不到的有利于己的实体和程序的规定，如犹太人依据希腊法可以在借款时得到利息，而这在犹太法中是被禁止的。

(二) 古希腊法的历史地位

古希腊法上承埃及和两河流域法，下启罗马法，在东西方法律之间架起了一座“桥梁”。古希腊各城邦很早就与埃及、迦太基以及西亚诸国有着经济和文化交往。在这种交往中，东方国家的法律制度及其法律文化对希腊各城邦产生了一定的影响。古希腊法正是在借鉴和吸收东方国家立法成果和经验的基础上，发展并形成了自己独特的法律体系。

希腊法的某些制度和原则，对罗马法产生了一定的影响，如罗得岛的海商法、雅典的债法和诉讼法，都被罗马法所借鉴。

实际上，希腊法的精髓正是通过罗马法的中介对西方法律传统产生了深远的影响。当我们全面审视西方法律传统时，便会发现其中许多特征都来源于雅典的民主制。

首先，雅典的民主制为西方法律传统提供了自然法的基础。

其次，雅典民主制为西方法律传统奠定了权利本位观念的基础。

再次，雅典民主制为西方法律传统奠定了法治基础。

雅典“宪法”关于全体公民参与国家管理的制度、选举和监督国家公职人员的制度、集体责任制和一人不能连续两次担任同一职务的原则等，一直被视为资产阶级民主政治的先声。

本章习题

1. 楔形文字法律的主要特征是什么？
2. 制定《汉穆拉比法典》的原因有哪些？其特点是什么？
3. 古印度法的历史地位如何？
4. 雅典“宪法”是经过哪几次改革逐渐建立起来的？
5. 古希腊法的基本特征是什么？

|第二章|

罗马法

本章重点

《十二铜表法》;《十二铜表法》的制定;罗马法的内容及地位

第一节 罗马法简介

罗马法是指公元前6世纪末罗马奴隶制共和国形成至公元7世纪拜占庭(东罗马)皇帝查士丁尼的罗马奴隶制法,包括古代罗马制定和实施的全部罗马法律。从形式上分为习惯法和成文法,从内容上分为市民法和万民法。

一、习惯法和成文法

公元前8至前6世纪的罗马,称为王政时期,此时的罗马尚处于氏族社会向阶级社会过渡时期。这一时期主要依循古老氏族的习惯和社会通行的各种惯例,至王政后期国家最后形成时,它们逐渐演变为习惯法。公元前6世纪末罗马奴隶制共和国形成后存在着平民与贵族的斗争,早期罗马国家只有习惯法,没有成文法。

由于习惯法没有固定的成文形式,因此具有很大的伸缩性和不确定性。处理诉讼时只依习惯法,习惯法本身就很模糊,贵族法官又操纵着法律的解释权,贵族祭司控制着复杂的法律程序,他们得以利用职权袒护贵族,欺压百姓。贵族随心所欲地解释法律,为保护贵族特权提供了方便。

公元前451年,罗马制定、颁布了一部成文法,它被镌刻在12块铜牌上,悬挂在罗马广场的中央,史称《十二铜表法》(Lex Duodecim Tabularum),这部法令基本上是过去习惯法的汇编,但使得贵族再不能像过去那样随意解释习惯法。这被视为罗马法发展史上一个重要的里程碑。

《十二铜表法》的出现,使刑事诉讼中的定罪量刑和民事诉讼中的裁决有了确定和公开的法律条文作为准绳,这在很大程度上限制了贵族的司法专断。《十二铜表法》的某些规定虽反映了平民的要求,但其主要目的在于严格维护奴隶主阶级的利益及其统治秩序,保护奴隶主贵族的私有财产权和人身安全不受侵犯。《十二铜表法》是罗马习惯法向成文法转变的重要标志，是罗马法发展的基础；而罗马法对后世尤其是欧美国家产生了广泛而深远的影响。

二、市民法与万民法

公元前509年，罗马共和国建立。从罗马建国到公元前3世纪中叶，罗马产生的法律统称为市民法。它是专门适用于罗马公民的法律，也是早期罗马法的主要内容。市民法注重形式，程序繁琐，缺乏灵活性与变通性，内容上侧重于国家事务和法律程序等方面，而涉及个人财产关系等问题的私法规范则不够完善。市民法的实施，使平民的政治、经济和社会地位空前提高，从而极大地激发和调动了他们的爱国热情与参政的积极性。

随着商品经济的发展和外来人口的增多，各种新的社会矛盾日益凸显。于是共和国后期形成了适用于罗马公民与外来人以及外来人与外来人之间关系的万民法。万民法是外事裁判官在司法活动中逐步创制的法律，它吸收了市民法和外来法的合理因素，但又有所发展和突破。它的基本内容主要是关于所有权和债权方面的规范，很少涉及婚姻、家庭和继承等内容。万民法的产生，使罗马私法出现两个不同体系。但是市民法和万民法不是截然对立的，而是互为补充的。实际上，经过一段时期的适用与完善，万民法逐步取代了市民法，使法律具有了更大的适用范围，成为巩固罗马统治的重要工具。

三、基本内容

(一) 人法

人法是对在法律上作为权利和义务的主体的人的规定。

1. 自然人

自然人包括两种：

(1) 生物学上的人(包括奴隶在内)。

(2) 法律上的人，指享有权利并承担义务的主体(奴隶不具有法律人格，被视为权利客体)。罗马法上的人格由自由权、市民权和家庭权三种身份权构成。三种身份权全部或部分丧失叫“人格减等”。罗马法规定，只有年满25岁的成年男子才享有完全的行为能力。

2. 法人

虽然没有明确的法人概念和术语，但有初步的法人制度。

(1) 法人的种类

① 社团法人，即以自然人的集合为成立的基础，如宗教团体。

② 财团法人，即以财产为其成立的基础，如慈善基金。

(2) 法人设立的条件

① 物质基础。

② 最低法定人数(3人以上)，一定数额的财产(对数额多少没有严格的规定)。

③ 须经过元老院的批准或皇帝的特许。

3. 家庭法

(1) 实行一夫一妻的家长制家庭制度。

（2）家或家族是指在家父权下支配的一切人和物的总和（家父、妻、子女、奴隶、土地），家的特点是以家父权为基础（共和国后期，家父的权力逐渐受到限制）。

（3）婚姻有两种："有夫权婚姻"和"无夫权婚姻"。

（二）物法

物法是罗马法的主体和核心，由物权、继承和债三部分构成。

1. 物权

（1）物：除自由人以外存在于自然界的、对人有用的一切东西。它包括以下内容：

① 有形物体和具有金钱价值的东西；

② 无形体的法律关系和权利。

（2）物的分类：要式转移物，略式转移物；有体物，无体物；动产，不动产；主物，从物；特定物，非特定物；有主物，无主物；原物，孳息等。

（3）物权：权利人可以直接行使于物上的权利（其范围和种类皆由法律规定，而不能由当事人自由创设），其中所有权为自物权，其他的为他物权。

（4）物权的种类：所有权；役权（地役权、人役权）；地上权；永佃权；担保物权（质权、抵押权）。

2. 继承

（1）分类：遗嘱继承和法定继承，遗嘱继承优于法定继承。

（2）原则：早期为"概括继承"，后来为"限定继承"。

（3）关于法定继承人的顺序以及遗嘱继承的方式等问题，罗马法上均有较完备的规定。

3. 债

（1）债的发生原因包括以下内容：

① 合法原因，即由双方当事人因订立行为而引起的债；

② 违法原因，即由侵权行为而引起的债，称之为私犯；

③ 准契约和准私犯。

（2）债的分类（根据债的标的和标的物的不同）：特定债和种类债；可分债和不可分债；单一债和选择债；法定债和自然债。

（3）罗马法还对债的履行、债的担保、债的转移、债的消灭做了详细规定。

（三）诉讼法

1. 公诉：对直接损害国家利益案件的审理。

2. 私诉：根据个人的申诉，对有关私人利益案件的审理，它是保护私权的法律手段，相当于后世的民事诉讼。

3. 诉讼程序：先后呈现法定诉讼、程式诉讼、特别诉讼三种形态。

四、影响

1. 对当时社会的影响

德国著名法学家耶林说："罗马三次征服世界，第一次是以武力，第二次是以宗教，第三次是以法律，而第三次征服也许是其中最为和平、最为持久的征服。"随着罗马社会文明程度的提高，法律逐渐影响到国家和个人生活的各个领域。各种法规的及时制定和有效执行，提高了国家各级官吏的办事效率，规范了他们的从政行为；裁决了大量的商业纠纷，保护了正当的商业利益；同时还调节了债务、继承等个人财产关系，减轻了社会各阶层关系的紧张程度，有利于罗马帝国的长治久安与繁荣进步。

2. 对后世法律的影响

罗马法对后世法律制度的影响是很大的，罗马法中所蕴含的人人平等、公正至上的法律观念，具有超越时间、地域与民族的永恒价值。尤其是对欧洲大陆法律制度的影响更为直接。正是在全面继承罗马法的基础上，形成了当今世界两大法系之一的大陆法系，亦称为罗马法系或者民法法系。

罗马法对后世法律的影响，表现在以下三个方面：

(1) 罗马私法体系。罗马法的有关私法体系，被西欧大陆资产阶级民事立法成功地借鉴与发展。《法国民法典》和《德国民法典》就是对罗马法的继承和发展。如 1804 年制定的《法国民法典》，就继承了《法学阶梯》的人法、物法、诉讼法的体例；而 1900 年实施的《德国民法典》则是以《学说汇纂》为蓝本的，形成了总则、债法、物法、亲属法、继承法。法、德两国的民法体系，又为瑞士、意大利、丹麦、日本等众多国家直接或间接地加以仿效。

(2) 罗马法中许多原则和制度，也被近代以来的法制所采用。如公民在私法范围内权利平等原则、契约自由原则、遗嘱自由原则、“不告不理”原则、一审终审原则等，权利主体中的法人制度、物权制度、契约制度、陪审制度、律师制度等。

3. 罗马法的立法技术已具有相当的水平。它所确定的概念、术语，措辞确切，结构严谨，立论清晰，言简意赅，学理精深。

第二节　罗马法的产生和《十二铜表法》的制定

一、罗马法的产生

(1) 罗马法。所谓罗马法，一般泛指罗马奴隶制国家法律的总称，存在于罗马奴隶制国家的整个历史时期。它既包括自罗马国家产生至西罗马帝国灭亡时期的法律，也包括公元 6 世纪中叶以前东罗马帝国的法律。

(2) 古罗马奴隶制国家和罗马法的产生。古罗马奴隶制国家发源于意大利。公元前 8 世纪以前，罗马处于氏族公社时期。传说罗慕路斯于公元前 754 年至公元前 753 年创建罗马城。公元前 8 世纪至公元前 6 世纪的罗马，称为王政时期，此时的罗马尚处于氏族社会向阶级社会过渡时期。公元前 7 世纪后，随着生产力的发展、私有制的出现，罗马社会产生了奴隶主和奴隶两个基本对立的阶级，氏族制度趋于解体。与此同时，“平民”阶层逐渐形成。平民承担罗马大部分的税收和军事义务，但因其不是氏族公社成员，不能享有政治权利，不能与贵族通婚，也不能占有公地。正是平民为争取权利同贵族进行的长期斗争，客观上加速了罗马氏族制度的瓦解，促进了罗马奴隶制国家与法律的形成。公元前 6 世纪中叶，罗马贵族被迫让步，第六代王塞尔维乌斯·图里乌斯对罗马社会进行了改革，废除了原来以血缘关系为基础的氏族部落，以地域关系来划分居民，并按照财产的多少将居民划分为五个等级。这次改革标志着罗马氏族制度的彻底瓦解，罗马奴隶制国家正式产生，罗马从此步入共和国时期。随着罗马奴隶制国家最终形成，罗马法也随之产生。当然，共和国早期的法律渊源主要是习惯法。

二、《十二铜表法》的制定

（1）制定背景。《十二铜表法》(Dodicl Tavole)是罗马法发展史上的一个重要里程碑。在此之前由于使用习惯法，司法权又操纵于贵族，任其解释，司法专横，引起平民不满。结果是元老院被迫于公元前454年成立了十人立法委员会，并于公元前451年制定法律十表，公布于罗马广场。次年，又制定法律两表，作为对前者的补充。

（2）结构与内容。《十二铜表法》的篇目依次为传唤、审理、执行、家长权、继承和监护、所有权和占有、土地和房屋、私犯、公法、宗教法、前五表的补充及后五表的补充。其特点为诸法合体、私法为主，程序法优于实体法。《十二铜表法》的某些规定虽反映了平民的要求，但其主要目的在于严格维护奴隶主阶级的利益及其统治秩序，保护奴隶主贵族的私有财产权和人身安全不受侵犯。

（3）历史地位。《十二铜表法》是罗马国家第一部成文法，它总结了前一阶段的习惯法，并为罗马法的发展奠定了基础。许多世纪以来，《十二铜表法》被认为是罗马法的主要渊源。

公元前六世纪以后，随着奴隶制经济的发展、阶级矛盾的加剧、平民与贵族斗争的展开，在罗马，那种由贵族垄断立法与司法权、随意解释习惯法的局面再也维持不下去了。颁布成文法与抑制贵族的武断、专横，成为社会发展的必然趋势。

公元前462年，平民保民官特兰梯留(A.G.Terentilie)曾在民众大会上提议编纂成文法，虽遭到贵族的反对，但后来仍同意成立十人委员会，从事立法工作。委员们在希腊考察法制回来后，于公元前451年制定了法律十表，公布于罗马广场。由于平民仍不满意，公元前450年改组了十人委员会，又制定两表，作为前者的补充。两者合称为《十二铜表法》。

《十二铜表法》是罗马第一部成文法，共有105条，其主要内容①如下：

第一表，传唤。原告传被告出庭，如被告拒绝，原告可邀请第三者作证，强制前往；如被告托辞不去或企图逃避，原告有权拘捕；如被告因疾病或年老不能出庭，原告应提供乘骑的牲口或车子；如当事人双方能自行和解，则讼争即认为解决；如当事人不能和解，则双方应于午前到广场或会议厅进行诉讼，由长官(magistratus)审理；诉讼当事人一方过了午时仍不到庭的，承审员(judex)应即判到庭的一方胜诉(缺席判决)；日落为诉讼程序休止的时限；为审理的正常进行，可设立保证人制度。

第二表，审理。开庭这天，如遇承审员、仲裁员或诉讼当事人患重病，或者审判外国人(hoste)时，则应延期审讯；凡需要人证的，应在证人的门前高声呼唤，通知他在第三个集市

① 林培军、叶秋华主编：《外国法制史》(第6版)，中国人民大学出版社2017年版。

日到庭作证;即使是盗窃案件,也可以进行和解。

第三表,执行。对于自己承认或经判决的债务,有30天的法定宽限期;期满,债务人不还债的,债权人得拘捕之,押他到长官前,申请执行;此时如债务人仍不清偿,又无人为他担保,则债权人得将他押至家中拘留;债权人可拘禁债务人60天。在此期内,债务人仍可谋求和解;如不获和解,则债权人应连续在三个集市日将债务人牵至广场,并高声宣布所判定的金额;在第三次牵债务人到广场后,如仍无人代为清偿或保证,债权人得把债务人卖于台伯河(Tiber)以外的外国或把他杀死;如债权人有数人时,得分割债务人的肢体进行分配。

第四表,家长权。对奇形怪状的婴儿,应即杀之;家属终身在家长权的支配下,家长得监禁之、殴打之,使作苦役,甚至出卖之或杀死之;纵使子孙担任了国家高级公职的,亦同;家长如三次出卖他的儿子,该子即脱离家长权而获得解放;婴儿自父死后10个月内出生的,推定他为婚生子女。

第五表,继承和监护。除神职修女外,妇女受终身的监护;在族亲监护下的妇女,其所有要式移转物不适用时效的规定;但妇女转让这些财物时,曾取得监护人同意的,不在此限;凡以遗嘱处分自己的财产,或对其家属指定监护人的,具有法律上的效力;精神病人(furiosus)无保佐人时,对其身体和财产,由最近的族亲保护之,无族亲时,由宗亲保护之;浪费人(prodigus)不得管理自己的财产,应由他最近的族亲为他的保佐人;被继承人的债权和债务,由各继承人按他所继承的多少,按比例分配之。

第六表,所有权和占有。使用土地(在罗马法中建筑物为土地的附和物)的,其取得时效为两年,其他物件为一年;妻不愿依一年的时效而成立有夫权婚姻的,则应每年连续外宿三夜以中断时效的完成;外国人永远不能因使用而取得罗马市民法的所有权。

第七表,土地和房屋(相邻关系)。建筑物的周围应留两尺(每古罗马尺约合3/10公尺)半宽的空地,以便通行;凡在自己的土地和邻地之间筑篱笆的,不得越过自己土地的界限;筑围墙的应留空地六尺;栽种橄榄树和无花果树的,应留空地九尺;其他树木留五尺;在他人土地上有货车通行权的,其道路的宽度,直向为八尺,转弯处为十六尺;如供役地人未把道路保持在可供通行的状态时,则有通行权的人得把运货车通过他认为适宜的地方;树枝越界的,其下垂的枝叶应修剪至离地十五尺,使它不致影响邻地。

第八表,私犯。以文字诽谤他人,或当众歌唱侮辱他人的歌词的,处死刑;毁伤他人肢体而不能和解的,他人亦得依“同态复仇”而毁伤其肢体;牲畜损害他人的,由其所有人把该牲畜委付被害人处理,或赔偿所致的损失;烧毁房屋或堆放在房屋附近的谷物堆的,如属故意,则捆绑而鞭打之,然后把他烧死;如为过失,则责令赔偿损失,如无力赔偿,则从轻处罚;夜间行窃,如当场被杀,应视杀死为合法;白天行窃,仅在盗窃犯用武器拒捕时,方得杀之;凡以正式方式在窃贼家搜出赃物的,以现行盗窃罪论处;如以非正式方式搜出或在他处查获的,则处盗窃者三倍于赃物的罚金;利息不得超过一分(uncia),超过的,处高利贷者四倍于超过额的罚金;作伪证的,投于塔尔泊奥岩下摔死;对夜间在城市内举行扰乱治安的集会者,处死刑。

第九表,公法。不得为任何个人的利益,制定特别的法律;对剥夺一人的生命、自由和国籍的判决,是专属民众大会的权力;经长官委任的承审员或仲裁员,在执行职务中收受贿赂的，处死刑；凡煽动敌人反对自己的国家，或把市民献给敌人的，处死刑；任何人非经审判，不得处死刑。

第十表，宗教法。不得在市区内埋葬或焚化尸体；禁止丧事铺张……火葬用的木柴，不得用斧削光；埋葬或火化时，死者的丧衣、长袍和紫红色的内衣均以三件为限，奏乐的人以10名为限；出丧时，妇女不得抓面毁容，也不得无节制地嚎哭；禁止对奴隶的尸体用香料防腐、举行丧事盛宴、奢侈地洒圣水、长行列的花环和许多香炉焚香；不得为一人举行两次丧礼，亦不得为他备置两副棺木；死者不得有金饰随葬，但如牙齿是用金镶的，准其随同火化或埋葬。

第十一表，前五表的补充。平民和贵族不得通婚。

第十二表，后五表的补充。家属或奴隶因私犯而造成损害的，家长、家主应把他们委付给被害人处理或赔偿所致的损失；凡以不正当名义占有物件的，由长官委任仲裁员三人处理之；如占有人败诉，应加倍返还所得孳息的两倍；前后制定的法律有冲突时，则后法优于前法。

《十二铜表法》的许多内容体现了平民斗争的胜利成果，如第九表规定了立法者不得为个人利益立法，贪官污吏应受到严惩，任何人非经审判，不得被处以死刑；第八表限制了利率，每月利息不得超过1%；第三表规定了还债的30天"恩惠期"等。同时，《十二铜表法》冲破了贵族对法律知识和司法权的垄断；设表分条地把不同的法律规范按类分别汇集，条理比较清楚；确定了适合于当时社会发展水平的一定的诉讼形式；比较注意条文之间的联系和一致性；等等。因此，《十二铜表法》是罗马法发展史上的一个里程碑，它总结了前一阶段的习惯，并为罗马法的发展奠定了基础。它也是古代奴隶制法中具有世界性意义的法律文献之一。

"罗马法"是指罗马奴隶制国家的全部法律，存在于罗马奴隶制国家的整个历史时期，它既包括自公元前八世纪罗马国家产生至公元476年西罗马帝国灭亡这个时期的法律，又包括公元六世纪查士丁尼(Justinianus，公元527-565年在位)皇帝时期东罗马帝国的法律。在一千余年的时间里，罗马人吸收了古代希腊的自然法思想和法治理念以及立法成果，将其与罗马社会的商品经济发展、政治体制运作以及纷繁复杂的法律冲突等糅为一体，创设了当时最为先进的法律理念、法律体系和法律制度，从而成为西方法律制度和法治传统的滥觞。在丰富广博的罗马法遗产中，早期的代表就是《十二铜表法》，后期的集大成的成果就是由《查士丁尼法典》《法学阶梯》《查士丁尼学说汇纂》和《查士丁尼新律》组成的《国法大全》(Corpus iuris)。

第三节　罗马法的发展

一、市民法和万民法两个体系的形成

罗马共和国前期，形成了一个仅适用于罗马市民的法律体系——市民法。其内容主要是国家行政管理、诉讼程序、财产、婚姻家庭和继承等方面的规范。其渊源包括罗马议会制定的法律(如《十二铜表法》)、元老院的决议、裁判官的告示以及罗马法学家对法律的解释

等。随着商品经济的发展和外来人口的增多，共和国后期形成了适用于罗马市民与外来人以及外来人与外来人之间关系的万民法。万民法是外事裁判官在司法活动中逐步创制的法律。它吸收了市民法和外来法的合理因素，但又有所发展和突破。它的基本内容主要是关于所有权和债权方面的规范，很少涉及婚姻、家庭和继承等内容。万民法的产生，使罗马私法出现了两个不同的体系。但是市民法和万民法不是截然对立的，而是互为补充的。后来，查士丁尼将两者统一起来。

二、法学家活动的加强

在罗马法的发展中，法学家起过十分重要的作用，他们推动了罗马法和罗马法学的发展。公元前1世纪，罗马进入帝国时期。在帝国前期，法学家活动非常活跃，罗马法学的发展也进入繁荣时期。许多法学家还被皇帝授予法律解答权，其解答成为法律的重要渊源。法学家们著书立说，解释法律，形成了不同的学派，主要有普罗库尔学派和萨比努斯学派。其间出现了最著名的五大法学家：盖尤斯、伯比尼安、保罗、乌尔比安、莫迪斯蒂努斯。五大法学家的法学著作和法律解释具有同等法律效力。概括起来，罗马法学家的活动和作用是：解释法律，参与诉讼，著书立说，编纂法典，参加立法活动。

三、《国法大全》(Corpus Juris Civilis)的编纂

查士丁尼皇帝(公元527-565年)为重建和振兴罗马帝国，成立了法典编纂委员会，进行法典编纂工作。公元528-534年，先后完成了三部法律法规的汇编。

第一，《查士丁尼法典》(Codex Justinianeus)。这是公元528-529年完成的一部法律汇编，它将历代罗马皇帝颁布的敕令进行整理、审订和取舍。

第二，《查士丁尼法学总论》，又译为《法学阶梯》(Institutiones)。它以盖尤斯的《法学阶梯》为基础加以改编而成，是阐述罗马法原理的法律简明教本，也是官方指定的"私法"教科书，具有法律效力。

第三，《查士丁尼学说汇纂》(Digesta)，又译为《法学汇编》，于公元530-533年编成。这是一部法学著作的汇编，将历代罗马著名法学家的学说著作和法律解答分门别类地汇集、整理，进行摘录，凡收入的内容，均具有法律效力。

公元565年，法学家又汇集了公元535-565年查士丁尼皇帝在位时所颁布的敕令168条，称为《查士丁尼新律》(Novellae)。

以上四部法律汇编，至公元12世纪统称为《国法大全》或《民法大全》。《国法大全》的问世，标志着罗马法已发展到最发达、最完备的阶段。

第四节 罗马法的渊源和分类

一、罗马法的渊源

(1) 习惯法。公元前450年以前，罗马国家法律的基本渊源为习惯法。

(2) 议会制定的法律。罗马共和国时期的主要立法机关是民众大会、百人团议会与平民会议，它们制定的法律是共和国时期最重要的法律。

(3) 元老院决议。元老院是共和国时期罗马最高国家政权机关，并享有一定的立法职能，议会通过的法律需经它批准方能生效。帝国时期，元老院被皇帝所控制，其本身所通过的决议具有法律效力。

(4) 长官的告示。罗马高级行政长官和最高裁判官发布的告示具有法律效力，是罗马法的重要渊源之一。

(5) 皇帝敕令。主要包括：敕谕、敕裁、敕示、敕答。

(6) 具有法律解答权的法学家的解答与著述。

二、罗马法的分类

罗马法学家根据不同的标准，对广义的法律进行六种分类。其中有些分类，如关于成文法和习惯法的划分，在今天也仍有一定的意义。下面就对这些分类进行概括的介绍。

1. 公法和私法

根据法律所调整的不同对象，可划分为公法(jus publicum)与私法(jus privatum)。公法包括宗教祭祀活动和国家机关组织与活动的规范；私法包括所有权、债权、婚姻家庭与继承等方面的规范。

公法和私法的划分始于罗马法学家乌尔比安。他的划分标准是：规定国家公务的为公法，如有关政府的组织、公共财产的管理、宗教的祭仪和官吏选任等法规；规定个人利益的为私法，如调整家庭、婚姻、物权、债权、债务和继承关系等的法规。公法的规范是强制性的，当事人必须无条件地遵守，正如《查士丁尼学说汇纂》中所说："公法的规范不得由个人之间的协议而变更。"而私法规范则是任意性的，可以由当事人的意志而更改，它的原则是"对当事人来说'协议就是法律'"。最初，罗马国家对私人家庭的事不加过问，家长对家属和家务有绝对的权力，故没有划分公、私法之必要。随着经济和社会的发展，国家对家庭和个人的干预越来越多，终于需要在国家权力和私人活动之间确定明确的界限，这样法学上关于公法和私法的划分便应运而生，所以这种区分在当时是具有积极意义的。

罗马法中公法和私法的范围，与后来资本主义国家的情况不同。如前所述，罗马法把诉讼法放在私法中，认为民事诉讼是为了私人的利益，有关诉讼程序的规定，属于私法的一部分。同时，它把盗窃、诽谤等看作侵犯私权的行为，属于私法的对象。公法与私法的关系，因时代的不同而有变化。随着国家管理职能的健全，一些原属私法的问题，也逐渐被纳入公法的范畴；但总的来说，罗马的私法比公法发达，特别是长官法产生后，为适应商品经济的发展，建立了一套完善的私法体系。但到帝政后期，由于经济的衰退和国家权力的进一步加强，私法逐渐被公法所吞噬，直到几百年以后的中世纪，方才得到复兴。

【补充】公法和私法的划分由来已久，最早可以追溯到古代罗马法时期，它是古罗马法学家的一种杰出的思维创造。在古罗马，由于简单商品经济的发展，客观上促成了当时市民社会与政治社会的分离，由此产生了公、私法的第一次主观划分。而首次提出公、私法划分的是著名的罗马法学家——乌尔比安，他认为："公法是有关罗马国家稳定的法，即涉及城邦的组织机构，私法是调整公民个人间的关系，为个人利益确定条件和限度，涉及个人福利。”这是公法和私法最经典的定义，在后来的《查士丁尼法学总论》中就采用了这一分类，它规定：“法律学习分为两个部分，即公法和私法，公法涉及罗马帝国的政体，私法则涉及个人利益。”从此，公法和私法作为基本的法律类别被确定下来，并为后世所继承，成为一种影响深远的法律理念。

2. 成文法和不成文法

依照法律的表现形式，可划分为成文法(jus seriptum)与不成文法(jus non scriptum)。成文法是指所有以书面形式发布并具有法律效力的规范，包括议会通过的法律、元老院的决议、皇帝的敕令、裁判官的告示等；不成文法是指统治阶级所认可的习惯法。

这是从形式上进行分类，标准是视法律公布时是否采用书面(文字)的形式。在古罗马，成文法是指所有以书面发表而具有法律效力的各种议会通过的法律、长官的谕令、皇帝的敕令，以及元老院的决议和享有公开解答权的法学家的解答等。不成文法则泛指习惯法。它是由人们反复援用并确信其具有拘束力的行为规范，例如祖先遗传下来的陈规和当时民间通行的惯例等。有的学者主张罗马的习惯法是渊源于法学家的学说、法院的判例和自然法三者，此说可供参考。

在成文法和习惯法的关系方面，后者可以补充前者的不足，习惯法如果不再适应时代的需要，当然可以用成文法加以变更。但习惯法能否变更成文法？罗马法对此没有确立一般规则。《国法大全》中有两处提到这个问题：一处是查士丁尼时期收集的历代皇帝敕令中，提到君士坦丁一世曾明文规定习惯法不得变更成文法。因为当时帝权得到加强，皇帝的意志是唯一的法律渊源，为了集中中央权力，统一帝国法制，所以他做了这样的决定。另一处是《查士丁尼学说汇纂》中引证了帝政前期大法学家优利亚努斯的意见，他认为习惯法可以改变成文法。按照查士丁尼的规定，他编纂的三本书都具有法律的效力，所以在这个问题上，《修正法典》就和《学说汇纂》发生了矛盾。这个矛盾如何解释呢？中世纪以来研究罗马法的学者一般认为，特别的、地方性的习惯法不能改变普通的成文法，君士坦丁一世的敕令规定的是指此而言，至于全国性的普遍的习惯法，则可以改变成文法，优利亚努斯讲的则是这个意思。这种说法没有考虑到法与社会经济的关系，而是就法论法，因而是欠妥的。我们认为，应当从社会经济的发展来解释这个问题。优利亚努斯处于法学昌明时期，他的意见正是反映了当时的情况。那时，成文法的发展远远跟不上社会经济的发展，既然作为上层建筑的法律不适应经济基础的发展，习惯法就来改变、补充它。这是生产力发展的实际需要。例如《十二铜表法》制定于自然经济时代，它强调形式主义，但商品经济发展了，再搞形式主义，就会阻碍商品流转和经济发展。所以在交换、解放奴隶等方面就形成了一些简便易行的习惯法，不再注重形式主义，而且得到了大法官的支持。到帝政专权时期，皇帝集中了立法、司法大权，君士坦丁一世明确规定解释法律的大权在皇帝，习惯法当然不能改变成文法了。但在皇帝逝世以后，帝国由其三子分割，各自为皇，以后虽曾统一，但不久又正式分裂为东西两部。由于各地经济发展的不平衡，特别是边远地区实际上并不完全执行全国统一的成文法，有些地方仍按地方习惯法办事。从这个意义上说，习惯法还是可以改变成文法的。

3. 市民法、万民法和自然法

根据罗马法的适用范围，可划分为自然法(jus naturalis)、市民法(jus civile)和万民法(jus gentium)。市民法是指仅适用于罗马市民的法律；万民法是调整外来人之间以及外来人与罗马市民之间关系的法律。

自然法的思想，是共和国末期从希腊传入的，并非罗马所固有。罗马起初只有市民法和万民法之分，盖尤斯的《法学阶梯》开始分市民法和自然法，但他没有分市民法和万民法。到乌尔比安时，他采用了三分法，即把法分为市民法、万民法和自然法。有的罗马法著作认为三分法是查士丁尼的《法学阶梯》才开始的，这不符合事实。因为乌尔比安提出三分法在前，查士丁尼的编纂不过是引用了他的观点罢了。

所谓市民法，原意是指一个国家所固有的法律，例如“罗马市民的法律”(jus proprium civium romanorum)即专门适用于罗马市民，后来法学家们简称它为市民法。罗马的市民法最初只有习惯法、《十二铜表法》和罗马议会制定的法律，到公元3世纪初，它与万民法融合以后，才得到了广泛的发展。市民法的特征是：(1)狭隘，只适用于罗马市民，不适用于来罗马经商的外国人；(2)僵化，一点灵活性也没有；(3)注重形式，程序繁琐，如买卖牛马，需要一定的形式，用一定的语言。万民法是和市民法相对称的。万民法的原意，是指各国共同适用的法律；具体到罗马，是指适用于罗马人与外国人以及外国人与外国人相互之间关系的法律，或专指适用于罗马国家与其他国家间关系的法律，如交战、议和等。它摆脱了市民法狭隘和繁琐的形式主义，比较简易、灵活，适应了商品经济发展的要求，因而更具有生命力。公元212年，卡拉卡拉皇帝把罗马市民权授给罗马帝国境内的一般居民，市民法和万民法的区别就消失了。这时罗马法便失去了狭隘、形式主义和僵化的性质。自然法是制定法的对称，罗马的法学家认为它是指合乎人性、合乎理性的法律，适用于全体人类(包括奴隶)，是永远不变的、超时间、超空间的法律，一切制定法都应以自然法为标准，因而它是最理性、最好的法律。它对罗马法的发展起着重要的影响。自然法的概念是亚里士多德提出来的，斯多葛学派做了进一步的阐述。西塞罗承袭并发扬了他们的学说，认为在自然中有真正的法律，这个法律代表理性、正义和神的意志。他们虽然认为奴隶制度是不合乎自然和反理性的，但由于受阶级的局限性，他们并不承认奴隶可享有自由平等的人权。乌尔比安则认为自然法不仅适用于人类，同时也适用于所有陆地、海洋和天空的动物，如动物有性别、要繁殖，上一代要养育下一代等，这些规则是自然的规则。当时就有学者提出不同的意见，认为自然法只是对人类的规律，可适用于奴隶和蛮族，其范围较万民法为广泛，但不能把它扩大到动物，因为只有人类才能作为权利与义务的主体。可是查士丁尼《法学阶梯》仍采用了乌尔比安的观点。自然法是理想的法，它与制定法不同，没有拘束力，不能发生实际效力。所以，自然法纯粹是一种唯心主义的虚构。但这种法律思想对推动罗马法和后世法学的发展与进步，仍有不可磨灭的功绩。

4. 市民法和长官法

根据立法方式不同，可划分为市民法与长官法(jus honorarium)。长官法专指由罗马高级官吏发布的告示、命令等所构成的法律，内容多为私法。其主要是靠裁判官的司法实践活动形成的。

长官法是高级官吏颁布的谕令。高级官吏是一种荣誉职位，故又称“荣誉法”；长官法包括执政官、内务裁判官、外务裁判官、市政官和外省总督等的谕令，其中特别是裁判官的谕令，在私法中占有最重要的地位。长官法是市民法的对称。从这个意义上说，长官法以外的法律都是市民法，如各种议会制定的法律、元老院的决议、法学家的解答、皇帝的敕令和习惯法等。

5. 人法、物法和诉讼法

以权利主体、客体和私权保护为内容，可划分为人法（jus personarum）、物法（jus rerum）、诉讼法（jus actio）。人法是规定人格与身份的法律，物法是涉及财产关系的法律，诉讼法是规定私权保护的法律。

按《法学阶梯》的内容，可以把法分为人法、物法和诉讼法。人法是规定人格和身份的法，包括行为能力、婚姻和亲属等。物法是财产法，包括物权、继承和债。诉讼法是规定私权保护的法，主要包括诉讼的程序和法官的职权等。

第五节 罗马私法的基本内容

一、人法

人法是对在法律上作为权利和义务的主体的人的规定，包括自然人、法人的权利能力和行为能力以及婚姻家庭关系等内容。

1. 自然人

罗马法上的自然人有两种含义：一是生物学上的人，包括奴隶在内；二是法律上的人，是指享有权利并承担义务的主体。自然人必须具有人格，即享有权利和承担义务的资格。奴隶因其不具有法律人格，不能成为权利义务主体，而被视为权利客体。罗马法上的人格由自由权、市民权和家庭权三种身份权构成。只有同时具备上述三种身份权的人，才能在法律上享有完全的权利能力。上述三种身份权全部或部分丧失，人格即发生变化，罗马法称之为“人格减等”。

罗马法对自然人的行为能力，也做了详细规定。只有年满 25 岁的成年男子才享有完全的行为能力。

2. 法人

罗马法上虽没有明确的法人概念和术语，但已有初步的法人制度。罗马法上法人分社团法人和财团法人两种。前者以自然人的集合为成立的基础，如宗教团体；后者以财产为其成立的基础，如慈善基金会。法人的成立必须具备三个条件：(1)必须具有物质基础；(2)社团要达到最低法定人数(3 人以上)，财团须拥有一定数额的财产，对于数额多少没有严格规定；(3)必须经过元老院的批准或皇帝的特许。

3. 婚姻家庭法

实行一夫一妻的家长制家庭制度。古罗马所称的家或家族是指在家父权下所支配的一切人和物的总和，包括家父、妻、子女、奴隶和土地等。家的特点是以家父权为基础。共和国后期，家父的权力逐渐受到限制。罗马法的婚姻有两种，即“有夫权婚姻”和“无夫权婚姻”。

二、物法

物法在私法体系中占有极其重要的地位，是罗马法的主体和核心，对后世资产阶级民法的影响最大。物法由物权、继承和债三部分构成。

1. 物权

罗马法上所说的物，范围较广，泛指除自由人以外存在于自然界的一切东西，凡对人有用并能满足人所需要的东西，都称为物：不仅包括有形物体和具有金钱价值的东西，而且包括无形体的法律关系和权利。物的分类主要有要式转移物和略式转移物、有体物和无体物、动产和不动产、主物和从物、特定物和非特定物、有主物和无主物、原物和孳息等。物权是指权利人可以直接行使于物上的权利。物权的范围和种类皆由法律规定，而不能由当事人自由创设。物权主要有五种：所有权、役权（地役权、人役权）、地上权、永佃权、担保物权（质权、抵押权）。其中所有权为自物权，其他的为他物权。

2. 继承

罗马法中的继承分为遗嘱继承和法定继承，遗嘱继承优于法定继承。早期采取“概括继承”的原则，后来逐步确立了“限定继承”的原则。关于法定继承人的顺序以及遗嘱继承的方式等问题，罗马法上均有较完备的规定。

3. 债

在罗马法中，债是物法的一个重要内容。罗马法中债的发生原因主要有两类：一类是合法原因，即由双方当事人因订立契约而引起的债；一类是违法原因，即由侵权行为而引起的债，罗马法称之为私犯。此外，准契约和准私犯也是债的发生原因。罗马法根据债的标的和标的物不同，对债进行了详细的分类，主要有：特定债和种类债、可分债和不可分债、单一债和选择债、法定债和自然债。罗马法还对债的履行、债的担保、债的转移、债的消灭做了详细规定。

三、诉讼法

诉讼分为公诉和私诉两种。公诉是对直接损害国家利益案件的审理；私诉是根据个人的申诉，对有关私人利益案件的审理。私诉是保护私权的法律手段，相当于后世的民事诉讼。在罗马法的发展过程中，诉讼程序先后呈现出三种不同的形态：法定诉讼、程式诉讼、特别诉讼。

第六节　罗马法的特点及对后世法律制度的影响

一、特点

罗马法是罗马奴隶制国家法律的总称。它不仅包括从罗马国家产生至西罗马帝国灭亡时期的法律，也包括公元6世纪中叶以前东罗马帝国的法律。罗马法保护私有财产，维护奴隶主阶级的统治，是欧洲历史上第一部比较系统、完备的法律体系，对后世产生了广泛而深远的影响。

1. 罗马法深受古罗马奴隶制国家历史发展的影响

罗马法作为奴隶社会法律制度，在其产生、发展和完善的过程中深受古罗马奴隶制国家历史发展的影响。

(1) 罗马共和国建立于公元前509年，在平民反对贵族的斗争中，罗马法由习惯法向成文法发展。公元前450年颁布的《十二铜表法》是这一发展过程的重要里程碑。《十二铜表法》严格保护奴隶主阶级的利益及其统治秩序，保护奴隶主贵族的私有财产权和人身安全不受侵犯。同时，作为平民与贵族斗争的产物，《十二铜表法》也在一定程度上维护了平民的利益。《十二铜表法》是罗马国家第一部成文法，它总结了前一阶段的习惯法，并为以后罗马法制的发展奠定了基础。

(2) 在罗马共和国时期，罗马法用来调整罗马公民之间的关系，适用范围主要限于罗马公民，所以被称为市民法。在市民法下，罗马公民受到法律的保护，并享受法律赋予的权利。在罗马帝国建立以后，由于罗马的扩张，所控制的辽阔版图上不同民族之间的矛盾显现出来，政治经济活动中出现了许多市民法无法解决的新问题。在这种情况下，市民法发展为万民法，万民法适用于罗马统治范围内的一切自由民。

2. 罗马法是诸法合体、私法为主的法律体系

公法与私法的划分最早是由古罗马法学家乌尔比安提出的，他认为凡以保护国家公益为目的的法律为公法，凡以保护私人利益为目的的法律为私法。按照现代法学的分类，一般将宪法、行政法、刑法和程序法等划为公法，而把民法、婚姻法和商法等划为私法。诸法合体是古代法律制度的特点，无论中国、古罗马，还是其他国家。因为在法律制度发展水平还比较低下的情况下，对法律进行明确的分类还不是那么容易的事。古罗马的市民法内容包括国家行政管理、诉讼程序、财产、婚姻家庭和继承等方面的法律规范，即公私法不分、实体法与程序法不分，表现出诸法合体的特征。发展到万民法以后，由于罗马帝国境内简单商品经济高度发展，民事法律关系扩大到社会生活的各个方面，导致私法体系更为发达。

3. 罗马法注重形式，注重法律程序

最为突出的表现是《十二铜表法》的一些规定。如买卖不动产和奴隶等，除当事人亲自到场外，还必须邀请5个证人和1名司秤参加，要讲规定的语言，做一定的动作，才能生效①。这么做的目的是为了让当事人慎重考虑，防止错误、欺诈、胁迫或无端翻悔，也为了避免法官在司法中徇情偏袒。市民法基本上保留了注重形式、程序繁琐的特色。发展到万民法后，为了适应商品经济发展的需要，才逐渐变得简易、灵活。程序的严格执行是为了保证实体权利和义务的实现，程序不是可有可无的东西，罗马法注重程序是法律体系完备的表

① 周枏：《罗马法原论》，商务印书馆1994年版。

现。现代法律制度对程序价值有了新的认识，甚至将程序法的价值提升到与实体法同等的地位。

4. 罗马法还确立了许多重要的法律原则

如疑罪从无、任何人均无义务指控自己有罪、没有原告就没有法官、法官不得自动审判、举证的义务由主张者而不是否认者承担、一目了然之事无须证明、一事不再理等原则对现代法律制度仍然产生重大影响。

二、罗马法对后世法律制度的影响

罗马法对后世法律制度的发展、影响是很大的，尤其是对欧洲大陆法律制度的影响更为直接。正是在全面继承罗马法的基础上，形成了当今世界两大法系之一的大陆法系，亦称为罗马法系或者民法法系。

罗马法对后世法律的影响，表现在以下三个方面：

(1) 罗马法的有关私法体系，被西欧大陆资产阶级民事立法成功地借鉴与发展。《法国民法典》和《德国民法典》就是对罗马法的继承和发展。如 1804 年制定的《法国民法典》，就继承了《法学阶梯》的人法、物法、诉讼法的体例；而 1900 年实施的《德国民法典》则是以法、德两国的民法体系，又为瑞士、意大利、丹麦、日本等众多国家直接或间接地加以仿效。

(2) 罗马法中许多原则和制度，也被近代以来的法制所采用，如公民在私法范围内权利平等原则、契约自由原则、遗嘱自由原则、"不告不理"原则等，权利主体中的法人制度、物权制度、契约制度、陪审制度、律师制度等。

(3) 罗马法的立法技术已具有相当的水平。它所确定的概念、术语，措辞确切，结构严谨，立论清晰，言简意赅，学理精深。罗马法对后世立法产生巨大影响的原因如下：

第一，罗马法是建立在简单商品生产基础之上的最完备的法律体系，它对简单商品生产的一切重要关系如买卖、借贷等契约以及其财产关系都有非常详细和明确的规定，以致一切后来的法律都不能对它做任何实质性的修改，成为后世立法的基础。

第二，罗马法的内容和立法技术远比其他奴隶制和封建制法更为详尽，它所确定的概念和原则具有措辞确切、严格、简明和结论清晰的特点，尤其是它所提出的自由民在"私法"范围内形式上平等、契约以当事人之合意为生效的主要条件和财产无限制私有等重要原则，都是适合于资产阶级采用的现成的准则。

第三，罗马法中体现的理性原则、衡平观念等，也非常适合近代资本主义社会发展的需要，成为资产阶级革命、摧毁专制黑暗的封建法制、克服诸侯割据和政治分裂局面以及建立统一的资产阶级法制的重要武器。

第四，罗马统治阶级运用武力扩大其版图，强行适用罗马法律，以及被征服地居民折服于罗马法的完备和发达而自愿采用，是罗马法对后世，尤其是西方资产阶级立法产生巨大影响的又一个原因。

第七节 罗马法的历史地位

一、罗马法复兴

1. 罗马法复兴的原因

12世纪初，西欧各国先后出现了研究和采用罗马法的热潮，史称罗马法复兴。罗马法的复兴不是偶然的，其根本原因在于当时西欧的法律状况同商品经济发展及社会生活极不适应。而罗马法是资本主义社会以前调整商品生产者关系的最完备的法律，这一法律遗产可以满足当时西欧各国一般财产和契约关系发展变化的需要。

2. 罗马法复兴的过程

(1) 注释法学派与罗马法的复兴。公元1135年在意大利北部发现《查士丁尼学说汇纂》原稿，从此揭开了复兴罗马法的序幕。意大利波伦亚大学最先开始了对罗马法的研究。学者采用中世纪西欧流行的注释方法研究罗马法，因而得名为"注释法学派"。注释法学派在复兴罗马法的运动中，起了开创作用，他们使对《国法大全》的研究成为一门学科，帮助人们了解和熟悉罗马法，为运用罗马法奠定了基础。

(2) 评论法学派与罗马法研究、适用的新发展。14世纪，在意大利又形成了研究罗马法的"评论法学派"。该学派的宗旨是致力于罗马法与中世纪西欧社会司法实践的结合，以改造落后的封建地方习惯法，使罗马法的研究与适用有了新的发展。罗马法在意大利复兴以后，很快扩展到西欧各主要国家。

3. 罗马法复兴的意义

其一，罗马法的运用，使商品经济得到比较顺利的发展，市民等级的力量不断加强；同时也推动了王权的加强和扩张。这些都有利于民族统一国家的形成。

其二，经过罗马法复兴，以研究《国法大全》为突破口和中心，法学蓬勃发展起来，形成了一个世俗的法学家阶层，改变了教会僧侣掌握法律知识的状况。这就为把罗马法运用于实践准备了条件，从而为正在成长中的资本主义关系提供了现成的法律形式。

其三，近代自然法学说和"法律面前人人平等"的口号，是17、18世纪新兴资产阶级进行反封建斗争的主要思想武器，而近代自然法学说的思想渊源正是罗马时代的自然法思想及自由人在私法关系上地位平等的原则。

二、罗马法对后世法律的影响

罗马法对后世法律制度的影响是很大的，尤其是对欧洲大陆的法律制度的影响更为直接。正是在全面继承罗马法的基础上，形成了当今世界两大法系之一的大陆法系，亦称为罗马法系或者民法法系。

罗马法的有关私法体系，被西欧大陆资产阶级民事立法成功地借鉴与发展。如《法国民法典》和《德国民法典》就是对罗马法的继承和发展。法、德两国的民法体系，又为瑞士、意大利、丹麦、日本等众多国家直接或间接地加以仿效。

罗马法中许多原则和制度，也被近代以来的法制所采用，如公民在私法范围内权利平等原则、契约自由原则以及权利主体中的法人制度。

罗马法的立法技术已具有相当的水平，它所确定的概念、术语，措辞确切，结构严谨，立论清晰，言简意赅，学理精深。

本章习题

1. 罗马法有哪几种分类方式？
2. 罗马法的发展经过了哪几个时期？
3. 罗马法中的物法由哪三部分构成？分别是什么？
4. 罗马法复兴的意义是什么？
5. 罗马法对后世立法产生了哪些影响？

|第三章|

日耳曼法

本章重点

日耳曼法债权制度；日耳曼的审判机关；日耳曼法的特点及历史地位

第一节　日耳曼法概述

公元476年，在“蛮族”入侵与隶农起义的双重打击之下，早已处于风雨飘摇中的西罗马帝国徐徐落下历史的帷幕。日耳曼各部在其废墟之上建立起一系列“蛮族”国家，将整个西欧带入封建制时代。

日耳曼法，是日耳曼人入侵西罗马帝国、建立早期封建王国后所颁布的法律的总称。日耳曼法起源于日耳曼人原有的部落习惯，后来日耳曼法开始走向成熟，最终与罗马法并存。主要有《西哥特法典》《勃艮第法》《撒利克法典》和《里浦尔法》，由日耳曼习惯和罗马法相融合而成，带有氏族公社的残余。在法律适用上采取属人主义原则，即日耳曼人适用日耳曼法，罗马人适用罗马法，二者相抵触时以日耳曼法为准。

一、日耳曼法是西欧早期封建制时期的法律

恩格斯论及日耳曼法时，曾指出日耳曼法即古代的马尔克法。马尔克是日耳曼人氏族制度解体时期以地域关系为基础的农村公社组织，是5世纪以后各日耳曼国家的基本社会组织，其兴衰大约在5世纪至9世纪。因此，日耳曼法是5世纪至9世纪以马尔克为主要制度的西欧早期封建制时期适用于日耳曼人的法律。

日耳曼法是日耳曼各部落在入侵西罗马帝国、建立“蛮族”国家的过程中，在罗马法和基督教教会法的影响下，由原有的氏族部落习惯发展形成的。

记载日耳曼人生活最初和最主要的文献是公元前1世纪恺撒的《高卢战记》和公元1世纪塔西佗的《日耳曼尼亚志》。恺撒时代的日耳曼人尚处于氏族社会，塔西佗时代日耳曼人的氏族制度已趋于解体。公元5世纪，日耳曼各部族侵入西罗马帝国，建立“蛮族”国家，西欧开始向封建制过渡。公元843年，法兰克王国加洛林王朝分裂，形成近代法兰西、德意志、

意大利三国的雏形。

日耳曼法作为早期封建制度形成时期的法律，既表现出封建法律的特征，又保留着原始社会时期习惯的残余。同时，由于它是在以基督教为国教的罗马地区形成和发展的，因此又受到罗马法和基督教教会法的影响。

二、日耳曼法的成文化

在民族大迁徙以前，日耳曼人依靠在氏族部落中形成的风俗习惯来解决纠纷，调整氏族成员之间的关系。这些风俗习惯没有文字记载，而是口耳相传。“蛮族”国家建立以后，日耳曼人的风俗习惯相应地转变为法律。最初，各个国家的法律仍然是不成文的，也就是习惯法，依靠口授心记，世代相传。在各国的贵族中，有些人被称为“宣法者”，他们专门熟悉、掌握习惯法，负责向法庭解答疑难问题。因此，这时的习惯法和道德规范没有明显区别。

从公元5世纪末期开始，大多数日耳曼国家从协调与被征服地区的居民关系、调整各部族原有的习惯与基督教教义和教规的关系的需要出发，都模仿历代罗马皇帝的做法，在习惯法的基础上编纂了成文法典。这类法典在历史上被称为“蛮族法典”。在西南欧地区，法典的编纂集中在公元5世纪至9世纪。其中最早的是西哥特王朝的《尤列克法典》(完成于公元466年—公元483年)，其后有法兰克王国的《撒利克法典》(完成于公元九世纪上半叶)、《里普利安法典》，勃艮第王国的《狄多巴德法典》，伦巴德王国的《伦巴德法典》等。在不列颠，由盎格鲁—撒克逊人建立的诸王国以及后来统一的英吉利王国，也颁布了类似的法典，如7世纪初肯特王国的《埃塞伯特法典》、7世纪末西撒克斯王国的《伊尼法典》和9世纪末英吉利王国的《阿尔弗烈德法典》等。习惯法成文化最迟的地区是北欧，直至13世纪才出现这类法典，主要的一部是1241年的《裘特法典》。

在“蛮族法典”中，法兰克王国的《撒利克法典》不仅在当时具有很大的权威性，而且有着广泛的影响，是5世纪至9世纪蛮族法典的典型代表。这部法典反映出法兰克社会向封建制过渡的状况，是法兰克人最早的成文法典，原文用拉丁文写成，编于克洛维统治时期。最初全文分为65章，每章设若干节，公元6世纪到8世纪之间又有补充条文，反映出法兰克社会进一步的发展。

日耳曼诸王国编纂的法典得到了“智者”阶层即基督教僧侣和罗马法学家的协助，如《撒利克法典》序言中记有“智者”和长老商讨后，搜集处理各类案件依据的习惯法规则的经过。法典的颁布需要民众大会的同意，如勃艮第国王耿多伯德曾说过，他的法典是由“国王提议，全体人民共同同意”产生的。在观念上，日耳曼各王国的成文法被看作公约或契约，如《撒利克法典》在一些章节的开头有“互相同意遵守”的习惯用语。

三、日耳曼法同罗马法并存且相互影响

在西欧早期封建制时期，各日耳曼王国存在着日耳曼法和罗马法两种法律制度并存的局面。随着日耳曼人和罗马人混合居住的延续以及社会封建化程度的加深，两种法律之间的相互影响与渗透逐步加深，并且这一过程一直贯穿于西欧中世纪。

日耳曼人入侵西罗马前，各部族成员都遵守本部族习惯，受本部族习惯的保护和管辖，外族人不在这种保护和管辖之列。日耳曼各王国建立后，在适用法律方面仍沿袭氏族制度时期的习惯，采用属人主义原则，对日耳曼人适用日耳曼法（如对西哥特人适用西哥特法，对法兰克人适用法兰克法，等等），对被征服的罗马臣民则适用罗马法。在日耳曼法和罗马法这两种法律中，日耳曼法较罗马法具有优先效力，当日耳曼人同罗马人发生法律关系时，适用日耳曼法。

应当说明的是，当时各国适用的罗马法并不是查士丁尼《国法大全》（《国法大全》编于日耳曼人入侵西罗马之后）。失散并流传于各国的罗马法大多已变为习惯法，在社会生活中继续起作用。

在适用罗马法的过程中，一些日耳曼王国在罗马法学家的支持下，参考了罗马帝国时期的法学著作和法律汇纂，进行了罗马法的编纂。如 5 世纪末 6 世纪初勃艮第王国颁布的罗马法典，西哥特王国国王阿拉里克二世（公元 484 年—公元 507 年在位）时期编纂的《阿拉里克罗马法辑要》。后者又称《西哥特罗马法典》，是日耳曼王国时期具有代表性的罗马法典。在 12 世纪罗马法复兴之前，它是西欧罗马法的主要渊源，被各国立法广泛吸收。

在查理大帝统治时期，帝国政府颁布的王室法令和王室法院做出的判决，对境内既存的法律规范兼收并蓄，也对罗马法和日耳曼法的融合发挥了明显作用。

四、王室法令的发展

随着各日耳曼王国政权机关的形成和发展，王室法令也出现并日益增多，其地位和作用日趋重要。王室法令是属地法，其效力高于部族习惯法。法兰克是蛮族国家中王权比较发达的国家，因此王室法令发展得比较早，而且数量较多。早在 5 世纪末至 8 世纪中期的墨洛温王朝，法兰克国王就已开始颁布法令，到 8 世纪中期至 9 世纪中期的加洛林王朝时，王室法令不断增多，地位和作用也更加重要。法兰克查理大帝时期是日耳曼法发展的最后阶段，帝国政府为了加强国家统一，曾企图通过王室法令统一王国法律，实现“一个君主，一种法律”。但由于当时自然经济占统治地位，封建割据已经形成，依靠军事行政力量推行法律，难以深入到社会生活中取代分散的部族法，而各部族的社会经济发展水平又有很大差异，因此随着帝国的解体，法律统一的努力最终未能实现。

按其性质，王室法令可分为教会法令（因教权从属于王权）和普通法令。按其内容，则可分为补充部族习惯法的法令、独立法令和对官吏下达的训令。其中，补充部族习惯法的法令应经民众大会的同意，而国王颁布的独立法令要由高级僧侣和世俗贵族组成的御前会议同意。

王室法令虽然是部族习惯法以外的法令，但大多数是为了补充习惯法的不足而颁布的。有时候，王室法令也根据统治阶级的需要吸收日耳曼法的某些规则和制度。由于王室立法是国王政府制定的，比部族法更便于吸收罗马法和教会法，因此，王室法令是日耳曼法与罗马法相互融合的重要途径。公元 9 世纪初编纂的查理大帝法令、汇编就包含着罗马法和日耳曼法的因素。

第二节　日耳曼法的基本内容

日耳曼法在法律适用上采取属人主义原则，在实践中必须解决两个问题：一是如何决定每个人所适用的法律，二是如何解决法律冲突。

一、运用法律的规则

（一）属人法的决定

适用属人主义的一般原则是以出生事实为根据，即某人所适用的法律通常就是他所属部族的法律，因而婚生子女从父法是一条基本原则。非婚生子女在生父认领前从母法，如不能辨认其母，则可由本人选择一种法律适用。已婚妇女从夫法，但从9世纪中期开始，丈夫死后，妻子恢复适用出生地法。被释放的奴隶可以适用前主人的法律，也可以适用释放文书中规定的法律，在国王面前释放者则适用国王的法律。基督教僧侣适用罗马法或出生地法，9世纪初开始一律适用罗马法。

（二）法律冲突的解决

日耳曼法实行属人主义，经常会发生日耳曼人与罗马人、日耳曼各部族居民之间法律冲突的现象。解决法律冲突的规则可归纳为两类：第一，发生法律关系的各方的法律都有效，即各方适用自己的属人法。在解决订立契约、提供证言和结婚仪式等法律冲突时就采用此规则。例如，在举行结婚仪式时，新郎方按男方的法律迎亲，新娘方则按女方父亲所在地法律送亲。第二，优先适用在法律关系中利益最大的一方的法律。例如，刑事案件中杀人罪的赎罪金、伤害身体罪的赔偿金的确定，适用被害人的出生地法；民事案件中，被告的权利与义务的确定，如举证权的期限、宣誓的方式等，适用被告的出生地法；对于继承关系，适用被继承人的法律；对于监护关系，适用被监护人的法律。

二、财产制度

（一）不动产所有权

日耳曼法的不动产主要指土地。对土地的权利，依土地使用人的身份和地位确定。在日耳曼各国中，土地所有权有两种：一是马尔克公社土地所有权；二是教俗封建贵族大土地所有权。随着西欧封建化的不断加深，马尔克公社土地所有权逐步消失，而教俗贵族大土地所有权不断增长，并且最终占据统治地位。这一过程是西欧封建制度形成的反映。

1. 马尔克公社土地所有权

马尔克公社土地所有权制度源于日耳曼氏族制度中的土地所有权制度。在日耳曼人入侵西罗马帝国、建立国家的过程中，在氏族制度解体时以地域关系为基础形成的农村公社（马尔克）这种组织形式被带到新的土地上，日耳曼人仍旧生活在公社中。因此，不动产所有权的基本形态是农村公社土地所有制和自由农民（公社社员）土地占有制。

在这种所有权制度下，社员所占土地及其周围的小块园地归社员家庭私有；耕地属公社集体所有，分配给社员家庭使用，和过去不同的是已经固定下来，不再定期重新分配；森林、河流、牧场等为公社集体所有，社员共同使用。各个家庭对耕地的占有、使用权与其家长及家庭成员的社员身份密切相联，只有具有公社社员身份的自由人才能享有这种权利，否则，即使是自由人但不是本公社社员，也不能享有这种权利。正因为如此，《撒利克法典》规定，土地不能由妇女继承，而只能传给男性。因为土地若为妇女继承，将可能由于婚姻转移到不具本公社社员身份的人手中。

各个家庭在使用耕地和公用地时必须服从公社关于休耕轮种的统一安排。公社对土地的管理和处分应在公社民众大会上得到全体社员的同意。社员在行使占有、使用权时，不得损害其他社员的权利，否则要赔偿损失。例如，《撒利克法典》规定：如果某人的猪或牲畜跑到别人田里，而牲畜的主人被揭发，不管怎样抵赖，都应交 15 个金币的罚金。马尔克公社的集体利益也受到严格保护，社员不得侵犯，否则将受到严厉制裁。如《伊尼法典》规定：如果某人在林地中烧毁一棵树而被揭发，应交罚金 60 先令；如果某人在林地砍倒许多树，他应按三棵树交纳罚金，每棵 30 先令，而不论砍倒多少。

随着封建化程度的加深，马尔克公社土地所有权逐渐发生变化，对社员土地所有权的限制不断减少。原来习惯规定妇女不得继承土地，占有人死后若没有儿子，土地应交回公社。公元 6 世纪法兰克国王希尔伯利克颁布法令，规定若没有子嗣，土地也可由死者的女儿或兄弟姐妹继承。大约在 6 世纪末 7 世纪初以后，自由农民占有的份地已经可以自由转让，成为自主地。但这种自主地很快便被封建贵族吞并。

2. 贵族大土地所有权

在日耳曼王国初期，与马尔克公社土地所有权同时并存的还有教俗贵族的大土地所有权。

贵族大土地所有权主要通过两个途径形成：第一，通过日耳曼各王国国王封赏土地给贵族、亲兵和教会而形成。在征服西罗马帝国以后，被没收的西罗马帝国的土地、进行反抗的大地主的土地以及无人继承的土地都归国王所有。除将一部分土地分配给马尔克公社所有以外，国王将大部分土地赏赐给贵族、亲兵和教会，以巩固自己的统治，于是形成大土地所有权。第二，通过公社社员土地分化而形成。由于耕地私有化的出现，一部分贫穷的马尔克公社社员只得转让自己的份地，这样较多的土地便集中到少数本来就富裕的社员手中，后者也发展为大地主。

日耳曼国家的大土地所有权形成以后，又通过“委身制”“特恩权”“采邑制”不断巩固和扩大。

“委身制”是西欧封建制度形成时期教俗贵族兼并自由农民的土地，迫使他们丧失人身自由，依附于封建主的一种手段和方式。在日耳曼王国初期，大地主私人集团之间战争频繁，农民的生命财产得不到保障，承受不住沉重的封建义务负担，只好委身于邻近的大地主寻求“保护”。大地主“保护”农民的条件是要他们把土地交给地主，然后又作为份地领回，向地主尽义务，终身处于地主的“保护”之下。这种政治、经济上的依附地位，逐渐使农民成为农奴。

最初国王将土地赏赐给贵族是不附带任何条件的，分封的土地成为贵族的自主地。这种赏赐的结果，大大增强了大地主的私人权力。他们不仅在经济上拥有大片庄园，而且在领地内享有行政和司法权，以致国王不得不承认这种权力，禁止政府官吏进入大地主领地进行管理。贵族在其领地内享有的这些土地、行政、司法特权就叫“特恩权”。

日耳曼王国普遍实行的“特恩权”严重削弱了王权，加剧了社会混乱，不利于整个大土地占有制的巩固。8世纪，法兰克王国实行了土地占有制度的改革，即采邑改革。“采邑”本意为“恩赐物”，指国王赏赐给贵族的土地。在采邑制度下，贵族从国王那里领受采邑，必须为国王尽一定的义务，主要是服兵役。采邑只能终身享有，不能继承，领受采邑的贵族死后，土地便归还给国王。贵族的继承人若要重新得到该土地，则必须重新经过授封仪式。大贵族在把自己的土地封赏给亲信时，也仿效国王采取这种形式。这样，国王与贵族及贵族之间便以土地为纽带形成相互间的权利与义务关系，在此基础上最终形成西欧的封建等级制度。

3. 农奴份地

农奴对其使用的份地只有使用权而没有所有权。农奴从贵族那里领取份地，就意味着他们必须接受压迫和剥削。他们要承担沉重的赋税和劳役，其人身也被固定在土地上，不得随便离开土地。领主转让土地时，农奴同时被转让。

（二）动产所有权

除土地外，其他财产，如武器、牲畜、农具、奴隶以及其他能够移动的物品都属于动产。与土地不同，日耳曼法对动产确认了包括占有、使用、收益和处分在内的完整的私人所有权。日耳曼法对动产实行严格保护，如《撒利克法典》规定：“如有人偷窃一只小猪而被破获，罚款120银币，折合3金币。”动产所有人丧失自己的动产，可以行使追及权。追及权有两种效力：第一，丧失动产是基于动产所有人自己的意思，如寄存、出借，追及权效力只及于相对人。如果该动产所有权被对方转让给第二人或者被第三人侵占，所有权人只能要求对方赔偿损失，而不能要求第三人返还该所有权。第二，丧失动产并非基于动产所有人自己的意思，而是违反了自己的意思，如动产所有物被盗、被骗或遗失，则追及权效力可及于该动产持有人。如果作案者当场被捉，经法庭审理后，被告人除返还所窃盗的物品外，还应交纳赎罪金。如果作案人并没有当场被捉，而发生了物品转让，那么物品的现占有人只要能证明该物是自第三人处合法取得的，即可免付赎罪金，但应将物品返还第三人，而所有人再转向第三人要求返还；若第三人也是合法取得，那么再按同规则向前转让人追索，直到转让人无法证明自己为合法取得为止；最后这位物品占有人不仅应返还原物，而且必须支付赎罪金。

三、债权制度

由于西欧早期封建制时期商品经济不发达，日耳曼法的债权制度比较简单。其特点是：

（1）没有形成民事违法观念，债的履行与不履行没有严格界定，侵权行为和犯罪没有明确划分。

（2）契约的种类很少，只有买卖、借贷和使用借贷等几种契约形式。

（3）订立契约时注重形式，必须经过标的物的交付，或经过法定的程序与形式，讲固定的套语、做固定的动作，契约才能成立和有效。这种形式主义在土地转让中表现得最为明显。订立土地契约的法定形式包括两部分：①公开转让土地的意思表示。双方当事人同符合法定人数的证人一起到被转让的土地上，用特定的语言表示转让该土地的意思。②象征性交付土地。转让人将象征土地的物品交给受让人，如将带草的土块作为象征物递交给受让人，象征土地的交付。

(4) 保留债务奴役制。日耳曼法严格保护债权人的利益，为了保证债务到期得到清偿，规定了各种清偿的方法，其中之一是债务奴役制。如果债务人没有财产或者财产不足以清偿债务时，债权人可以扣押债务人的人身，使其充当奴隶。初期债权人可以直接扣押债务人，后来改为请求法院判决扣押债务人的人身，然后交给债权人为奴。到加洛林王朝时期，法律允许债务人以自己的劳动抵偿债务，其亲属也可以代其清偿。

四、婚姻、家庭、继承制度

(一) 婚姻和家庭制度

日耳曼法实行一夫一妻制，但贵族家庭盛行一夫多妻。结婚的方式通常是买卖婚，由男方的父亲或男方本人与女方的父亲订立婚约而成。一般由男方支付给女方家庭新娘的身价，女方即被交付给男方为妻。另外还有抢夺婚的方式，即男方家族成员把女方抢掠回家后，向女方家族支付赔偿金以求和解，如女方家庭同意接受，即可成立婚姻关系。赔偿金的数额同买卖婚中支付的身价大致相等，所以抢夺婚实质是买卖婚。

婚姻关系成立后，妇女处于夫权之下。丈夫对妻子既有保护之责，也有一系列权利，包括贫困时可将妻子抵债或出卖为奴。在家庭关系方面，日耳曼法实行家长制。家长在家庭中享有特殊权力，除在夫妻关系上享有夫权外，对子女还享有父权。父亲对自己刚出生的子女有弃婴权，有出卖、驱逐、惩戒甚至处死子女的权力。但在传统上，日耳曼法对家长权也有一定限制。例如，丈夫未经妻子同意不得处分妻子个人财产范围内的不动产，父亲不得任意处分属于儿子的不动产。

(二) 继承制度

日耳曼法实行法定继承，对动产和不动产采取不同的继承原则。动产先由近亲属继承。继承顺序是：子女、父母、兄弟姐妹；在同一顺序中，男性优于女性，女子的继承份额仅是男子的一半。不动产早期只能由儿子继承，如无子，由马尔克公社收回；6 世纪后半期以后，份地也可由其他亲属，包括女儿继承。

五、违法行为

日耳曼法中把犯罪和侵权行为混同，都称作违法行为。它们的区别是：侵害私人利益，构成侵权行为，侵害公共利益，构成犯罪；侵权行为引起私人复仇，犯罪则由公共权力机关实行惩罚。近代法律认为是犯罪的许多行为，如公开杀人、强奸妇女等，在日耳曼法中都属于侵权行为。

(一) 犯罪

早期，大部分违法行为属于侵权行为。犯罪的种类不多，主要有叛逆、逃兵、放火、暗杀等。刑罚有两种，即死刑和宣布处于法律保护之外。死刑的方法有绞刑、活埋。被宣布处于法律保护之外者，丧失一切权利，任何人都可以像杀死野兽一样将他杀死，实际上是变相的死刑。

后期，随着国家权力的增大，由国家机关惩罚的犯罪的范围扩大了，出现了侵犯国王、侵犯教会、侵犯领主等新的犯罪种类。对这些犯罪都处以死刑。

(二) 侵权行为

对侵权行为实行血亲复仇，就是由被害人亲属对加害人及其亲属实行对等报复。对此，国家审判机关不加干涉，但必须公开进行，其他家族也严守中立。

随着社会的发展，血亲复仇所造成的部族内部家族之间的纷争和仇杀的弊端日益明显，影响到整个部族的战斗力。私有财产的形成使人们日益重视经济利益，于是血亲复仇逐步被支付赎罪金所取代。公元802年，查理大帝颁布《关于巡按使团的敕令》，明确禁止血亲复仇，实行赎罪金制度。

六、审判制度

(一) 审判机关

日耳曼各王国的审判机关是从氏族公社时期的民众大会延续下来的。

1. 普通地方法院一般由百户法院和郡法院组成。自由人出席审判大会是权利，也是义务，判决必须经过他们同意才生效。查理大帝时进行司法改革，由“承审官”审判。

2. 王室法院由国王、宫相或其他国王的官员主持，没有自由人参加。国王可以根据当事人的要求，将案件从地方法院移至王室法院审理。

3. 加洛林王朝时期，由于巡按使制度的实行，又出现王室巡回法院。

(二) 诉讼制度

在日耳曼各王国，不同法院有不同的诉讼制度。

1. 普通法院诉讼制度的特点：

(1) 诉讼可以分为民事诉讼与刑事诉讼，都实行自诉原则，传唤被告是原告的责任。

(2) 双方当事人地位平等，有相同的权利。

(3) 证据较为原始，民事诉讼中主要是宣誓，刑事诉讼中还有神明裁判和决斗。

2. 王室法院和巡回法院审理涉及王室利益的案件时，采用纠问式诉讼，即法官占有主导地位，主动进行调查、传讯证人等。

第三节　日耳曼法的特点及其历史地位

一、日耳曼法的基本特点

1. 日耳曼法是团体本位的法律

日耳曼法的这一特点是指日耳曼法的保护中心和出发点是团体，即家庭、氏族和公社，而不是个人。个人行使权利和承担义务，要受到团体的约束；人们之间的关系在法律上是由他们的身份决定的，而不是凭个人意志决定的。例如，在日耳曼人的家庭中，家长的权力虽然很大，但家长在实施重大法律行为时，必须考虑整个家庭的利益，应该征得家庭成员中成年男子的同意，而不能随意作为。例如，《撒利克法典》第45章对迁徙规定：如果一个人打算由一个村迁徙到另外一个村，必须征得该村全体居民的同意；只要有一个人反对他迁入，即可向他提出警告，使他搬走。假使他拒绝搬走，就可偕同证人，到村会去控告，或呈报伯爵，将他驱逐。又如，作为氏族成员，当本氏族有人受到外氏族人侵害时，必须与其他氏族成员共同进行血亲复仇或共享赎罪金。

日耳曼法的这种“团体本位”的特征与罗马法的“个人本位”特征具有明显的区别。建立在简单商品生产高度发达的基础上的罗马法，尊重个人意志自由，严格保护私有财产。在私法领域内人们之间的权利与义务关系是由个人意志决定的，不受身份约束。法学著作往往把罗马法以个人为中心、尊重个人意志自由、严格保护私有财产的特点称作“个人本位”。

2. 日耳曼法是属人主义的法律

蛮族国家建立后，各王国在适用法律方面因袭固有的习惯，因人而异，对日耳曼人适用日耳曼法，对罗马人适用罗马法。两种法律发生冲突时，以日耳曼法为准；日耳曼各部族法律之间的冲突，则按不同问题确定不同的解决办法。9世纪以后，随着社会封建化的完成，封建领主在其领地上独立行使统治权。他们设立法庭，审判领地内的案件，适用同一种法律，而不管当事人原来属于什么部族。这样，适用法律的属人主义逐渐过渡到属地主义。

3. 日耳曼法是具体的法律

日耳曼法不是抽象的法规，只是一些解决各种案件的具体办法，审理案件的依据是以前同类案件的判决。蛮族法典也不过是判例的汇编而已。例如，《撒利克法典》中并没有关于处理盗窃罪的一般规则，只列举了盗窃各种物品所应交纳的罚金。法典第2条规定：“如有人偷窃一只小猪而被破获，罚款120银币，折合3金币；如有人偷窃一只满一岁的猪而被破获，罚款120银币，折合3个金币，另加所窃猪的价值和赔偿损失；如有人偷窃一只满两岁的猪，应罚付600银币，折合15金币，另加所窃猪的价值与损害赔偿……”这表明，日耳曼法处理案件的根据是以前同类案件的判决，而不是一般的法律规范。

4. 日耳曼法是注重形式、注重法律行为外部表现的法律

在日耳曼法上，凡属转让财产、结婚、赔偿损失、脱离氏族关系等法律行为，均须遵守固定的形式和程序，讲固定的语言，做象征性的动作，否则不发生法律效力。行为人外部表现出的语言和象征性动作，均按习惯加以解释而产生法律后果，而不考虑其真实意思如何。这就是说，确定犯罪和违法行为的标准只是表现出来的行为，而不考虑行为人的主观因素。

5. 日耳曼法是世俗的法律

尽管日耳曼法中有某些原始宗教信仰的因素，如宣誓证据和神明裁判等，但法律本身并不和宗教教义直接联系，内容中不包括宗教法规，也没有宣布法律是神的意志的体现。这与古代印度的法律，以及阿拉伯帝国的法律(伊斯兰法)有明显区别。

日耳曼法是继罗马法之后在西欧形成的一种法律体系，尽管它反映出比较低的社会经

济和文化水平，但却以其内含的封建因素，促进了西欧封建制度的确立。9 世纪后，西欧进入封建割据时期，日耳曼法演变为分散的地方习惯法，适用法律的属人主义相应转变为属地主义。但无论是地方习惯法还是调整封建贵族之间关系的法律，都是在罗马法和日耳曼法融合的基础上发展起来的，只是各地区的情况不尽相同而已。西欧法律在整个中世纪经历了很大变化，包括罗马法复兴、教会法发展为完整的法律体系、王室法令作用的提高、中央司法机关的活动对法律的影响等，但是，以日耳曼法为基础的习惯法一直在西欧占主导地位。

二、日耳曼法的历史地位

日耳曼法是西欧封建法律的基本构成因素。在整个中世纪的西欧，以日耳曼法为基础发展起来的习惯法一直占主导地位。

日耳曼法是西欧近代法律的基本历史渊源，在某些地区或某些领域甚至是主要的历史渊源。近代英国法中包含的日耳曼因素比欧洲大陆国家多得多，在不动产和诉讼制度方面更加明显，所以恩格斯称英国法为传播于世界各大洲的唯一日耳曼法。

它向人们展示了一种全新的法律观念、法律文化，丰富了人类的法律宝库，提示我们从多种角度来认识法律。

它与罗马法共同构成西方法律的传统，反映了西方法律的两种精神。罗马法所处的时代“商业发达、经济繁荣，有古代资本主义之称”，法学理论较繁荣，因而形式严密精确，主张意志自由，体现了个人主义精神。在日耳曼法的发达时期农业经济盛行，团体精神是其主体。这两种精神在西方法律现代化进程中的不同阶段，都对西方的法律产生相应的影响，体现了西方法律的不同价值取向。在西方资本主义化的初期，一方面出于对新的生产力的解放，另一方面也出于对封建制的革命激情，对自由的追求掩盖了对社会利益的执着认识，个人本位被定为法学思想和法律的基调，这种精神促进了社会的发展，同时培育了其弊端。社会利益的脆弱警促人们的思潮由个人本位转向社会本位，团体本位的日耳曼法精神得以抬头。德国民法典制定时，即受这种时代精神的影响。现代的社会立法，很多蒙受日耳曼法的影响。

本章习题

1. 日耳曼法债权制度的特点有哪些？
2. 日耳曼各王国的审判机关都是如何组成的？
3. 日耳曼法的基本特点是什么？
4. 日耳曼法的历史地位是怎样的？

|第四章|

英国法

本章重点

英国法的历史渊源;宪法的基本原则;司法组织;普通法系的特点

第一节　英国法律制度概述

一、英国法的历史渊源

(一) 诺曼征服前的习惯法

盎格鲁—撒克逊人是日耳曼人的分支,于公元5世纪开始征服不列颠,在征服过程中以英国本土的原始部落为基础形成许多小王国,到7世纪初逐渐形成了相对稳定的七大王国,8世纪以后七大王国在反抗丹麦人的斗争中逐渐团结起来,并在赛克斯王室的领导下,政治上融为一体,形成了统一的英吉利国家。在此过程中,盎格鲁—撒克逊人将日耳曼习惯法带入英国,并随着社会的发展,开启了英国向法制社会迈进的纪元,此阶段的英国法律具有如下特点:(1)只有部分地区或种族的法律,未形成全国统一的法律,传统的盎格鲁人、撒克逊人、朱特人的不同习惯法同时存在,且多以本民族文字制定。(2)主要是习惯法的汇编,其中比较重要的有,公元600年前后肯特王国的《埃塞尔伯特法典》,公元694年西撒克逊王国的《伊尼法典》,公元759年以后麦西亚王国的法典,公元890年的《阿尔弗烈德法》等。(3)司法管辖权的多元化。没有全国统一的法院组织,同时实施国王、封建和公共司法。

(二) 普通法的形成与衡平法的兴起

1066年的诺曼底公爵征服英国在英国法制史上产生了深刻的影响。威廉一世大力推行在其欧陆领地实行的封建制度,加速了英格兰地区的封建化进程,与欧陆其他国家相比,更注重封建王权和集权统治。随着诺曼王朝历代国王不断加强其中央集权,英国国王的司法集权也不断加强,逐渐形成了普通法、衡平法和制定法三大英国法的渊源,建立了统一的封建法律体系。

1. 普通法的形成

12 世纪中期,法官在国王审判活动中,开始参照各地的习惯法及日耳曼法、罗马法、教会法等进行自由造法,同时,不具备普遍适用性的地方习惯和惯例逐渐被淘汰,最终形成了以判例法形式出现的普遍适用于全国的普通法。

威廉一世在英国建立的王权至上的封建制度,为以后形成强有力的中央集权打下了坚实的基础。1072 年,威廉一世建立了骑士军役制度(knight service),明确国王合法拥有王国内所有土地,将反对派的土地予以没收,分封给亲属和随从,要求受封者服兵役并缴纳税赋,这项制度自上而下推行,他还要求臣下及其附庸全部效忠于自己。至 1085-1086 年,威廉一世通过开展全国性的土地调查,编撰了"英格兰土地清账书册"(Domesday Book),使得每个封建主的财产及收入透明化,无法逃避任何赋税。这些措施,为建立起强大的封建王权和集权统治打下了坚实的基础。

随着王权的日趋强大,司法权不断集中,统一的司法机构也在逐渐形成。威廉一世要求,无论是古老的郡法院和百户法院,还是后来出现的领主法院和教会法院,都必须根据国王的令状并以国王的名义审判,也就是说全国的各类司法审判直接或间接置于国王法院控制之下。进入 12 世纪,国王法院的管辖范围不断扩大,几乎包含了所有危害国家、社会和基督教会安全的刑事犯罪,亨利一世时期的法律更是明确规定刑事审判权归国王所有。亨利二世时期,在总结亨利一世时期偶尔实行的巡回审判制度经验的基础上,将巡回审判发展为一项英国司法的常设制度,定期派遣王室法官巡回各地受理案件,加速了司法管辖权向国王法院集中。为适应不断集中的国王司法权,12-13 世纪安茹王朝陆续建立了普通诉讼法院、王座法院和财政法院三大中央法院。普通诉讼法院主要管辖民事案件;王座法院主要管辖国王诉讼,多数为刑事案件;财政法院主要管辖财政案件。以法院为主导的法律体系形成之后,王室法官尤其是巡回法院的法官在审理案件的过程中,熟悉多种案件和地方习惯法,通过讨论、研究逐步形成了在全国适用的审判准则即"王国的普遍习惯法",也就是普通法。

2. 衡平法的兴起

衡平法的产生可以说是对普通法的弥补,14 世纪之后,随着社会经济的不断发展,普通法也显示出其缺陷:

首先,大法官的权力受到严格限制。随着令状的种类不断增多,封建贵族的利益在诸多案件中受到损害,因此他们力图限制大法官的权力。1258 年的《牛津条例》规定:没有国王和咨议会大臣的同意,大法官不得创制任何新的令状;1285 年的《威斯敏斯特Ⅱ号令》规定:类似的案件应适用相似的法律。也就是说大法官只能在原有的令状上做些许修改以适用于新的案件,因此无法处理的案件越来越多。

其次,严格的诉讼形式主义。令状对案件的审判程序有明确规定,法官必须严格遵守,而每种令状仅仅只适用于某一种诉讼,当事人必须向大法官购买与诉求相适应的令状,如果令状选择错误,则当事人的诉求会被驳回,必须重新购买令状并重新起诉,没有适合的令状,则无法进入司法程序,当事人的合法权利就得不到保护。

再次,保护范围有限。普通法的救济方式以损害赔偿为主,只能对造成的损害给予赔偿,而不考虑其他损失及受害人将来可能遭受的损失,对侵权行为人也不能发出禁止令。普通法过分强调契约的形式和成文证据,而忽略了合同当事人其他的合法权利。

基于上述规定,普通法显然已不能充分保护当事人的合法权益。在普通法无法保障公平、正义的情况下,当事人即向国王求助,而国王无法审理全部案件,将案件交给大法官(Lord Chancellor)处理,大法官根据道德、良心、公平、正义高于一切的原则,以自己的名义判决案件,这类案件被称为衡平案件,至15世纪,形成了衡平法院即大法官法院,与之相应,审判案件时适用的衡平补救措施和规则也逐渐发展成完整的法律体系,即衡平法。

3. 制定法

制定法即成文法,是指享有立法权的国家机关或个人以明文制定并颁布实施的法律规范。封建时代,享有立法权的主要是国王,13世纪以后成立了国会,作为等级机关的代表,其享有部分立法权,随着国会立法权的不断加强,英国制定法的数量不断增多,地位也不断提高。1215年6月,在英格兰封建贵族的胁迫下,国王签署了《大宪章》。《大宪章》确立了一些平民的政治权利和自由,确认了封建贵族和教会的特权,在一定程度上限制了国王和皇室官员的权力。

贵族阶层领导人莱切斯特伯爵西蒙·德·蒙特福德(Simon de Montford)俘虏国王并掌握大权后,于1265年根据《大宪章》召开了由高级神职人员和贵族参与的会议,并允许骑士和市民代表出席,据此至1343年发展为上议院和下议院的两院制。1295年,爱德华一世为推进其改革和筹措军费召集议会,此后统治者召集议会,均按此模式进行,因此该次议会也被称为"模范议会"。伴随着议会与王权的斗争,议会得到进一步发展,1295年议会获得批准税赋的权力,14世纪议会获得颁布法的权力,并成为审理政治案件的最高法庭。13世纪中叶到14世纪期间,历代国王平均每年召集一次议会,处理国政,但是否召集议会的权力仍属于国王。1327年,大贵族召集议会,废黜爱德华二世,迫使其主动退位,开创了议会弹劾国王的先例,也开创了议会可自行召集的先例。1414年起,法案须由下议院向国王提出,征得上议院同意,才可制定法律,国王对法律有否决权。由此可见,在资产阶级革命以前,制定法仍受制于国王,只是对普通法和衡平法的补充。

(三) 资产阶级革命后英国法的变化

1688年至1689年,英国资产阶级和新贵族发动了非暴力政变,旨在推翻詹姆斯二世的统治、防止天主教复辟。此次革命因未流血而被称为"光荣革命",英国通过革命建立了混合政体的君主立宪制,明确国王服从议会,在议会制定的宪法和法律范围内治理国家,虽然英国的"光荣革命"不是彻底的资产阶级革命,但古老的封建法律制度受其影响也产生了许多变化:

第一,立法权得到强化,确立了"议会主权"原则,制定法地位提高。资产阶级革命确立的君主立宪政体,大大削弱了国王的实际权力,英王的存在主要是国家的象征,英国1689年的《权利法案》确立了议会拥有最高国家权力,议会的法律地位高于行政机关和司法机关,可以制定和修改一般法律和宪法性法律,其他机关无权废除议会制定的法律或宣布其无效。其结果必然导致制定法增多,且地位提高。

第二,内阁成为最高行政机关。英国内阁由封建时代的枢密院发展而来,最初是对国王本人负责,“光荣革命”后随着王权的削弱、议会权力的增强,内阁转向议会负责,由下议院多数党议员组成,逐渐成为国家最高行政机关,内阁首相为最高行政首脑。

第三,普通法和衡平法在内容上得到充实,并被赋予资产阶级的含义。为适应资产阶级的需要,充分保障个人及其财产权利,在研究法制史及罗马法的基础上,大批法官和法学家对16世纪以前的普通法做出了总结和解释,出现了大量普通法著作和汇编。其中最具代表性的是布莱克斯通(Blackstone)的《英国法评论》(*Commentaries on the laws of England*, 1765-1769年),该书将英国法划分为四个部分:第一部分是个人权利,即宪法的权利和公民的自由;第二部分是物权,即个人所有的东西,其中认为合同法和破产法是物权取得的原因;第三部分是侵害私人利益的行为,即侵权行为;第四部分为侵害公共利益的行为,包括与犯罪有关的刑法和刑事诉讼法方面的内容。同时,他认为天赋人权,国王和政府不得限制人民的权利和自由,从而引申出契约自由原则,还为“遵循先例”原则的确立奠定了理论基础。该书赋予了英国普通法资本主义活力,极大地促进了英国普通法的系统化,并在英美法系的司法审判中占有举足轻重的地位。基于资本主义经济社会发展的需要,衡平法也发展出与之相适应的法律原则和补救办法。

(四)自由主义改革时代的英国法

1837-1901年是维多利亚女王的统治时期,也是英国工业革命和大英帝国的巅峰时期,英国的经济迅速发展,工商业已成为经济活动的中心,拥入城市的工人不断增加,但议会两院仍由极其保守的世袭贵族、主教和土地贵族控制,工人和新兴资产阶级的利益得不到重视。司法制度方面,旧时代复杂的司法程序规则及法院管辖权的错综复杂,已不能满足新时代快速解决纠纷的社会需求。自由主义改革时代的代表人物边沁从功利主义出发,对当时的英国法提出了严重的质疑,边沁认为,判例法的实质是溯及既往的法律,要求人们在行为时遵守当时并不存在的法律,因此英国法律制度的改革应当从立法开始,建立普遍、完善、全面的法律制度,其主张通过彻底改革英国的法律制度,实现法典化。英国的政治、社会、法律改革就是在这样的背景下开始的。

第一,混合政体时代结束,开创了新的选举理念。1832年,《选举制度改革法》出台,调整了选区分配和名额划分,扩大了选举权的范围,中产阶级和城市居民获得了政治话语权。之后的岁月里随着“宪章运动”的不断推进,推出了普选、秘密投票、定期选举等具体选举措施,限制、处罚选举中的舞弊行为,但这期间妇女的选举权仍未被承认。

第二,制定法增多,“合并法”出现。边沁的法典化思想产生了积极的影响,这一时期出台了大量法典化条文,并对原有的制定法和判例法进行了整理,形成了一批特殊的制定法。具有代表性的有1882年的《流通证券法》、1890年的《合伙法》、1893年的《动产买卖法》、1925年的《地产法》等。但这些法典化条文并未取代旧时代的法,只要与之不相抵触的判例仍然可以适用。同时,英国开始将制定法归纳整理成“合并法”,虽然并没有对制定法的内容进行修订,只是在形式上收集和编撰制定法,仍然可视为法律体系化的开端。

第三,司法制度的改革。改革首先从简化程序开始,1873年、1875年出台的《司法法》是英国19世纪最重要的改革成果,衡平法与普通法法院合并,形成了统一的法院系统,明确了管辖权,格式令状被废除,简化了诉讼程序。

（五）20 世纪后的英国法

第一次世界大战后，英国在资本主义世界的经济地位削弱，随着资本主义的发展，民主思想得到了广泛传播，但环境污染、犯罪问题、贫富差距、社会分化等弊端也开始出现，与之相应英国法也进行了进一步改革：

第一，立法程序简化，委托立法增多。第一次世界大战前，为适应社会快速变化的需要，英国议会开始将部分立法权授予以政府部门为主的一些机构，议会则行使监督权。第一次世界大战后，内阁权力不断扩大，越来越多的重要举措都以委托立法的形式颁布，涉及社会生活的各个方面，数量之庞大、制定速度之快都是前所未有的。

第二，选举制度进一步完善。1918 年的《人民代表法》进一步扩大了选举权的范围，并有条件地承认了女性的选举权。到 1928 年该法承认女性享有与男性平等的选举权。1948 年的《人民代表法》将英国的选举制度改革为彻底的小选举区制。

第三，社会立法和科技立法活动加强。为缓和社会矛盾、促进社会稳定，19 世纪中期，保障劳动者权益的各项措施逐渐完善，1945 至 1948 年颁布了《家庭补助法》《国民保险法》《工业伤害保险法》《国民医疗保健法》《国民救济法》，最终在英国形成了完善的社会保障体系。科学技术的长足发展也使得科技立法数量增多，环境保护法、航空法、太空法等逐渐成为重要的法律部门。

第四，欧盟法成为英国法的重要渊源。1973 年英国加入欧洲经济共同体，1978 年成为其正式成员，首先在经济领域与大陆法系的欧共体国家拥有共同的欧共体法，在法律事务领域也承认了欧共体法的约束力，欧共体现有或未来的条约、立法和判例在英国自动生效，英国现有法律规范必须符合欧共体法律的相关规定，且不得制定与之相抵触的法律；英国法院必须承认欧洲法院就欧共体法对英国公民所做的判决。1993 年英国议会正式批准了《欧洲联盟条约》，欧洲一体化进程深化，欧共体法对英国法律体系也有着深刻的影响。

2020 年 1 月 31 日，英国正式成为第一个脱离欧盟的成员国，英欧关系由此翻开崭新一页，但长达 50 余年间欧盟法对英国法律体系产生的深远影响也将一直影响其发展进程。

二、英国法的法律渊源

（一）普通法

“普通法”(Common Law)也称为“判例法”，这里所说的普通法是指与衡平法系相对应的，发源于英格兰，由普通法院创立并发展起来且在一定的司法共同体内普遍适用的各种原则、规则的总称。

1. 遵循先例原则

遵循先例是普通法的基本规则，是从遵循司法裁决惯例发展起来的。13 世纪末开始，援用判例的做法逐渐增多，但此时法官可不依据判例而自由做出判决。到 16-18 世纪，确立了将判例作为先例而引用的原则，法官在审判中广泛地遵循先例。直至 19 世纪末，形成了具有一定程度官方性质的判例集，同时，统一的法院体系也建立起来，促使遵循先例成为法官审判的基本原则。

从字面上理解，该原则是指遵循以往所有的判例，即法院之前的判决在相应法院处理类似案例时具有约束力，遵循先例原则还含有纵向的意义，法院的一项判决能否成为具有约束力的先例，取决于其级别。在英国，最高法院或之前的上诉法院的判决对自身及所有法院都具有约束力，但是这种严格遵循先例原则在1966年之后有所松动，上议院院长加德纳在一份声明中提到“当违背以前的判例是正确的时候，就应抛弃以前的判例”；上诉法院的判决对其自身及下级法院具有约束力，但刑事分院处理具体案件时没有民事分院那样严格遵循自己之前的判决；高等法院的判决对下级法院具有约束力，对其自身无约束力，但如果认为先前的判决有错误，则可以不遵循；在英国加入欧盟后，欧洲法院的判决对英国所有法院都具有约束力，但欧洲法院自身不适用遵循先例原则。

值得注意的是，作为先例的每个判决包含对案件事实的认定、对相关法律规则的陈述及裁决三部分，三部分中对案件事实的认定和裁决对当事人有约束力，而只有相关的法律规则对后来的法官判案才有约束力。其中关于法律规则的陈述中，只有对判决赖以成立的事实所做的法律陈述即“判决理由”(ratio decidendi)才有约束力，其他的法律陈述即“附带意见”(obtier dictum)则只具有说服力，没有约束力。

2. 程序先于权利

“程序先于权利”(Remedies precede rights)，即一项权利能否得到保护，首先要看当事人所选择的程序是否正确，如果程序出现错误，其权利就得不到保护。即使有实体法上的根据，该权利也无法获得救济。这种对于程序的强调可以追溯到日耳曼法的特点，而如前所述1066年诺曼征服前，英国的法律正来源于盎格鲁—撒克逊人带来的日耳曼习惯法。

在普通法发展的初级阶段，国王为实现司法集权、扩大王室法院的管辖权，要求臣民根据其令状起诉，法院也必须以国王的名义审判，不仅将地方司法行政权和领主法院一并纳入国王的审判机构，还实行国王审判巡回制度，至亨利二世时已基本形成“无令状即无救济方法”(Where there is no writ there is no right)这一原则。“令状”通常是指命令、禁止或通知某事的简短公文。盎格鲁—撒克逊的国王们在确认赋予某种权利、通知地方法院时，最初采用口头方式，后来演变为书面形式，即责令被告到法院出庭的书面命令，根据原告的不同申请而分类，逐渐定型。每一种令状都规定了严格的诉讼程序，包括被告传唤方式、答辩方式、审理方式、判决方式和执行方式等。也就是说，当事人在起诉时必须首先选择合适的令状，没有合适的令状或者选择错误的权利，都得不到保障。由此可见，普通法对程序的关注远远超过对实体权利的确定，可以说在英国，程序法是实体法之母，而非我们通常所认为的程序仅仅是实现实体法的工具而已。

19世纪英国司法改革后，诉讼程序得到了极大的简化，实体法的制定越来越被重视，但传统的法律思维习惯和司法运作的模式并没有彻底改变，受制于传统的司法心理和思维模式及遵循先例模式的影响，法官、律师、法学家们的关注点仍然是诉讼程序，而不是实体法规则。英国现代法治的存续和发展在很大程度上离不开这种程序主导的模式，甚至许多判例和立法仅因为程序上的瑕疵而被推翻，同时，契约法、侵权行为法、财产法等重要法律部门也是基于传统的诉讼形式来划分的。

3. 类比推理

在司法实践过程中，在英国发展出了个案到个案的类比推理，最初是作为遵循先例原则的一个组成部分出现的，在选择适用的先例时，法官需要把具体案件的事实与先例进行比较，找到其中最相似的先例。类比推理中最难的是，找出具体案件与先例的相似处或者是差异处，相似的先例也可能存在不同，不同的先例也存在相似之处。而当可供比较的先例数量不止一个时，类比推理也经常借助于列举归纳。随着司法实践的不断推进，类比推理这种从一个先例到下一个先例、从一项规则到下一项规则的不断发展，法官也不断进行归纳总结，从而找出统一的规则和具有普遍性的原则。

（二）衡平法

自 14 世纪末开始，为克服普通法的僵化与不足，英国发展出了一种与之平行的法律制度，以“正义、良心和公正”为基本原则，以实现和体现自然正义为主要任务。衡平法与普通法一样以判例法为主，但其形式更加灵活，在审判中更加注重实际，而不固守僵化的形式。

1. 诉讼程序

相较于普通法而言，衡平法的诉讼程序更简单灵活。衡平法院的诉讼不以令状为前提，只要原告提出合理的请求书或起诉状，甚至口头申诉，即可以开始诉讼程序。随后大法官可发出传唤令状，责令被告出庭应诉，如被告拒不到庭，则可以蔑视法庭罪将其投入监狱。案件审理时不设陪审团，也无须证人出庭及法庭辩论，由大法官就事实和法律进行书面审理并做出裁决，同时，衡平法院没有休庭期，也没有地点的限制。且衡平法院产生的初期并不要求严格遵循先例，因此大法官享有很大的自由裁量权，经过几世纪的发展先例原则也在衡平法院建立起来。

2. 基本原则

大法官在司法实践中对判例不断总结，并形成了一些衡平法的基本原则，作为审判的指导原则。

（1）衡平法不允许有错误存在而没有救济，是指当事人权利受到侵害且在普通法上得不到救济时，衡平法院就会提供救济。

（2）衡平法对人行事，是指衡平法以对人做出判决的方式提供救济。

（3）遵从普通法，是指在可以适用普通法的情况下，衡平法院处理案件时应适用相应的普通法规则。

（4）求助于衡平法者自身必须公正行事，是指原告必须准备对被告公平地采取行动。

（5）求助于衡平法者自身必须清白，是指原告必须没有错误。

（6）拖延击败衡平法，是指衡平法只保护积极维护权利的人。

（7）衡平法注重实质而不重形式，是指衡平法院排除对权利救济实质有影响的形式与程序。

（8）衡平法可以推定出履行义务的意图，是指当事人已做的行为与合同约定行为不一致，但两者相关联，可视为已经履行合同义务。

（9）衡平法把应做之事看成是已做之事，是指当事人具有履行某项行为的义务时，获得强制实施权利的一方可强制另一方履行义务。

（10）等分即公平，是指在无法确定当事人权益份额以及分配方式时，在当事人之间平均分配财产。

3. 救济手段

衡平法院在司法实践中逐渐创设出了许多新的权利和救济方式，主要有：

(1) 受益制，即信托制，是指财产所有人为了第三人的利益，将财产交给受托人管理的一项制度，受托人因此而获得控制该项财产的法律权利。

(2) 衡平法上的赎回权，是指即使超过约定的期限，抵押人仍有权从抵押权人处赎回其抵押的财产。

(3) 部分履行，是指在普通法要求有书面合同的情况下，双方当事人没有订立书面合同，如果一方当事人已履行其义务，责令另一方当事人履行其相应义务。

(4) 衡平租赁，是指只有期限超过三年的租赁为契约，衡平法可强制执行不符合条件的租赁契约。

(5) 衡平法上之禁止推翻，是指在某些情况下，如果合同一方当事人告知另一方其不行使某项权利，则其不得违背此诺言。

(6) 禁令，是指衡平法院做出的要求当事人实施某种行为或禁止当事人实施某种行为的命令。

(7) 特定履行，是指要求对需要履行合同义务的合同当事人履行其义务的命令。适用于依据普通法的损害赔偿不足以补偿因违约而造成的损失的情况。

(8) 校正，是指衡平法赋予合同当事人对表述错误的合同条款予以更正的一项救济措施。

(9) 撤销，是指如果合同一方当事人存在违法行为或有其他原因导致合同不公正时，合同另一方当事人有权申请撤销该合同。

(10) 返还，是指要求当事人返还因欺诈行为而获取的财物。

4. 衡平法与普通法的关系

在衡平法院撤销前，衡平法和普通法在很大程度上说是和谐互补的关系。最初衡平法的产生是为了弥补普通法的不足，早期衡平法在内容和形式上的进步，很大程度上取决于普通法本身所具有的种种弊端。实施范围上，普通法涉及公法、私法的各个领域，而衡平法主要适用于普通法无法保护的私法领域；救济方式上，普通法以损害赔偿为主，当损害赔偿不足以弥补当事人的损失时，则根据需要适用衡平法的各种救济方式对当事人提供进一步救济。

随着衡平法的不断发展，与普通法的冲突也显现出来，两者的管辖范围没有严格的区分，衡平法院的禁令权力过大，甚至可以限制当事人在普通法院起诉或推翻普通法院的判决。在16至17世纪衡平法与普通法的冲突日益明显，1606年科克担任普通法院首席法官，指出衡平法院无权干涉普通法院的诉讼活动，而大法官埃勒斯米尔在1615年的“牛津伯爵”案中认为衡平法院应当纠正普通法院的错误。基于政治上的考虑，国王詹姆斯一世最终维护衡平法院干预普通法院禁令的有效性，自此确立了衡平法的优先地位，一直延续到19世纪的司法改革。

衡平法创设了许多新的权利和救济方法，在信托法、合同法、继承法等私法领域对普通法起着重要的补充作用。19世纪末的司法改革后，普通法院和衡平法院都被并入新的最高法院，从而统一了普通法和衡平法的管辖权，使高等法院的各个法庭都可以做出相应的补偿判决，同时，也使得衡平法规则和普通法规则一样具有普遍适用性。虽然已经没有了单独适用的衡平法院，衡平法规则被普通法和制定法吸收，形成了信托法、公司法这些由衡平法发展出来的法律部门；衡平法的理论深入到现代社会生活中，留置权及夫妻财产分别制都是衡平法理论的发展；衡平法救济手段的用途更为广泛，如在契约法中广泛使用的特别履行、部分履行的救济手段已深入公法领域，涉及社会公益、无形财产、个人权利等方面的侵权案件中，也大量运用各种衡平禁止令。在1982年的《最高法院法》中重申了衡平法优先原则，可见衡平法仍然在英国的法律体系中发挥着重要作用。

（三）制定法

在英国，法典并不是制定法的主要表现形式，历史上的制定法有特许状、条规、条例等，现代制定法主要有议会法案、委托立法及欧盟法。

议会法案是制定法中最重要的，主要的政治和社会变革只能通过议会法案来实现，许多新型的法律部门也以议会法案作为法律渊源，因此其地位高、数量多，是英国的基本立法，任何机构都无权对其进行审查，法院虽然有权根据一定原则解释，但无权拒绝适用或质疑其有效性。

委托立法是由议会授权给政府部门、地方政权或其他团体特定事项的立法权，制定法规、章程、细则等，可以不需要通过立法程序，比议会法案灵活迅速，有利于弥补议会法案的不足，适应社会快速发展的需要。委托立法只有在授权范围内有效，且议会保留了对其的监督权，司法部门也可对其予以司法审查。20世纪以后，随着社会经济的不断发展，委托立法数量大增，根据制定主体的不同，可分为枢密院令、政府法规、地方法规和社会团体章程细则等。

基于英国已于2020年1月31日正式脱离欧盟，欧盟法及欧盟法院的判决均不再适用于英国国内，但欧盟法曾经是英国制定法渊源中的重要组成部分，这里就其历史地位做一些简单的阐述。欧盟各成员国之间签订的条约、欧盟立法机构制定的法规是欧盟法中的制定法，以及欧盟法院就涉及欧盟法做出的判决，和针对英国或英国公民做出的判决，在英国判例法的体系下也应当适用。根据欧盟成员国确认的欧盟法优先适用和直接适用原则，欧盟法具有高于英国议会制定的法律的效力。

英国法的其他渊源还包括习惯，它对英国法的发展曾起过重要作用，至今仍在很多领域影响着法律的内容和实施。此外，学说虽然并不具备法律效力，但在司法实践中仍会引用权威性的典籍来证明现行法。

第二节　宪法和行政法

一、宪法

近代宪法最早产生于英国，英国宪法被称为“现代宪法之母”，虽然英国没有一部完整的成文宪法，但其形成的许多宪法制度和原则对世界各国产生了深刻的影响。

（一）英国宪法的特点

第一，英国宪法是不成文的。自始至终英国没有出台一部宪法性法典，不同时期颁布的宪法性文件、实践中形成的宪法惯例以及长时间的宪法习惯和宪法判决组成了英国宪法，其中很大部分是不成文法。如内阁和首相的职权及其与议会的关系都是通过宪法惯例确定的，随着社会发展不断充实与完善。

第二，英国宪法是在历史发展过程中逐步积累形成的。无论是具有宪法性质的法律，还是实践中形成的宪法惯例和判决，都经历了长时间的积累，并随着社会的发展，根据政治经济生活的需求不断充实和发展。

第三，英国宪法是柔性宪法。英国宪法与绝大多数国家的宪法不同，是柔性宪法，以不成文宪法为主，其效力与一般法律相同；宪法的修改不需要经过严格的程序，和一般法律修改的方式相同；与一般法律的区别在于，其调整的内容是否是带有根本性的社会关系，如国家基本制度、国家机关的组织和活动原则、保护公民权利等。

（二）英国宪法的构成

英国宪法主要由宪法性法律、宪法惯例及涉及宪法制度的判决三部分组成，其中宪法性法律是成文的。

1. 宪法性法律

英国的宪法性法律与一般法律并没有明显的区别，其内容主要是规定国家的基本制度和公民的权利，历史上主要有以下重要的宪法性法律：

（1）1215年《大宪章》，于1215年6月15日由约翰国王迫于贵族及市民的压力签署，全文共63条。从具体内容看，仍然是一个封建契约性文件，但其确立了王权有限、法律至上的宪法原则，被很多学者认为是英国宪法产生的标志。

（2）1628年《权利请愿书》，是议会与国王查理一世专权斗争的产物，全文8条，主要是重申《大宪章》对王权的限制。宣布未经议会同意，不得强行征收赋税，不经正当程序不得限制任何人自由，不得随意实施战时法等。

（3）1679年《人身保护法》，是议会针对查理二世的残暴统治而制定的法律，全文20条，主要规定了被拘禁者申请“人身保护令”有关事宜。人身保护令是英国人民用来保护其自身安全与自由的古老的法律手段，该法进一步限制了非法的逮捕和拘禁，为被非法拘禁者提供了更有效的保护，是英国人权保障制度史上的一大进步，被视为人权保障和宪法的基石。

（4）1689年《权利法案》，是英国资产阶级革命阶段解决议会与王权关系的宪法性文件。该法首次对宪法性习惯做了总结，并以成文法的性质固定下来，还规定未经议会许可，王国不得中止法律，不得滥用法律豁免权，不得征集和维持常备军，臣民有向国王请愿的权利等。该法还废除了国王施行法律的权利，标志着英国议会主权地位的确立。

（5）1701年的《王位继承法》通过详细规定继承顺序，排除了罗马天主教徒继承王位的可能性。该法规定外国人不得担任议员及其他重要官职；未经议会解除职务，法官可终身任职；未经议会通过、国王同意，一切法律无效等。该法是奠定英国君主立宪制政体的宪法性文件，还确立了司法独立制度，明确了国家基本结构和政权组织形式等根本性问题。

(6) 多次议会改革法案的通过，不断对选举权进行改革。1832年、1867年、1884年逐步扩大了选举权，最终使男性公民都获得了选举权；1918年、1928年逐步使女性获得与男性同样的选举权；1948年的《人民代表制度法》规定了一人一票制；1969年的《人民代表权法》把选民资格年龄降为18岁。

(7) 1911年和1949年的《议会法》。1911年的《议会法》规定，财政议案必须由下院提出并通过，上院无权否决，只能拖延一个月；若上院在一个月内不能通过，该议案可直接送交国王，经国王批准并公布后成为法律；对于下院通过的一般议案，上院可行使否决权，但如果下院在二年内连续三次通过，该议案仍可呈请国王批准、公布为法律，这些规定明显地削弱了议会上院的立法权。1949年的《议会法》进一步限制了上院的权力，议会开始变成下院主导。

2. 宪法判例

宪法判例是指法院对涉及宪法制度的案件所做的判决。案件事实涉及公民的权利自由和国家机关的基本活动，法官做出判决，并在判例中创制出的宪法原则与规则，是宪法的有机组成部分，记载于各法庭的书面记录中，包含公民的权利自由、法官的豁免权等。

3. 宪法惯例

宪法惯例是指在长期政治实践中确立的，虽未经制定法明文规定，与成文宪法具有同等效力的起宪法作用的原则和制度，其与法律有着密切的联系。在英国宪法中，很多重要的宪法原则和制度都是以惯例形式出现的，多数和内阁制有关，例如，国王的权力，内阁的产生及其活动原则，国王不能否决议会通过的法案等。此外，议会每年至少召集一次、国王要遵从首相的建议等惯例也是比较重要的宪法惯例。

(三) 英国宪法的基本原则

1. 议会主权原则

议会主权原则是在英国"光荣革命"时确立的，是指议会作为国家最高权力机关，不但享有最高立法权，还拥有对行政权的监督权，以及最高司法权。议会主权的依据是民选或者指定代表来行使人民所享有的主权，议会的最高权力是与生俱来的，不需要任何机关或宪法的授权；任何机关或任何人不得宣布议会通过的法律无效，也无权限制议会的立法权，包括司法机关；只有议会才能修改和废止法律。

责任内阁制，是指内阁由议会产生并对议会负责的政权组织形式，是议会主权原则的体现。它在18世纪初起源于英国，由枢密院的外交委员会演变而来，1832年的选举制度改革后，责任内阁制成为宪法惯例，至1937年的《国王大臣法》，以制定法的方式确定了内阁和首相的称谓。实行内阁制的国家，内阁由议会中占多数席位的一个政党或几个政党联合组成，对议会负责并受议会监督。议会通过"不信任案"时，内阁必须总辞职，或提请国家元首下令解散议会，举行改选，以决定原内阁的去留等。

至20世纪开始，由于委托立法的发展，议会的立法权逐渐让渡于其他机关，传统的议会权力也不断向内阁转移，议会对内阁的监督权也逐渐流于形式，议会主权原则也在渐渐改变。

2. 权力分立原则

在英国宪法中三权分立原则表现得并不十分明显，行政、司法、立法的界限虽然并不清晰，但也有区分。

由于历史的缘故，英国并没有成文的宪法典，以致立法权的地位高于行政权及司法权，即议会通过的任何法案都是最高的法案，不受任何约束，且议会可以通过任何新法案而司法机构无权行使否决权。

内阁行使行政权，对议会负责，受议会监督。

英王特权是一些源自英王保有的权力，一定程度上也制约了议会和内阁的权力。形式上所有法案须经英王批准才有效；必须以英王的名义召集、停止和解散国会；英王有权任命首相，组阁名单也须由英王批准；英王还拥有签署国际公约的权力、宣战权、向国民发出护照的权力、特赦权等。但究其实质英王只有象征性的权力，其行使必须得到内阁的副署。

法官独立行使审判权，无经证实的失职行为，可终身任职。但是21世纪以前，上议院仍是理论上的最高司法机关，大法官同时也是内阁大臣，有权任命各级法官。21世纪宪政改革后，最高法院承接了上议院的司法职能，大法官制也被废除，三权分立才变得更为泾渭分明。

3. 法治原则

法治原则的核心是宪法，是资产阶级宪法的基本原则，在我国1999年宪法修正案中也有所体现。英国宪法学家戴雪系统地提出并阐释了法治的含义，“除非明确违反国家一般法院以惯常方式所确立的法律，任何人不受惩罚，其人身或财产不受侵害；任何人不得凌驾于法律之上，且所有人，不论地位、条件如何，都要服从国家一般法律，服从一般法院的审判管辖权；个人的权利以一般法院提起的特定案件决定之”。也就是说法律面前人人平等，任何人不得享有超越法律的特权，政府必须有合法的理由，才能限制个人的自由和权利，必须在法律明确规定的范围内活动。

二、行政法

传统的英国法中没有行政法部门，也没有明确的行政法概念，本节介绍的是较有代表性的英国行政法学家韦德的论述，他从实质和内容两方面对行政法进行了解释，他认为，行政法的实质是“控制政府权力的法律”，内容是“调整行政机关行使权力和履行职责的基本原则的总称”。

(一) 英国行政法的特点

1. 不成文法

英国行政法的基本内容是法官对调整行政权力和保护公民权利的案件进行判决，并形成的一系列基本原则的集合，以判例为主，制定法非常少。作为英国法律体系的一部分，行政法也具有英国法的以普通法为主的特点，且由于王权的存在，中央政府及其文官形式上是女王的臣仆，不受议会控制，基于人民的信任和控制行政自由裁量权的需要，法院形成了一系列统一和严密的基本原则，构成了英国行政法的主体。

2. 普通法形式

英国行政法主要是随着20世纪后议会改革不断深入、完善而产生的，其采用的原则和形式仍然以普通法为主，但发展出了调整行政权力和保护公民权利的内容。由于英国从王室、内阁到普通公民各个阶层的传统的法治理念和观念，英国行政法仍采用普通法早已存在的越权无效、自然公正等基本原则，形式上也是以调令、禁止令、人身保护状等普通法的方法为主。

3. 普通法救济

在英国，没有专门的行政法院来处理行政诉讼，其关于调整行政权力、保护公民合法权益的案件管辖权属于普通法院(ordinary court)，适用的是普通程序，也就是说，行政机关与公民之间的法律关系，以及公民之间的法律关系由同样的法院管辖、适用同样的法律。由于历史的原因，英国对特权法院的存在有排斥心理，认为任何设于普通法院之外的法院都是对权利自由的威胁，只有普通法院才是权利自由的可靠保障，也是防止行政权力滥用的有力武器，这种传统法治理念和观念的影响限制了独立的行政法院的设立和行政诉讼程序的形成。

(二) 英国行政法的基本原则

越权无效原则，源于议会主权原则，是指行政机关必须严格按照法律规定的方式和范围活动。法院对政府活动有司法审查权，也就是说，如果行政机关有越权行为，当事人向法院起诉后，法院可依法宣告政府的越权行为无效，并责令政府就其越权行为造成的损害进行赔偿。

行政行为合理原则，是指行政机关的行政行为必须始终以公共利益和正当理由作为依据，公共利益始终居于首位，行政机关不得滥用行政权力。

行政程序公正原则，也被称为自然公正原则，是指行政机关实施行政行为的程序必须公平，当行政行为对公民不利或使得公民合法权益受到损害时，必须给公民提出反对意见的机会，另一方面是指做出行政行为的行政机关不能就同一行政行为产生的纠纷做出裁决。政府必须充分考虑公民的意见，使公民合法权益免受不正当程序的侵害，由此而产生了听证制度，行政程序公正还派生了回避制度及职能分离制度。

第三节　民　商　法

一、财产法

财产法是英国法律体系中最古老的、也是最为复杂的法律部门之一，主要调整的是对不动产和动产的占有、使用、收益、处分及管理。虽然从内容上与大陆法系的物权法大致相同，但英国的财产法侧重于不动产，主要是土地法，动产方面主要涉及了商品、股票、汇票等的占有和转让，其他有关动产权的法律属于其他法律部门。1925 年英国财产法颁布之前，基于中世纪英国法对物诉讼和对人诉讼的分类，财产被分为物权财产和人权财产。物权财产包括土地及其附属物或权利，如贵族称号、地役权、抵押权等；人权财产包括有体物和无体物的经济权益，有体物即有形财产，包括家具、衣服等，无体物即无形财产，包括债权、股票等。英国财产法的体系极为庞杂，本节仅介绍几种有特色、影响较大的制度。

（一）地产权

英国的地产权是封建保有制的产物，与大陆法系的所有权概念有很大区别。大陆法系的土地所有权是所有人对土地的排他性权利，包括了占有、使用、收益、处分等全部权能。而英国法的地产权不具备绝对性和排他性，既可能一物多权，也可能根据时间与权能自由分割。

诺曼征服后，英王是全国土地的唯一所有人，以保有权形式将土地分配给贵族，贵族又逐级分封直至最终使用土地的佃户，这种保有权的分封并不是授予土地所有权，英王作为唯一的土地所有权人，对于土地所有人持有土地的条件及转让做出规定，且保有人持有土地，必须承担服劳役或缴纳赋税的义务。

在1925年以前，根据土地的地产权占有的时间是现在还是将来，分为占有地产权和将来地产权，两种地产权现在都可以转让；根据地产权是否归还给地产授予人，分为复归地产权和残留地产权；根据是否有占有期限，分为完全拥有的地产权和租借地产权。

完全拥有的地产权没有占有期限，分为三类：一是限嗣地产权，1285年第2号《威斯敏斯特条例》（《限嗣继承条例》）规定，原佃户死后，地产可由其直系后裔继承，而不必交还原领主或其继承人。在授予土地时，领主还可以对原佃户的继承人再提出特别限制，如必须为其男性后裔或女性后裔等。如无适当继承人，领主可收回土地。二是不限嗣地产权，1290年第3号《威斯敏斯特条例》（《买卖法》）规定，在继续履行义务的条件下，自由租佃地产可以被自由转让或继承。三是终身地产权，该地产权以占有人的生命为限，不得继承或转让，占有人死后归还授予人或交给拥有残留地产权的第三人。

租借地产权，地主和租户通过契约形式约定，在一定期限内，租户对土地享有占有、使用和收益的权利。在英国租借地被认为是动产，因租借地产生的纠纷适用动产诉讼程序。

为适应资本主义社会经济的发展需要，英国于1925年颁布了六项财产法：《土地授予法》《信托法》《财产法》《土地登记法》《土地特殊权益法》和《遗产管理法》，废除了部分封建地产制度，地产权被分为自主保有地产权和租赁保有地产权两种，形成了现代英国地产权制度的框架。自主保有权为权利人永久所有，与土地所有权区别不大，地产所有权人和租赁人只需缴纳税款或租金。此外，还规定了土地转让制度，极大简化了土地转让手续，并由专门的政府部门对土地的使用和转让进行监督和管理，进一步促进了资本主义经济的发展。

（二）信托制度

信托制度是英国法对世界最重要的贡献之一，源于英国中世纪的受益制，是衡平法院在审判实践中发展起来的，其具有相对独立性。

1. 受益制

在封建社会的英国，土地的使用和转让有很多限制，13-14世纪，随着手工业和工商业的发展，产生了资产阶级新贵族，他们希望摆脱土地占有带来的沉重的封建义务，获取自由转移土地的权利，因而产生了受益制。受益制即用益权制，土地占有人将地产交受托人代管，受托人享有对地产的使用、收益权，并将地产的收益交给土地占有人指定的受益人。这种受益制度违反普通法对封建地产的保护原则，使受益人的权利得不到普通法的保护。

受益制度的形成和衡平法的发展有着密切的关系，13-14 世纪受益制刚刚出现时，普通法上并没有相应的令状，当事人无法在普通法院就受益制相关纠纷提起诉讼，因此只能诉诸教会法院。但亨利三世(1216-1272 年)很快下令禁止教会法院管辖涉及土地纠纷的案件，受益人的权利受到侵害时，便转而向大法官申请处理。直到 15 世纪下半叶，衡平法官审判受益制案件，最终形成确定的受益制衡平规则。

受益制分为消极受益制和积极受益制：消极受益制，是指受托人对于受托的地产不承担经营管理的积极责任，仅按受益人指示处理财产，设立受益制的目的是为了逃避地产的封建义务和法律制裁；积极受益制，是指受托人对于受托的地产承担积极的经营管理责任，直接收取土地的租金和孳息，并将土地的收益转交受益人。作为基于维护新兴资本主义贵族利益而产生的制度，普遍设立受益制使得国王和封建领主们的封建捐税收入锐减，因此英王不断出台政策限制受益制的发展。1529 年，亨利八世下令强制登记所有交给受托人经管的地产，1535 年，又强使国会通过了《受益制条例》，取消消极受益制，迫使经管地产的受托人承担法定地产的封建义务；而积极受益制则逐渐发展为信托制。

2. 信托制

信托制，是指信托人将其一定的财产转移给受托人管理，而由第三人即受益人享受收益的制度，以当事人的信用为基础，因此称为信托。对于财产所有人来说，通过信托制处理财产具有很大的灵活性，非常符合资本主义商品经济发展的需求，因此资产阶级革命后受益制得到了极大的发展，成为信托制，并由个人逐渐发展成信托公司，到现代，信托公司利用信托财产进行投资活动越来越普遍，在经济发展中所起的作用也越来越大。

根据设立方法的不同，信托可分为明示信托、推定信托和强制信托；根据设立目的的不同，可分为为特定人的经济利益而设立和为社会福利而设立。无论何种类型的信托，均包含以下要素：

第一，财产委托人即财产的所有人，任何对财产有所有权的人都可以对其财产设立信托。

第二，信托财产，即财产授予人所转移的财产，可以是不动产，也可以是动产，包括股票、公债、抵押契据、保险单及银行存款等。

第三，受托人，以财产所有人的身份和资格对信托财产进行使用和处分。投资受托人有权依照自身意愿管理信托财产，有权选择合适的时机并获取报酬；但受托人也承担相应义务，须善意地对信托财产进行管理，并按规定将收益交给受益人、定期向其提供收支账目，不得委托他人行使自己的信托职权，以及在信托财产中牟利和购买信托财产。受托人违背义务，须承担损害赔偿责任，侵吞信托财产，则要承担刑事责任。

第四，信托受益人即依设立信托的目的而享受信托所产生收益的人，可以是自然人，也可以是法人。

二、契约法

英国的契约法是重要的法律部门之一，其形成晚于其他法律部门，其法律渊源主要也来自判例法，及近现代颁布的一系列制定法。

（一）契约法的历史发展

中世纪以前，普通法只承认以书面形式订立并盖章确认的正式契约，因此没有正式契约的当事人的权益在普通法院得不到保护，进而诉之于衡平法院。14至15世纪，随着商品经济的发展，因非正式契约而引发的诉讼越来越多，普通法院意识到如果不进行管辖，则此类诉讼的管辖权将归属于衡平法院。普通法院引入了罗马法的相关内容，在英国新设立了违约损害赔偿之诉，最初只是作为侵害诉讼的补充，保护因不按协议履行义务而利益受损的一方，后扩展到不作为，最终发展为保护非正式契约的违约损害赔偿令状。16世纪出现了对价制度，即契约的成立必须以互相做出许诺为要素，17至18世纪英国资产阶级革命后，契约法得到很大发展，确定了契约形式在契约法中的地位，明确了诺言是当事人履行义务的法律依据。但这个阶段，英国契约法发展得还不够完备，著名法学家布莱克斯通在《英国法评论》中关于不动产的论述有380页，契约法只有38页，且他认为契约法是所有权的分支而不是独立的法律部门。

19世纪资本主义工商业的飞速发展为英国契约法的进一步发展与完善创造了条件，经济往来的频繁也促进了法律的融合，英国契约法还吸收了大陆法系契约法中一些重要原则，在“契约自由”“契约神圣”的影响下，最终形成了独立的法律部门。1875年英国法官约翰·杰西尔爵士在“印刷与登录公司诉桑普森”一案中的阐述正是19世纪英国契约法的特点与精髓所在，他提道：“如果公共秩序中有什么更需要做的事，那就是有充分理解力的成年人在缔结契约上应当享有最大限度的自由，他们那些自由与自愿缔结的契约应当被看作是神圣的，并且应当由法院来执行。”

20世纪后，英国契约法的基本原则没有发生重大变化，由于垄断经济的发展和社会经济生活的日益复杂，以及国家加强了对经济生活的干预等原因，缔约自由原则受到极大限制。在铁路、电力、煤气等领域出现了“标准式合同”，契约神圣原则也有所修正，继“不可能履行”原则后又出现了“契约（目的）落空”原则，即在契约缔结后，发生双方无法预料的事实，且双方均不对该事实的发生承担责任，致使契约目的落空或事实上不可能履行，法院可解除契约。

（二）契约法的概念

在英美法的发展过程中，并没有对契约的权威定义。18世纪著名法学家布莱克斯通将契约定义为“按照充分的对价去做或者不去做某种特殊事情的协议”；1893年的《货物买卖法》将货物买卖契约定义为“所谓契约，乃是规定订立契约的一个为取得价款而将所有物以商品形式转让于契约的另一方（买方）的文件”。

从以上对于契约的定义以及其他相关法律的规定可以看出，契约必须包含四个要素：第一，当事人必须具备缔结契约的能力，未成年人、精神病人、严重醉酒者及特定的外国侨民不具备缔结契约的能力；第二，契约双方必须是自愿的，因欺诈、错误认识及胁迫订立的契约可撤销；第三，必须具备有效的对价；第四，契约的内容必须合法，即契约的标的和格式必须符合法律规定。其中，对价制度是英国契约法中特有的制度。

（三）对价制度

对价又称约因，在英国契约法中，有无对价是判断双方当事人之间是否存在法律上权利与义务关系的主要依据。1875 年英国高等法院在“柯里诉米萨”一案中将对价定义为“按照法律上的含义，一个有价值的对价就是一方得到某种权利、利益、利润或好处，或者是另一方做出某种克制、忍受某种损害与损失，或者承担某种责任”。简言之就是一方以自己的诺言去换取对方的诺言，对价的实质是双方互有损失、互相得利。也就是说，一方为了使对方做出某些有利于自己的行为，以自己对等的行为作为保证。

对价有以下基本原则：

(1) 过去的对价无效。订立契约前已经履行完成的对价即为过去的对价，比如某人为他人提供劳务，并没有获得给予报酬的承诺，劳务完成后对方即使承诺给予报酬，也不具备法律上的约束力。

(2) 对价无须相等。订立契约以存在对价为前提，无论对价价值是否相适应。这项原则极易导致结果的不公平，在现代英国已经有所动摇。1842 年的“托马斯诉托马斯”一案被引用得最为广泛，法院确认，根据托马斯的遗愿，托马斯夫人仅需每年支付 1 英镑，即有权居住在托马斯遗留的价值昂贵的房产内。

(3) 履行原有义务不能作为新诺言的对价。该原则的典型案例是 1809 年的“斯蒂尔诉迈里克”一案，原告船员与被告船长约定在五个月内完成往返英国与波罗的海的航行，因途中遇恶劣天气，船长承诺如按期到达则加付酬金，因按期到达是原告原有义务，对于被告的新诺言其未能提供对价，因此被告未加付酬金的行为被法院视为不违约。

(4) 平内尔原则。该原则由 1602 年的“平内尔诉科尔”一案确认，在 1884 年“福克斯诉比尔”一案中再次提出。债权人同意债务人用归还部分欠款的办法来抵消全部债务的许诺不受法律约束，因债务人未对该许诺提供新的对价，债权人有权追讨余款。

(5) 不得自食其言原则。该原则由衡平法确认，是指当一方以自己的言辞或行动向另一方做出许诺，一旦对方确信此诺言并采取行动后，做出许诺的一方不得反悔。即使对方所采取的行动不能认定为有效的对价，如果不履行诺言会造成明显不公，法院也可判决强制执行该诺言。

三、侵权行为法

早在盎格鲁—撒克逊时期就出现了关于非法行为的法律，13 世纪出现的侵害权利之诉的令状被认为是侵权行为法的开端，最初针对的是暴力和直接的侵害，包括对人身、动产和不动产的侵害，被称为是直接侵害之诉。14 世纪后，法律对非法侵害造成的间接及随后的损害也追究责任，被称为间接侵害之诉。随着侵权行为法的发展，间接侵权之诉被广泛适用于所有的过失侵权行为，直接侵权之诉仅适用于几种特定的故意侵权行为。之后衡平法院还采取了禁令方式，针对侵权行为进行补救，至 17 世纪侵权行为法发展为一个独立的法律部门。

在英国，虽然近代以来也颁布了不少制定法，但侵权行为法的主要渊源仍是判例法，没有一部系统的侵权行为法。

(一) 侵权行为的类型

1. 对财产权利的侵害

(1) 侵犯他人土地，是指未经所有人同意，故意对他人土地实施某种侵犯行为。如向他人土地扔垃圾或石块、在他人土地上行走，甚至狗跑进他人土地都是狗主人侵犯他人土地的行为。

(2) 骚扰行为，是指妨害他人对其土地或住房使用的行为。如产生过多尘埃、噪音、烟雾等或严重的情绪干扰，往往是对人身和财产双重侵害。

(3) 侵犯他人动产，是指故意损坏、毁灭、使用、移动或剥夺他人对财产的占有和控制的行为，必须有实际损害的发生。

(4) 侵占他人动产，是指在没有合法依据的情况下，非法占有、支配或剥夺他人动产的行为。如以盗窃、威胁或欺诈方法占有他人财物或明知是他人财物拒不归还等。

2. 对人身权利的侵害

(1) 殴打，是指对他人身体直接实施暴力行为所造成的侵害。

(2) 恐吓，是指使他人害怕自己的权利将受暴力侵害的行为，并未真正使用暴力。

(3) 非法拘禁，是指没有合理理由限制或控制他人行动自由的行为，拘禁的地点可能是房间、汽车、游艇等，方式可能是以具体行动或精神威胁限制他人行动。

(4) 诋毁和诽谤，诋毁是指故意口头毁损他人名誉的行为，诽谤是指书面毁损他人名誉的行为。对于诋毁，要求受害人证实有损害发生，对于诽谤，则无须证明有实际损害。

此外，还包括精神伤害、违反产品责任的侵权行为、妨害家庭关系等其他侵权行为。

(二) 侵权行为的责任原则

一般认为，侵权责任由损害事实、违法行为、因果关系、主观过错四方面因素构成，在英国，侵权责任原则经历了过错责任原则、比较责任原则和严格责任原则的发展过程。

1. 过错责任原则

自 12 世纪起犯罪和侵权行为开始分离，但很长一段时间关于侵权行为的处理都带有刑法处罚色彩，不论行为人是否有主观过错，只要有损害，就必须承担责任，即绝对责任原则。14 世纪末 15 世纪初，法官注意到绝对责任原则的弊端，开始关注行为人的主观心理状态，如果被告能证实是由于不可避免的偶然事件造成了原告的损失，自己没有过错也非故意，则可以免除责任，即“无过错即无责任”。直至 17 世纪末自由资本主义时期，正式确立了过错责任原则，其基本含义是：过错以法律规定了注意义务为前提，被告未尽到法律规定的注意义务，因此而造成原告损害的，应负赔偿责任。该原则强调过错在确定责任中的作用，原告必须证明被告未尽注意义务且本身无过错，才能获得赔偿，显然对利益受损一方是不利的。过错责任原则深受资本家的推崇，在不可避免的伤害和事故发生时，他们无须承担赔偿责任，给英国当时臭名昭著的劳工法的产生提供了可能性。

2. 比较责任原则

19 世纪，确立了以过错原则为基础的比较责任原则，其含义是：以过错为前提，在确定赔偿责任时，不仅考虑被告的过错，还要考虑原告的过错，通过比较双方过错的轻重来确定赔偿责任。也就是说，对于产生损害结果的原因，被告的过错大于原告的过错，就必须承担赔偿责任。1945 年的《共同过失改革条例》规定：不能因被害人有过失而取消赔偿，但赔偿必须减少到法院认为与受害人的过失公平地相适应的程度。比较责任的确立既惩罚了侵权行为人，又使受害人得到了适当赔偿，对于社会秩序稳定有积极的作用。

3. 严格责任原则

19 世纪末到 20 世纪初，英国在侵权行为方面适用严格责任原则即无过错责任原则，其含义是：在某些法律规定的条件下，被告即使没有过错，也要对发生的损害承担赔偿责任。该原则最初出现在 1868 年，英国上议院在“赖兰兹诉兰切尔”案中判决认定被告须为其承包商的危险行为对原告承担赔偿责任，随后被用于采矿、建筑和铁路运输等危险程度高的生产部门，19 世纪末被广泛用于所有工业生产部门。无论雇主是否有过错，都应当为发生损害的工人承担赔偿责任。20 世纪英国颁布了一些制定法，确定了该原则，如 1948 年的《工伤事故国家保险法》、1965 年的《原子核装置法》、1971 年的《商船污染法》及 1974 年的《污染控制法》，此外，在产品责任和交通事故中也适用严格责任原则。

四、家庭法和继承法

英国的家庭法和继承法并没有一部完整的法典，由判例、制定法和其他部门法中的相关规定组成，家庭法主要包括婚姻、夫妻关系、夫妻财产、父母子女关系、收养、监护及未成年人保护等内容，继承法主要包括遗嘱继承、无遗嘱继承和遗产管理等内容，两个部门法之间存在很多重复和联系。

(一) 家庭法

盎格鲁—撒克逊王国的家庭法主要是日耳曼习惯法和王国成文法(主要是习惯法汇编)，家族在家庭关系中的影响还很大，一夫一妻虽然是盎格鲁—撒克逊人的传统，但在贵族阶层仍然存在一夫多妻和多妾的情况，夫妻财产实行分别所有、共同管理制，一般情况下相互没有继承权。这个时期离婚是被准许的，夫妻财产视离婚的具体情况分割，女性可能拥有孩子的监护权。父母子女关系方面，父亲对一定年龄下的子女享有很大的权利，除可以适当责罚子女外，不仅对子女拥有监护权，还可以控制他们的婚姻，甚至可以代表子女在法院诉讼。随着封建制度的建立与不断完善，教会法逐渐产生一定的影响。

到中世纪，婚姻家庭关系主要是由教会法调整，严格遵守结婚合意、一夫一妻等条件，结婚必须举行宗教仪式且不允许离婚，不得与异教徒和背叛基督教的人结婚，一定范围的亲属之间也禁止结婚，这一时期根据教会法奉行夫妻一体主义，妻子完全依附于丈夫，妻子的财产也完全由丈夫支配。父母子女关系方面，父权得到很大加强，父亲对子女拥有绝对权利，母亲没有任何权利。同时，非婚生子女的权利完全不受法律保护，1235 年的《麦顿条例》甚至明确规定禁止认领非婚生子女。

17 世纪资产阶级革命后，宗教的影响逐渐削弱，婚姻家庭也发生了变化，许多调整婚姻家庭关系的制定法出台。1753 年的《婚姻法》颁布，有关婚姻制度的管理逐渐规范化和世俗化。1836 年的《婚姻法》规定，当事人可以选择在教堂举行婚礼，也可选择在政府部门登记，由监督登记官经过法定程序发给结婚证书，婚姻关系成立，宗教仪式不再是婚姻关系成立的必要条件。1857 年的《婚姻诉讼法》规定，由新设立的离婚法院管辖婚姻案件，并承认在一些条件下法院可判决离婚，男方须证明女方与他人通奸，女方须证明男方与近亲属通奸，犯重婚罪、强奸罪或虐待遗弃女方两年以上，由此可见在离婚条件上还存在明显的男女不平等。1895 年、1902 年放宽了女性的离婚条件，直到 1923 年的《婚姻法》才以成文法的形式正式确认女方可以男方通奸为由请求离婚。20 世纪 80 年代左右颁布的婚姻家庭法律，逐渐实现了“无过错”离婚原则代替“过错”离婚原则。这一时期已婚妇女权利保障也不断得到提升，先是衡平法院确认已婚妇女可成为信托财产的受益人，1882 年的《已婚妇女财产法》赋予了妻子独立的财产权，已婚妇女可单独对婚前或婚后取得的财产占有、管理和使用，并逐渐形成了普通法系国家的“分别财产制”，直到 1935 年颁布的一系列法规才最终废除了夫妻一体制，赋予已婚妇女与独立财产权相适应的订立契约、偿还债务和对侵权行为承担责任等法律能力。父母子女关系方面，父权至上的影响仍然深远，21 岁以下为未成年人，结婚须经父亲同意，且不得单独占有、使用、处置财产或订立契约。1969 年的《家庭改革法》规定成年年龄为 18 岁，1974 年的《未成年人救济法》赋予未成年人有限的订立契约的权利，契约应为生活必需，未成年人承担债务和其他不适宜义务的契约无效。非婚生子女的权利也开始得到重视，1926 年的《合法地位法》引入了罗马法原则，规定非婚生子女因父母结婚而取得合法地位，1935 年的《未成年人监护法》规定了生母对非婚生子女监护的优先权。

（二）继承法

盎格鲁—撒克逊时代就有关于继承的习惯法，财产的继承依附于身份和爵位的继承，不动产和动产的继承采取不同的方式。当时的不动产继承主要是指土地的继承，土地占有人的继承人须经授封才能继续占有土地，即封土世袭制，至 12 世纪初，长子继承制被确立下来，占有人的长子缴纳土地继承税后可同时继承占有人的爵位和封地。前述关于地产权的介绍中，在 13 世纪形成了“不限嗣继承”和“限嗣继承”。1540 年亨利八世颁布法令，土地的遗嘱继承得到承认。动产的继承方面，个人的动产通常被分为三部分，子女、妻子、教会各一份，交给教会的一份被称为“死者的份额”。

资产阶级革命后随着社会经济的发展，工业社会给继承制度带来了革命性的影响。1837 年的《遗嘱法》基本消除了中世纪遗嘱继承的一些弊端，统一了动产和不动产的遗嘱形式，遗嘱可以变更，也可以撤销，该法规定有效订立遗嘱的程序为：遗嘱必须是书面文件，且由遗嘱人签名，或者是由他人在其监督下代签，必须由两名以上的证人签名“证实”。1938 年的《家庭扶养法》将绝对遗嘱自由转为相对遗嘱自由，配偶、未成年儿子、未婚女儿和因精神、身体疾病不能供养自己的子女，有权向法院申请继承一定的财产数额。在此之前被继承人享有绝对继承自由，遗嘱只要以一定形式做出，即具备法律效力，不需要经过任何人同意，且可以自由选择继承人。1966 年的《继承法》和 1969 年的《家庭改革法》进一步规定，非婚生子女有权向法院申请从遗产中获得抚养费，1975 年的《继承法》将享受这种权利的范围扩大到未再婚的前配偶、成年子女及死者生前部分或全部供养的人。

被继承人如果未订立遗嘱，或遗嘱无效，则发生“无遗嘱继承的情事”。无遗嘱继承自中世纪起广泛采用长子继承制，且男性优先于女性享有继承权。直到 1925 年颁布了《遗产管理法》《财产法》和《信托法》等一系列法律，废除了长子继承制及男性优于女性的原则，动产和不动产继承都采用同样的规则。遗产由遗产管理人以信托方式出售，清偿债务后分配给死者的近亲属：生存配偶，生存子女，生存父母，兄弟姐妹、（外）祖父母及叔伯姑舅姨等其他生存近亲属。在被继承人死后既无有效遗嘱也无上述近亲属的情况下，其遗产归国家所有。此外，死者生前部分或全部供养的人也有权向法院申请从遗产中获得抚养费。

第四节　刑　　法

现代英国仍然没有一部统一的刑法典，由调整刑事法律关系的成文或不成文的法律规范组成，其渊源包括普通法、制定法和附属性立法。英国刑法的发展贯穿于整个英国法制史的过程，早在盎格鲁—撒克逊时期英国各地就开始适用日耳曼习惯法，存在以血亲复仇或赎罪金的方式惩罚犯罪者，并对危害公众和个人的犯罪做了区分。1066 年诺曼征服后，国王法院和巡回审判制度的建立，使得普通法逐渐发展起来，初步统一了刑法规范，在保留习惯法的基础上，减轻了刑罚的严酷性。1215 年《大宪章》后，英国颁布了一些刑事法令，划分了重罪与轻罪，普通法院在司法实践中逐渐形成了叛逆罪、谋杀罪、抢劫罪、强奸罪等普通法上的刑法罪名。直至 19 世纪中叶，议会才开始进行刑事立法，一方面整理、补充普通法中有关犯罪和刑罚的内容，另一方面根据社会发展制定新的原则和制度，如缓刑、假释等，在此之前英国刑法的渊源主要是普通法。发展到现代英国刑法以制定法为主，但因为没有统一的刑法典，刑事立法的适用仍依赖于法官的解释。

一、犯罪的概念及分类

犯罪的概念在英国法上一直没有统一的定义，鲁伯特·克罗斯和菲利普·A·琼斯所著的《英国刑法导论》中认为"犯罪是一种非法的作为、不作为或者事件。其主要后果是：如果查明了行为人而且警方决定起诉，就要由国家或者以国家的名义提起控诉；如果行为人被判定有罪，则不管是否责令他赔偿被害人的损失，他都要受到刑罚处罚"。但罪与非罪的界限是变化的，由于法律条文的变动，曾经被认为是犯罪的行为可能不再具有危害性和可罚性。

传统英国刑法长期将犯罪划分为叛逆罪、重罪和轻罪三种。叛逆罪，是指危害国家主权和安全的犯罪。重罪，是指涉及没收罪犯财产的严重犯罪，主要有杀人、强奸、抢劫、放火等。轻罪，是指除叛逆罪和重罪之外其他较轻微的犯罪，主要有欺诈、诽谤、企图伤害等。轻罪只有在极少数情况下才会被处以没收财产。

英国议会于 1967 年颁布了《刑事法令》，废除了叛逆罪、重罪与轻罪的划分，将犯罪分为可起诉罪、可速决罪与既可起诉又可速决罪。可起诉罪，是指较为严重的、通过公诉程序审判的犯罪，如叛乱、谋杀、抢劫、强奸等。可速决罪，是指较为轻微的、通过简易程序审判的犯罪，都规定在制定法里，由治安法官在治安法院单独审理。既可起诉又可速决罪，是指既可通过公诉程序又可通过简易程序审判的犯罪，如重婚、性骚扰等。

二、刑罚

刑罚是刑事违法的法律后果，历史上英国的刑罚较为严酷，死刑、肉刑、苦役等曾被广泛使用，直到 1998 年《犯罪和骚乱法》的颁布，英国才彻底废除了死刑。现代英国的刑罚由监禁刑和非监禁刑两部分组成，主要有以下几种：

1. 监禁刑。分为有期监禁和终身监禁，通过简易程序审判的犯罪监禁期为5天至6个月，通过公诉程序审判的犯罪监禁期不得超过法律规定的最高期限，对于惯犯可加重处罚，终身监禁只适用于犯有特别危险罪行的罪犯。

2. 缓刑。适用于刑期为两年以下的犯罪，法院认为罪犯没有必要在监狱内服刑，可宣告判决暂缓执行，缓刑期为一年以上两年以下。罪犯在缓刑期内未违反相关规定，也未犯新罪，则刑罚执行完毕；如违反规定，则执行原判决；如犯新罪，原判决必须执行，对新罪也将判处刑罚。

3. 罚金。既可独立适用，也可作为附加刑适用，是在英国广泛使用的刑罚类型。其数额由法官根据犯罪的性质以及罪犯的社会环境、收支状况等酌情而定。

4. 无偿劳动。一般适用于犯罪情节轻微的罪犯。此外，根据1972年《刑事审判法》，规定了对未成年罪犯的保护："对犯有应处监禁刑的16岁或16岁以上的罪犯，如果法庭认为合适，在征得罪犯本人和缓刑官同意以后，可发布社会服务命令，要求其从事一定时间的无偿劳动，其总和不少于40小时，不多于240小时。"

5. 监督管理。已年满16岁的罪犯，如果法官认为无须对其判处监禁或更严厉的刑罚，但又有监督的必要，可判处监督管制，期限为6个月至3年。

6. 无条件或有条件释放。法律未明文规定刑罚的犯罪，根据犯罪的性质和罪犯的情况，法院认为不适宜对其判处其他刑罚，可宣布无条件或有条件释放。无条件释放者被释放后即获得自由，该案也告终结；有条件释放者如在3年内再次犯罪，对原罪也将重新判处刑罚。

7. 没收财产。只能作为附加刑适用，如果法官认为某项财产与犯罪相关，即罪犯使用或企图使用该项财产进行犯罪活动，即可没收该项财产。

第五节　司 法 制 度

现代英国的司法制度虽然经历了资本主义改造，但深受历史沿革的影响，在司法组织和诉讼程序中保留了大量封建传统，具有独有的特点。

一、司法组织

1. 法院体系

19世纪司法改革后英国取消了普通法院和衡平法院两大体系，取而代之的是统一的法院组织体系。从法院组织的上下级关系来看，可以分为高级法院和低级法院系统；从审理案件的性质来看，可以分为民事法院、刑事法院和部分专门法院。

高级法院包括最高法院、枢密院司法委员会和上议院。在2009年以前，实质上的最高法院是上议院，由大法官、前任大法官、法律贵族组成，根据1981年的《最高法院法》，最高法院是指英格兰和威尔士地区的高级法院，包括上诉法院、高等法院和刑事法院，也就是说，所谓“最高法院”仅是英国本土的最高审级。2005年英国颁布了《宪政改革法》，于2009年成立了真正意义上的最高法院，同时，原“最高院”改为英格兰和威尔士高级法院。枢密院司法委员会是英联邦部分成员国、殖民地、保护地和托管地的最高上诉审级，受理来自这些地区的法院及教会法院、军事法院等专门法院的上诉案件，随着殖民地的独立，及部分英联邦成员废除了向枢密院司法委员会上诉的制度，其作用越来越小。

低级法院包括治安法院、郡法院等，是审判刑事和民事案件的基层法院。

民事法院系统包括郡法院、高等法院、民事上诉法院和最高法院。郡法院主要管辖该区域内争议金额较小的初审民事案件，主要是标的在25 000英镑以下的人身伤害赔偿及50 000英镑以下的民事赔偿案件。高等法院设有王座法院、大法官法院和家事法院，管辖50 000英镑以上的民事赔偿案件，并受理不服郡法院判决的上诉案件。上诉法院民事分院受理不服郡法院、高等法院及全国劳资关系法院和各种行政裁判所判决的上诉案件，一般情况下其做出的判决为终审判决。最高法院虽然是最高审判机关，但其受理的上诉案件极少，仅包括少数特别重要和涉及法律争议的案件。

刑事法院系统包括治安法院、皇家刑事法院、刑事上诉法院和最高法院。治安法院是英国最主要的初审刑事案件管辖法院，包括可速决案和少年犯罪案件、可起诉罪的预审，甚至兼审一些轻微民事案件，绝大部分刑事案件由其管辖、审理。皇家刑事法院是法院系统中唯一适用陪审制的法院，以巡回审判的方式审理案件，受理可起诉罪及不服治安法院判决的上诉案件。上诉法院刑事分院受理不服皇家刑事法院判决的上诉案件。最高法院受理不服上诉法院刑事分院判决的上诉案件，但实践中仅有极少数特别重要的案件才会在最高法院审理。

此外，还有专门法院，主要包括军事法院、劳资关系法院和行政法庭等。

英国的法官从律师中选拔，在低级法院任法官的一般为执业7年以上的律师，在高级法院则要10年以上，法官一经任命，非经本人同意，一般不能被免职，最高法院法官为终身制。

2. 检察制度

1986年英国成立了王室检察署，是独立的刑事检控机构，与法院一样亦独立于政府，对议会负责，分为中央和地区两级检察机关。王室检察署在全国设立了42个检察区，地区检察机关负责相应地区的刑事案件起诉工作，但其没有案件侦查权；检察机关的上诉权非常有限，只有当治安法院在适用法律上出现错误，或刑事法院对严重犯罪的量刑不合理时，检察机关才有权上诉。王室检察署负责对全国刑事案件起诉的政策性问题做出决定，并办理如恐怖主义、严重欺诈、贪污等特别重大的刑事案件。

在英国，王室检察署的总检察长也是律师界的领袖，检察长必须是执业10年以上的律师，王室检察署的检察官也从律师中选拔。

二、律师制度

与大陆法系在诉讼中采取的纠问制不同，英国采取对抗制，起诉方和被告方都是诉讼主体，虽然相互对立争辩，但地位平等、权利相同，民事原、被告律师及公诉人和刑事被告律师双方参与诉讼，就有争议的问题申述事实和辩论，各方提出证据以支持本方的主张；法官只负责主持庭审，不主动调查证据，也不发问；陪审团听审后就案件事实问题裁决，刑事案件中负责做出是否有罪的裁决，在陪审团做出有罪裁决的情况下，法官负责适用法律判处刑罚，民事案件中负责决定责任程度和赔偿数额。由此可见，在庭审中律师对于查明案件事实的作用非常重要。在英国，律师分为事务律师和出庭律师两种，分别办理不同的法律事务，且各自拥有独立的组织管理机构、资格授予程序、执业准则等。

1. 事务律师。主要负责为客户提供法律咨询，接受当事人的委托办理委托出庭律师、准备诉讼等诉讼法律事务，办理不动产转移、订立遗嘱、签订合同等非诉讼法律事务。在1990年以前，事务律师有权在治安法院、郡法院及特定情况下的刑事法院出庭，行使代理权或者辩护权。近年来的英国律师制度改革后，经过严格的培训和考核，事务律师可以获得在英国高等法院、上诉法院和最高法院出庭的权利，但只能穿便装，而受传统观念影响及复杂的考核程序，目前仅有很少的事务律师获得在高等级法院出庭代理的资格。

事务律师的管理服务机构是律师协会，负责办理执业注册备案，颁发由资深大法官签发的“事务律师执业证书”。

2. 出庭律师。出庭律师专门在高等级法院从事出庭代理工作，几乎涵盖了绝大部分刑事法院、高等法院、上诉法院和最高法院的出庭代理业务，但出庭律师无权单独接触当事人，不直接与当事人接触，只能间接通过事务律师了解案情。出庭律师的管理机构为大律师公会，执业 10 年以上的出庭律师可向皇家大律师选拔小组申请获得皇家大律师称号。

基于英国的律师制度，当事人在聘请律师处理案件时，至少需要聘请一位事务律师从事与诉讼相关的具体事务，以及一位负责开庭的出庭律师，如果案件涉及皇家利益，还必须聘请一位皇家大律师，诉讼成本非常之高。

三、陪审制度

英国是现代陪审制度的发源地，但最初的陪审制度是随着诺曼征服带到英国的。自亨利二世时期开始，陪审制度被广泛运用于司法审判，1166 年的《克拉灵顿诏令》规定，刑事案件必须由熟悉情况的 12 名陪审员向法庭控告并证明犯罪事实，他们既负责控告又负责证实犯罪，因其极易造成对案件当事人的不公而受到质疑，1352 年，爱德华三世下令另设一个 12 人陪审团，专门负责参与案件的审理。自此，英国正式确立了大小陪审团制度，大陪审团即起诉陪审团负责调查案件事实，决定是否对嫌犯提出控诉，小陪审团即审判陪审团负责协助法官审判，决定被告是否有罪。

在 19 世纪以前，陪审团制度适用于所有初审刑事和民事案件，被认为是保护个人权利、反对特权和控制司法权滥用的有效手段。1873 年后，大部分民事案件不再采用陪审制度，至 1933 年英国颁布了《关于司法活动的有关法律》，规定只有欺诈、诽谤、诬告、非法拘禁的民事案件才采用陪审制度。在刑事案件中，随着警察制度和检察制度的发展，大陪审团的犯罪侦查和起诉职能被取代，仅剩预审职能，之后治安法官又逐渐取代了大陪审团的预审作用，至 1948 年彻底废除了大陪审团制度，同时规定轻罪适用简易程序，无须陪审团参加。基于陪审团成员缺乏必要的法律知识和实践经验，陪审制度的公正性和可信度受到质疑，其在审判中所起的作用也日益降低。现存的小陪审团制度参与审理案件的数量也逐渐减少，一般案件只要求多数通过，且法官认为陪审团参与诉讼会导致延迟或不公正时，可以决定不设陪审团，认为陪审团的裁决错误，则有权撤销重判。

第六节 普 通 法 系

一、普通法系的概念

17 世纪初，随着英国的对外殖民扩张，普通法的适用范围逐步扩大到曾经是英国殖民地、附属国的许多国家和地区，包括美国、加拿大、澳大利亚、新西兰、印度、巴基斯坦、孟加拉国、马来西亚、新加坡以及非洲的个别国家，成为殖民地占统治地位的法律规范。由于各殖民地社会历史文化背景以及英国对其统治方式的不同，这些地区对英国法的继受方式也不尽一致，大致分为两种：(1)殖民地以移民为主，如美国、澳大利亚、新西兰等地区，在移民到来之前没有独立的国家和法律制度，社会发展水平低下，因此对英国法的继受程度非常高；(2)殖民地已建有法律制度，如印度、南非等地区，在保持原有法律传统的基础上，部分继受了英国法。但在早期的殖民地时期，人们在处理法律纠纷时仍然以当地的习惯、宗教教规为主。

至 18 世纪，随着殖民地经济的发展，习惯、宗教教规已经无法解决生活中日趋复杂的法律问题，且大量的英国普通法著作传入殖民地，普通法逐渐占据了殖民地法律体系中的主体地位。到 19 世纪，随着英国殖民统治的进一步发展，最终形成以英国普通法为基础的世界性法律体系之一的普通法系。

二、普通法系的特点

普通法系与大陆法系为世界各国沿用的两大法律体系，相较于大陆法系而言，普通法系具有如下特点：

1. 法律渊源上以判例法为主。普通法系具有判例传统，判例法为其正式的法律渊源，判例不仅对当事人有约束力，由该判例确定的法律规则对今后法官处理同类案件具有约束力。也就是说，法官对法律的发展具有关键的和指导的作用，不仅法官的判决具有立法意义，制定法的理解和适用也离不开法官的解释。

2. 法典编纂上以判例法的规范化为主。从法典编纂传统来看，英美法系一般不采用法典形式，其制定法一般是单行的法律和法规，主要是对其判例的汇集和修订，而不是按照内部的有机联系，形成一部系统的法律。

3. 法律结构上不严格划分公法和私法。从法律结构传统来看，普通法系的基本结构是在普通法和衡平法的分类基础上建立的。普通法是主要代表审判机关(法官)的法律(判例法)。所谓衡平法，是在普通法不能弥补损失的情况下所适用的法律，衡平法是对普通法的补充规则。现代普通法系学者也倾向于分为公法与私法，但没有统一的标准，一般承认宪法是公法，也有人将宪法、行政法和刑法都视为公法，至于财产法、契约法和侵权法，则属于私法的范围。

4. 法律适用上以遵循先例为基本原则。普通法系法官和律师在适用法律时，首先考虑的是以往类似案件的判例，将具体案件与以往判例比较，从中概括、归纳出法律规则或原则，从而适用于具体案件的处理。

本章习题

1. 英国宪法的基本原则有哪些？
2. 英国行政法的特点是什么？
3. 请列举英国侵权行为中三种典型的侵权类型。
4. 英国律师分为哪几种类型？分别从事何种业务工作？
5. 英国普通法系的特点是什么？

第五章

美国法

本章重点

美国宪法；法院组织，违宪审查权；反托拉斯法；美国法的特点

第一节　美国法的形成与发展

一、美国法律制度的奠基时期(1607-1776 年)

美洲殖民地开创于 1607 年，弗吉尼亚是第一个殖民地。1608 年确立了卡尔文案件的原则：在英国殖民地，原则上适用英国普通法。

然而，在 17 世纪，由于以下几点原因，美洲殖民地实际上难以接受普通法：(1)普通法的程序繁杂，而没有任何法学家和老练法官的殖民地难以适应；(2)普通法一般是从封建社会中发展起来的，难以与殖民地的资本主义经济相适应；(3)由于殖民地的大部分居民都是普通法的受制者(流放的罪犯)，对普通法有着本能的反抗与抵制心理。(4)殖民地的法律资料、书籍、法官和律师等都相对缺乏。因此，美洲殖民地实际上难以接受普通法，为了对抗法官的独裁，他们主张制定成文法典，用以保护自己的利益。

各殖民地制定了带有临时宪章性质的“基本法规”，比如 1639 年康涅狄格的《根本法规》，1641 年马萨诸塞的《自由法典》等。1648 年通过的《马萨诸塞一般法律与自由》在人类历史上第一次规定了某些基本人权与自由，包括居住和迁徙自由、保释、上诉、一罪不再审、不得自证其罪以及法律上平等保护等。这些人权规定比 1679 年《人身保护法》、1689 年《权利法案》、1789 年《人权宣言》、1791 年《人权法案》都早。这其实就是美洲成文法向普通法发起的一次挑战。

18 世纪上半叶，情况发生了变化，移民的增加，生活的改善，普通法对抗国王专断的积极面被发现，法属加拿大和路易斯安那的成文法实践都构成了对英国殖民地的威胁。于是，普通法便成为英国民族相互认同和联系的纽带，普通法又得到了相对较多的引进。

二、美国法律制度的形成时期(1776-1868 年)

18 世纪下半叶发生的一些事件改变了普通法大举进攻的势头:(1)新独立的国家有一种与传统彻底决裂的情绪,许多州都禁止援用 1776 年以后的英国判例。(2)美国宪法的制定大大增强了成文法的力量,许多州制定了不少成文法典。(3)领土的扩张使许多成文法地区并入美国的版图,前法国、西班牙和墨西哥统治的地区原来就没有普通法传统。此时发生了法典编纂派与英国普通法派之争。法典编纂派主张以法国法为模式编纂成文法典,初期影响很大,掀起编纂法典运动。1824 年,路易斯安那的新奥尔良地区按照 1804 年《法国民法典》制定了一部民法典;1811 年英国法学家边沁向美总统麦迪逊提出愿为美国制定法典效力;1856 年英国著名法制史专家亨利·梅因预言美国将归附罗马—日耳曼法系。

1847 年,美国著名律师和法律改革家戴维·达德利·菲尔德(1805-1894 年)任纽约州法律编纂委员会委员。1848 年他编纂的《民事诉讼法典》被纽约州采用,后来又被约 30 个州所采用。之后的 1860-1865 年间,他又起草了《民法典》《刑法典》《政治法典》和《刑事诉讼法典》。加利福尼亚、蒙大拿、佐治亚、北达科他、南达科他 5 个州先后采用了他编纂的全部 5 个法典。这些法典曾两次被纽约州议会通过,但都被州长否决。直到 1881 年,他所编纂的《刑法典》才为纽约州所采用。以上这 5 部较早的法典都被称为"菲尔德法典"。菲尔德在纽约州的法典编纂活动对其他州产生了巨大影响,大大促进了美国法成文化和统一化的进程。

普通法派主张以普通法为基础建立美国法制,取得了最后的胜利,美国法仍保留在普通法系中。原因有以下三点:(1)美国独立后急需一种较完备的法律制度来调整日益复杂的社会关系,而当时普通法在北美已经有了一定的基础;(2)美国与英国的敌视情绪已经缓和,并且两国存在血统上的联系,使美国有可能而且更为便捷地吸收了英国的普通法;(3)英国法学家爱德华·柯克的《英国法原理》、布莱克斯通的《英国法评论》(《普通法释义》)在美国出版,起了巨大作用,接着美国人肯特的《美国法释义》和瑟夫·斯托利的《法律教科书》等著作,也为使美国法保留在普通法系内起了极其重大的作用。

在 19 世纪中叶美国宣布,以后将适用普通法。罗马法的进程终于停止,但美国人获得了不同于英国法的特色:普通法中有大量的罗马法因素。

三、美国法律制度的发展时期(1868 年以后)

1861-1865 年的南北战争,以北方胜利告终。1862 年颁布的《解放黑人奴隶宣言》解放了黑人奴隶。19 世纪末,英美的政治体制和经济结构都有了很大不同,美国法律走上了独立发展的道路。表现在以下两个方面:一是彻底改革殖民地时期所接受的英国普通法,剔除封建的、不适合美国国情和社会生活的部门法;二是加强立法活动,1878 年成立的美国律师协会推动通行于整个联邦的统一法;1892 年成立了美国统一州法律全国委员会,先后起草了一百多部称为"标准法"的法典,重要的有 1896 年《流通票据法》、1906 年《统一买卖法》、1909 年《统一载货法》、1914 年《统一合伙法》等。1909 年制定了《联邦刑法典》。1923 年成立的美国法学会出版《法律重述》,1926 年美国出版《美国法律汇编》(又称《美国法典》)。

负责美国法典编纂的机构是设在美国国会众议院内的法律修订委员会办公室。1926年首次将建国以来国会制定的所有立法(除独立宣言、联邦条例和联邦宪法外)加以整理与编纂,把每部单行法都按照条文逐一拆开,再按照事先划分的50个大类分门别类,同一类别的条文就编入一个大类中,而不论其来自哪部成文法。这样把全部的法律进行分解、分类、重拍、汇编,就形成了50个大类组成的美国法律“分类汇编”,并将之命名为《美国法典》。首次以15卷的篇幅发表,这是第一版《美国法典》。1964年又出版了修订版,以后每年还出增刊。

美国法与英国法分离并走上自己独立发展的道路,但美国法是在英国法的基础上发展起来的,所以英美两国法律在基本方面相同或相似,主要表现在以下两个方面:(1)美国采用了英国普通法、衡平法和制定法的传统形式,还继承了英国法的概念和许多法制原则,如推理方法、法源理论以及对抗式诉讼和陪审团制度等。也没有公法、私法以及民法这类法律概念,民法内容也分为财产法、契约法、侵权行为法、信托法等。(2)英美法律存在渊源关系。英国法是美国法的历史渊源,英国的判例法和制定法,凡是符合美国国情的,都被作为美国法的渊源。

第二节 美国法律制度的结构和渊源

一、联邦法和州法

美国法制的主要特征是存在着联邦法和各州法之间的区别,这使美国法显得纷繁复杂。美国是联邦制国家(曾经是邦联制),其国家构成体系相当于每个州有相对独立的政府,但还有一个将这些州联结起来的联邦政府。美国法律体系是一种双轨制的法律体系。既有联邦法律,又有州法律,两者并行(各州也有自己的宪法),法院系统也是既有各级联邦法院,又有各级州法院。从许多角度看,除了外交以及军事外,州几乎就是一个独立的“小国”:有自己的法律、税收、警察、教育、选举制度,这与其他许多国家,尤其是亚洲国家的政治体制很不一样。也正是由于这个原因,才会出现诸如总统不能管州长、各州之间法律大为不同的现象。

联邦宪法是美国的最高法律,规定国家的构成、分权制衡机制、公民基本权利等,同时限定联邦法律和联邦政府所能立法或管辖的领域和范围(如果州法律与这些联邦宪法所授权给联邦政府管辖的范围发生冲突,则州法律必须在联邦宪法的限度内,不能与联邦法律冲突)。对于联邦宪法没有授权联邦法律和联邦政府有权管辖和立法的领域,则完全“保留”给州政府,州政府对这些领域有完全的立法和管理权,不必受联邦法律的限制。这就是为什么你在美国会看到各个州所发放的驾照、各类职业资格证书(比如律师执照、公证人资格、护士执照等)、出生证等都不相同,各个州的结婚、离婚、公司注册等程序也都不相同。

大体来说,联邦宪法和其他联邦法律适用于美国领土,而各州法律适用于各州范围内。在有些领域,比如破产法、移民法、知识产权法等,基本上是属于联邦法律的范围;有一些领域，比如侵权法、房地产法、婚姻法等，基本上是依各州法律；但是还有一些领域，比如刑法、合同法、劳动法等，通常是同时受联邦法律和州法律的约束。

无论联邦法律还是州法律，都既有成文法也有普通法（即判例法）。有一些案件既可归联邦法院管辖，又可归州法院管辖，而在联邦法院审理时在实体法适用方面并不限于联邦法律（可能同时适用州法律），在州法院审理时在实体法适用方面也可能适用联邦法律。

二、普通法、衡平法和制定法

1. 普通法

美国建国后接受英国普通法的传统经历了一个发展过程。在独立战争后曾出现过政治上反对英国、法律上排斥英国普通法的情况，有些州明文禁止继续适用英国法的判例。虽然由于经济、文化等诸多因素，美国最终还是以英国普通法作为制定新法律的基础，但是正如1829年的约瑟夫·斯托里大法官在"范·内斯诉帕卡德"案的判例中指出的，"英国普通法并不是全部都可以作为美国的普通法，我们的祖先带来了英国普通法的一般原则，并且声称这是他们与生俱来的权力；可是他们带来普通法时只是采纳适合他们情况的那一部分"。

美国各州采用普通法时都根据各自的需要做了补充和修改，因此各州的普通法自成体系。由于美国联邦宪法明确规定了联邦法院对于联邦制定法上规定的犯罪的管辖权，因此，联邦法院在刑事案件方面不能行使普通法上的管辖权。根据美国联邦最高法院在1938年"埃里铁路公司诉汤普金斯"案的判决，联邦法院对于普通法上的民事案件也没有管辖权。

2. 衡平法

在英国，衡平法上的救济是作为英王的恩赐给与的。因此，在美国独立前，首先在英国的直辖殖民地和特许殖民地采用了英国的衡平法，一些在英国由教会法院管辖的案件也由衡平法院管辖。美国独立后，联邦宪法确认了普通法之诉与衡平法之诉的划分，并且在宪法修正案中规定了在普通法诉讼中应有陪审团参加。在联邦法院系统中，衡平法诉讼和普通法诉讼采取不同的程序，直到1938年才将二者合并。在许多州宪法中也规定了普通法与衡平法的划分，衡平法上的案件由独立的衡平法院审理或由普通法法院的法官以特别程序审理。1848年纽约州率先改革，它所颁布的《民事诉讼法典》废除了普通法与衡平法在诉讼形式上的区别，建立了单一的民事诉讼制，并对诉讼程序进行了改革。此后，其他各州也做了类似的规定。现在只有少数几个州保留着普通法法院和衡平法法院之分。

3. 制定法

美国的联邦和各州都有制定法。联邦的制定法包括联邦宪法和联邦法律。联邦宪法第1条第8款明文列举了联邦国会的立法范围，包括国防、外交、税收、货币、移民、专利、海商和破产等。美国宪法明文规定的国会立法权称作"明示权"。从形式上看，联邦国会拥有的立法上的"明示权"是有限的。但是，自1819年联邦最高法院在"麦卡洛克诉马里兰州"案中确认了"默示权"的理论以来，联邦国会获得了从宪法"明示权"引申出的立法权，从而扩大了联邦的立法范围。联邦法律的效力遵守"后法取消前法"的原则，即联邦法律或在联邦权力下缔结的条约,不享有任何超过以后与它抵触的联邦立法的地位。

各州的制定法包括各州的宪法和法律。联邦宪法第10条修正案规定,宪法未授予合众国或未禁止各州行使的权力,皆由各州保留。据此,在承认联邦政府至高无上地位的前提下,各州享有联邦宪法所规定的联邦立法范围之外的立法权力。

第三节 宪法和行政法

一、联邦宪法

(一) 联邦宪法的历史渊源

1.《五月花号公约》

1620年9月6日,五月花号轮船从英国普利茅斯出发,驶向北美大陆。船上有102名清教徒,有男有女,以及儿童,领头的是牧师布莱斯特。他们宁愿离开英国,拖家带口奔赴不毛之地的北美,是由于忍受不了英王的残暴。那是充满凶险的旅程,若遇飓风、触礁、海盗等灾难,他们面对的是直接死亡。但他们宁愿走向新的处女地。

那时,轮船横渡大西洋,需要一两个月时间。在船上,大家有了足够的时间思考与交流。而他们,并不是什么学者、官家或富家子弟,而只是普通人,主要是分离派清教徒、工匠、渔民、贫苦农民及14名契约奴。他们所思所想,就是如何摆脱野蛮与邪恶,不再受人奴役,也不奴役他人。于是,他们经过商谈,订立了一个共同遵守的《五月花号公约》,其主要内容就是组织公民团体,拟定公正的法律、法令、规章和条例。它的签订方式及内容代表着"人民可以由自己的意思来决定自治管理的方式,不再由人民以上的强权来管理。"

他们当时没有预料到会与印第安人发生激烈冲突,也没有多少民主的理念,但他们觉得需要公平公正,就得有一些基本的准则。他们于是互相立约,构建一种不再互侵互害的新生活方式。他们也没有男女平等的理念,也未认识到奴隶制的卑鄙无耻,没有想到天赋人权、人人平等,所以,《五月花号公约》只是由41名具有自由民身份的成年男人签署,不包括契约奴。

这就是觉醒的开始,人性中初心的萌动。这个公约让后来者都普遍认可,便成为最初美国13州社会契约的基础,它标志着在茫茫北美荒原上,即将盛开一朵美国之花,它将极大地改变世界。

2.《独立宣言》

从18世纪下半叶开始,英国加强了对北美殖民地的统治,先后颁布了《印花税法案》(1765年)、《唐森德条例》(1767年)、《茶叶税法》(1773年)和《强制法令》(1774年),因而激起北美殖民地人民的强烈反抗。1775年4月19日,波士顿的莱克星顿和康科德人民打响了武装反抗殖民统治的第一枪,开始了独立战争。1775年5月10日,在费城召开第二届大陆会议,决定组织"大陆军",任命华盛顿为总司令。1776年7月4日,大陆会议通过了《独立宣言》,向全世界宣告北美脱离英国的殖民统治,成立美利坚合众国。

《独立宣言》是由美国的资产阶级民主派托马斯·杰弗逊等人起草的。它以资产阶级启蒙思想家的"天赋人权"思想和"社会契约"论为理论基础，宣称：人人生而平等，他们都被造物主赋予不可转让的权利，其中包括生命权、自由权和追求幸福的权利。为了保障这些权利，所以才在人们中间成立政府。政府的权力，来自被统治者的同意，如果政府损害这些目的，人民就有权改变或废除它，建立新的政府。《独立宣言》指出："过去的一切经验表明，只要邪恶尚可容忍，人民总是倾向于默然忍受，而不愿意废除他们所习惯了的政治形式以恢复他们自己的权利。然而，当一个政府恶贯满盈、倒行逆施，并一贯施行暴政，显然是企图把人民压制在绝对专制主义的淫威之下时，人民就有权利和义务推翻政府，而为他们未来的安全建立新的保障……因此，我们这些集合在大会上的美利坚合众国的代表们，呼吁世界人士之最高裁判，判断我们这些意图的正义性，我们以这些殖民地的善良的人民的名义和权利，谨庄严地宣布并昭示：这些殖民地从此成为，而且名正言顺地成为自由独立的合众国，他们解除对英王的一切隶属关系，而他们与大不列颠王国之间的政治联系亦从此完全废止。"

《独立宣言》高举革命的旗帜，列举了英国殖民统治的暴行，鲜明地表达了资产阶级的革命思想和政治主张。虽然在其初稿中曾有谴责奴隶制的条文，但由于南部奴隶主的反对而被删除，表明这部宣言的局限性。但这部宣言仍不失为一部伟大的政治纲领，这份充满激情的政治性文件，不仅鼓舞和推动了美国乃至欧洲各国的资产阶级革命，而且为日后诞生的美国宪法奠定了政治和思想理论基础。

3.《邦联条例》

《独立宣言》通过以后，各州相继制定了州宪法，与此同时，各州着手组成同盟。在 1777 年 11 月 15 日的大陆会议上，各州代表达成协议，通过了《邦联和永久联合条例》，一般称为《邦联条例》。《邦联条例》在得到 13 个州议会的批准后于 1781 年 3 月 1 日开始生效。《邦联条例》全文共 13 条，主要内容包括：宣布 13 个州"缔结邦联和永久联合"，规定"各州保留其主权、司法权和权利"等。条例宣布，建立同盟的目的，是为了"共同的防御，自由的保证和相互间的公共福利"等。

《邦联条例》的宗旨和内容表明，其是美国特定历史条件下的产物，它并没有在合众国确立一个强有力的政治中心，但它在 1787 年宪法生效以前一直起着宪法性作用，《邦联条例》中已初见端倪的邦联国会和各州权力的划分模式为 1787 年宪法做了必要的法律和实践准备。

（二）联邦宪法的制定

根据 1781 年《邦联条例》建立的邦联，随着形势的发展，很快表现出它的松散无力：对内由于它缺乏统一的经济财政基础和高于各州的权力，因而无法实现关税、货币和法律的统一，极大地阻碍了资本主义经济的发展；对外也缺乏共同防御、抵御外敌的合力。面对当时复杂的国际环境和国内矛盾，美国统治阶级迫切需要建立一个强有力的中央政府以巩固独立战争的胜利成果，发展资本主义经济。

1787 年 5 月 25 日，各州代表出席了在费城召开的关于修订《邦联条例》的会议，但与会代表却超越了权限，围绕制定新宪法问题展开了激烈争论。9 月 15 日，通过了宪法草案。9

月 28 日，该宪法草案在提交邦联国会批准后，递交各州批准。1789 年 3 月 4 日，宪法正式生效。1789 年 4 月 30 日，根据宪法成立了以华盛顿为总统的第一届联邦政府。

（三）联邦宪法的基本内容及基本原则

1787 年美国联邦宪法由序言和七条正文组成。与其他西方国家的宪法一样，美国宪法也遵循着一些大众的原则，比如保护私有制原则、主权在民原则、法治原则和权利平等原则等。联邦宪法的基本原则有以下几点：

1. 联邦主义原则

为了消除《邦联条例》下各州分立的纷乱现象，联邦宪法规定美国的国家结构形式是联邦制，主要有以下几点内容：

首先是联邦宪法和法律在全国属于最高法律原则，联邦中央对各州处于最高地位，联邦保护各州。联邦宪法第 6 条第 2 款规定："本宪法，依照本宪法所制定的联邦法律以及在联邦权力下所缔结或将缔结的一切条约，概应成为全国最高法律，每州的法官应受其拘束，不管任何州的宪法或法律中有任何相反的规定。"1789 年美国参众两院通过的司法条例也强调了这一内容。这些法律概括起来就是：凡各州法院不按联邦宪法第 6 条的规定确认联邦宪法、条约和法律为最高法律的判决，均可上诉至联邦最高法院。

关于联邦中央对各州处于最高地位的内容，同样可以在联邦宪法条文中找到依据，比如联邦宪法中对各州权力限制的条款，禁止各州侵犯公民的自由平等权利。联邦宪法还禁止各州侵犯中央的权力，规定各州不得与其他州或外国缔结条约、联盟，不得铸造货币等。联邦宪法禁止各州侵犯公民自由平等的权利，规定各州不得通过剥夺公民权案，不得通过任何损害契约义务的法律等。在规定限制州权力的同时，联邦宪法还逐项列举了联邦国会的 17 项权力，比如国会有权征税、有权制造和发行货币、有权处理外交事务等。联邦宪法特别规定，为实施上述国会权力和执行宪法赋予联邦政府的其他权力，国会有权制定一切"必要和适当的法律"。这些都有利于加强联邦中央的权力。

其次是联邦宪法中未列举的权力一概归各州保留行使原则。联邦宪法规定在联邦中央和各州的分权方式上，采取中央明文列举、各州概括保留的方式。凡联邦中央的权力由联邦宪法明文规定，单独列举；凡联邦宪法未授予合众国政府，又不禁止各州行使的各种权力，根据美国联邦宪法第 10 条修正案的规定，"均保留给州政府或人民行使之"，这一联邦与各州分权的宪法原则，在美国宪法史上成为州权派与联邦派争夺权力的主要依据。由于联邦宪法授予联邦中央国会的权力由联邦机构执行，各州不必代行而另有各州自己的行政、立法和司法机构，从而形成了美国中央与各州机构平行的状况。

2. "三权分立"与"制约平衡"原则

在 1787 年的制宪会议上，汉密尔顿、麦迪逊等资产阶级民主派代表人物在资产阶级启蒙思想家洛克、孟德斯鸠等人关于权力划分和"三权分立"学说的基础上，系统提出"三权分立"和"制约平衡"理论，即立法、行政和司法三种权力由三个相互独立的政府部门分别掌握，但又不是绝对独立，而是相互制约与平衡的。汉密尔顿和麦迪逊在写给《纽约邮报》的信中指出："在一个部门的全部权力由掌握另一部门的全部权力的同一些人行使的地方，自由宪法的基本原则就会遭到破坏。"因此，联邦宪法规定，美国国家的管理形式是总统制的共和国，国家机关按照“三权分立”和“制约平衡”原则建立。

根据联邦宪法的规定，立法权属于国会。国会通过法律，必须得到参众两院的同意。同时，总统对国会通过的法案享有批准权或否决权，联邦最高法院亦可以利用司法审查权宣布其违宪而使之失效。总统有行政权，但总统任命部长、最高法院法官和缔结条约，必须经过参议院2/3议员的同意；总统虽有权否决国会通过的法案，但国会两院如经过2/3议员再次通过，即可推翻总统的否决，当然生效；总统如有违法失职行为，国会可以弹劾。总统与外国签订条约，任命联邦高级官员，必须经过参议院的同意等。因此，美国联邦宪法所规定的政权组织形式，典型地反映了三权分立、相互制衡的组织原则。美国采取这一宪法原则与当时特定的历史条件和之后的社会物质生活条件分不开，它反映了统治阶级内部各种势力在国家生活中的地位和力量对比关系。“三权分立”“制约平衡”的宪法原则在美国实施了200多年，发挥了限制政府权力的作用，但由于时代原因，也引起了一些问题而受到批评。

(四) 联邦宪法的历史地位

1787年的联邦宪法是美国近代第一部成文宪法，它以自然法学思想和汉密尔顿、麦迪逊等人的宪治理论为基础勾画了美国社会基本的政治制度和经济制度。在以后的两百多年里，先后颁行了一系列宪法修正案、相关的国会立法以及联邦最高法院的司法解释等，使得美国宪法在不断地丰富与发展。它的历史地位主要表现为两点：一是美国宪法作为美国经济和政治生活的最高准则，具有高于其他法律法令的地位，其他各部门法律所规定的权利都是宪法权利的具体体现，都可以上升为宪法权利，这种宪法至上的观念深入人心，深刻影响政府和公民的行为；二是美国宪法所设计的一系列制度，如关于防止权力过分集中的分权制衡制度等，尽管这些制度存在一些弊端和局限，但不可否认它对世界上很多国家都产生了影响，也为人类的宪治实践提供了一种可批判、借鉴的实例。

(五) 宪法修正和宪法解释

联邦宪法经过200多年的发展，其内容和制度都有了很大的变化，根据宪法的规定和司法实践的历史，美国宪法的修改和完善主要通过宪法修正案和联邦最高法院的司法解释来实现，偶尔国会的有关补充性法律及惯例也会对其产生影响。

1. 宪法修正案

宪法修正案是1787年宪法明文规定的修改宪法的唯一形式。自从1787年宪法制定以来，美国共有二十余条修正案在各州被批准而生效。

第1至第10条修正案，是关于公民权利的规定。由于1787年宪法没有关于公民基本权利的条款，因而遭到各州人民的普遍反对。1789年第一届国会召开，提出了关于公民基本权利的前十条修正案，又称“人权法案”。其内容主要包括但不限于：国会不得制定限制公民言论、出版自由，或剥夺公民和平集会和请愿的权利的法案；公民的人身、住宅、文件和财产不受无理搜查和扣押等。第11至第27条修正案主要涉及蓄奴制度的废除、选举制度的改革、正当法律程序和法律的平等保护以及种族平等问题等。

2. 宪法解释

1787年宪法及其修正案并未明确规定宪法解释问题，但美国的宪法实践表明，联邦最高法院的司法解释是修改和完善宪法的重要途径。联邦最高法院对宪法的解释权是通过司法实践并以1803年的“马伯里诉麦迪逊”案为标志最终确立。根据“马伯里诉麦迪逊”案确立的联邦最高法院的司法审查权，最高法院在案件审理过程中就所涉及的州宪法和法律以及联邦法律是否合宪问题进行审查，对宪法条文的含义进行解释，这种解释往往使宪法条文的含义得到修正、扩充或改变。

3. 对宪法补充的国会立法

作为根本法的1787年宪法对国家机构的组成及其活动原则做了基本规定，带有纲要性质。关于它的具体实施，则往往通过联邦国会和各州议会的相关立法加以补充和具体化，如各州议会所制定的有关联邦国会参众两院议员的选举法，关于各州选举人选派方式的立法，联邦国会所通过的联邦法院组织法和州际通商法等，都是对联邦宪法的补充。此外，国会为宪法所规定的最高法院的上诉管辖权的行使而制定的法律，为实施第13至第15条修正案而制定的法律都构成美国宪法的重要内容。

二、行政法

（一）美国行政法的产生和发展

1. 美国行政法的产生

19世纪末之前，美国行政活动的领域比较狭小。在当时主要通过市场调节和法院干预来介入现代属于行政控制的领域，因而不存在行政法部门。美国行政法作为一个独立的法律部门出现，则是在19世纪末20世纪初。

19世纪末，美国资本主义经济已经得到了高度的发展，从自由竞争阶段走向垄断阶段。现代工业和铁路运输得到迅速的发展，生产和资本高度集中，托拉斯已经成为经济生活中的统治力量。垄断造成了竞争机制的破坏和一系列矛盾的加深，在“自由放任”经济下的政府不干预态度已经不能适应经济的发展，这就需要行政力量的有效控制。1887年，针对州政府无力有效控制铁路运输中的垄断现象这一问题，国会制定了《州际商业法》，设州际商业委员会以协调控制铁路运输问题。实际上，这就是美国最早的联邦行政裁判机构。州际商业委员会独立于行政机关和总统，可以制定与其管理职能有关的法律，同时，负责这些法律的执行，还有权裁决所辖领域的行政纠纷，兼有立法、行政和司法权。

2. 美国行政法的发展

1929年至1933年，美国经历了一场空前的经济危机，为振兴危机后的经济，美国罗斯福政府实施“新政”。在紧接着的第二次世界大战期间，美国政府进一步加强了对经济的调节和管制职能，这些措施都导致政府权力的大大扩张，同时，行政法也得到了迅速发展。在这一时期内，美国颁布了一系列的行政法规，并建立了一批新的独立机构。

除此之外，行政程序也逐步得到完善和统一。如1946年国会通过了《联邦行政程序法》，该法规定了行政机关在从事行政活动时应当遵守的一般程序，从而使联邦行政程序得到统一。

1947年以后，随着现代经济、政治的发展和民主化进程加速，美国行政法经过一段时间的巩固与发展，很快进入现代化改革阶段，通过改革使行政法更适应现代社会的发展。

20 世纪 70 年代以来，美国的行政法理论和实践中，一直在探讨政府行政控制权的行使与法院对行政机关的司法审查二者之间的关系问题，强调法院司法审查与政府行政控制权的平衡适度；探讨行政控制的效益分析问题，强调行政控制所得到的效益必须大于控制所带来的牺牲。

（二）美国行政法的主要特点

美国行政法具有不同于大陆法系代表法国行政法的特点。美国行政法具有控权法特征，加之美国有一部至高无上的宪法，一切立法、一切领域的法律调整都须以宪法为最终基础，因而，美国行政法中对行政机关的权利和活动一般只设定基本原则，更注重从行政程序上对行政行为进行规范。具体而言，有以下几个特点：

一是联邦法和州法双重体系并存。美国各州立法机关有权规定州行政机关的组织、权力和行政程序并监督州行政机关的活动，因此，联邦行政法和州行政法体系并存，如除《联邦行政程序法》外，联邦还制定了《州标准行政程序法》，各州参照该法形成了州行政程序规则。二是行政司法以独立机构为主体。美国的独立机构按主管事项和专业设置负责管理相关事务，制定所辖业务领域的行政法规，处理相关行政纠纷。这既不同于法国设专门的行政法院的模式，也有异于英国由普通法院行使行政司法权的传统。美国普通法院对独立机构的行为享有司法审查权。三是注重行政程序的完善。美国行政法中对行政活动之类的问题一般只作原则性规定，且分散在程序法和对行政的监督控制法等法律中，更强调从程序上对行政行为进行规范，行政程序比较完善。

第四节　民　商　法

根据美国宪法原则，美国民商法领域的立法权，由联邦和州共同行使。其民商法领域的立法以财产法、契约法、侵权行为法、婚姻家庭法等形式独立存在。独立战争前，美国各州被英、法、荷、葡等国分割，民事法律极不统一。英国在北美确立统治地位后，北美殖民地因袭英国法，独立后，各州相继制定了一些成文法。

一、财产法

（一）财产法的渊源

美国财产法是在英国普通法的基础上，伴随着美国近代化和日益发展的城市化与工业化要求逐渐发展与完善的。财产法是美国民商法最基本、最重要的内容之一，并在美国法律体系中占有重要地位。关于财产法的内容，散见于判例法、制定法及政府行政规范中。凡涉及财产的占有、使用、收益、处分的判例和制定法都属于财产法的范畴。但是美国和英国仍存在不同点，最明显的不同点在于美国更注重成文立法，除联邦统一立法外，许多州制定了单行法规，对财产的买卖等进行调整，路易斯安那州还以法国的法典为蓝本制定了州民法典。

(二) 财产法的主要内容

1. 财产法的基本原则

美国将财产权看成“独有的和专断的支配权”,将财产权的行使看成一个人自由意志的体现。美国宪法第5条修正案规定:“不经正当法律程序,不得剥夺任何人的生命、自由或财产。不给予公平赔偿,不得将私有财产充作公用。”在20世纪初以前,美国财产法彻底贯彻绝对私有权原则。

19世纪末20世纪初开始,财产法在对个人财产权给予保护的同时,也高度重视对社会利益的保护,强调受保护的个人财产权与社会利益的一致性,以及两者发生冲突时社会利益保护的优先地位。财产在法律上不仅仅是一种权利,更代表着一种责任。

2. 动产与不动产

美国财产法将财产分为动产和不动产。

(1) 动产

动产在美国财产法中,主要是指除土地和建筑物以外的其他各类财产。动产包括有形动产和无形动产。有形动产如汽车、家用电器和牲畜等,无形动产包括有价证券和专利权等。

动产所有权的拥有和转移一般是以占有为标志的,因此,占有是美国动产法中的一个重要问题。根据美国法律界通常的理解,占有是指在事实上实际支配或控制财产的一种权利。占有包括以下几种权利:在没有更优先的权利情况下,继续其和平占有的权利;追索被非法侵占的财物的权利;向侵权行为人索赔的权利。

根据美国法律,占有可以时效经过或法院确认的方式而转为所有权。

动产所有权的取得和转让主要通过占有、购买、生产、接受赠与等方式实现,法律严格保护私人财产权,动产交易主要由各州采用的《统一商法典》调整。

(2) 不动产

不动产主要是指土地、建筑物、矿藏、植物及土地或建筑物上的附着物,土地是美国不动产最基本、最普遍的形式,不动产法是美国财产法的核心。根据美国法律,对土地的所有权不仅是只对土地本身的权利,而且包括土地之上的一系列权利,比如对土地添附物的权利。

不动产的转让形式主要有买卖、赠与、遗赠和继承以及国家征用等。美国早期不动产法主要来源于英国普通法,美国独立后逐步改造普通法,废除了带有封建因素的土地占有制度和土地继承制度。为适应美国西部开发,以及建设开放性、近代化国家的需要,美国财产法强调和保护不动产的有效利用,比较早地允许不动产的自由买卖,这一原则构成美国不动产法的主要旋律。

二、契约法

在美国,契约的运用极其广泛,契约占主导地位被视为近代法的标志。契约法同财产法一样,是美国民商事立法的重要组成部分。美国契约法也是从英国普通法发展而来的,契约法的渊源主要有普通法和制定法。

在美国，契约关系主要由各州法律调整，基本上每个州都制定了本州的契约法，本州的契约法不仅适用于本州的法院，有时对联邦法院也有约束力。比较集中体现美国契约制度的文献是由美国全国统一各州立法委员会主持起草、推荐各州采用的1906年《统一买卖法》和1952年《统一商法典》。

在早期普通法中，契约法只占有极不重要的位置，封建制度的衰微和资本主义经济的兴起，使契约法的发展成为可能。适应着市场经济的发展，契约法成为法律的主体部分。19世纪以来，契约法领域不断扩大，契约法理论不断完善。近代美国契约法与当时的"自由放任"经济相适应，确立了契约自由原则，尊重订约双方当事人的自由意志，这一时期的判例和成文法都体现了这一原则。美国契约法和英国契约法一样，契约法理论将对价作为契约生效的前提。没有对价的契约不具有法律效力，这一原则要求，契约必须基于双方的交换需要，必须具有法律上的价值，而不仅仅是道德约束，否则，不具有强制性效力。至于交换价值是否对等、是否公平，法律一般不予干涉。

三、侵权行为法

（一）侵权行为法的渊源

19世纪是美国侵权行为法迅速发展的时期。在传统的普通法中，侵权行为方面的法律较少，美国在19世纪除了援用英国侵权行为法规则外，还创立了一些新的判例，逐渐确立了基本的侵权行为法规则。美国侵权行为法体系中，以州法律为主。

（二）侵权责任的基本原则

美国侵权行为法是随着工业革命的发展以及与这种发展相伴随的人身伤害的增多而迅速发展的。一方面法律要对受害人提供保护，另一方面又要保护企业不被侵权责任所束缚，不被侵权赔偿所拖累，保证整个经济的迅速发展。因而，在19世纪末之前，美国侵权行为法的基本倾向是对侵权赔偿加以限制，保护企业利益。这个时期的侵权行为法具有以下基本原则：

一是过错责任原则。美国侵权行为法认为过错即对公众不履行义务，被告没有做一个有理性的人应该做的。侵权责任以过错为基础，无过错则无责任。在这一原则下，原告不仅必须证明被告有过错，而且要证明自己无过错。

二是风险自负原则。如果原告自愿地受雇于人，接受了某项工作，就被认为他在自愿受雇佣的同时，也就自愿地承担了雇佣的风险，包括工作中受伤的风险，因而他就不能获得侵权赔偿。

三是他人过错原则。根据这一原则，在生产和工作过程中，雇员受到的损害如果是由于另一雇员的过错造成的，则受害雇员不能向雇主提起诉讼要求赔偿，只有当雇主个人的过错行为造成雇员的损害时，雇员才可以向雇主提起诉讼。雇主不对由于同伴工人的过错引起的损害承担责任。

四是近因原则。要求承担侵权责任者的行为必须是造成侵权后果的最接近的原因，中间不应有其他原因的介入。

五是豁免原则。根据这一原则，政府以及慈善机构、医院等可以免于侵权之诉。

但是从 19 世纪的下半叶开始,侵权行为法的原则开始发生变化,社会正义和归责原则的公平性问题被引入侵权行为法领域,侵权行为法发生了较多变化,主要有以下方面:

第一,比较过错原则。“比较过错”在 19 世纪下半叶的一些州法院的判决中经常出现,但作为归责原则的广泛应用则到了 20 世纪。在这段时间内,侵权行为法通过判例和成文立法得到了很大的发展。

第二,事实自证原则。该原则的意思是指甲(原告)被坠落物砸伤,坠落物的主人乙(被告)如果不能证明自己无过错,则必须要承担侵权赔偿的责任。因为默认如果尽到了安全义务,坠落物就不可能会自己坠落。这一原则之后在船难、撞击、爆炸等情形造成的伤害责任归属问题的判定中被广泛应用。

第三,绝对责任原则。在铁路交通等行业造成的损害中实行绝对责任原则。

第四,废除他人过错原则和豁免原则。联邦和很多州都制定法律,确立了工人有权因同事的过错导致的伤害获得赔偿的原则。政府、慈善机构、医院等不再享有侵权诉讼的豁免权。

第五,侵权行为法的调整范围扩大。除了财产权利保护外,人身权利保护也成为侵权行为法的重要内容。

四、婚姻家庭法

婚姻家庭法主要是州法,是在普通法基础上发展起来的,各州的具体规定也有一些差异,并制定了一些成文法以进行补充。

依照普通法,婚姻关系被看作契约关系,由具备结婚条件的男女双方订立。美国在接受普通法婚姻传统时,对普通法婚姻制度进行了改造。从联邦范围看,主要存在着宗教的和民事登记的两种婚姻形式。一些州规定只要登记,婚姻即为有效。有的州要求到教堂举行宗教仪式,此外,近代还有依习惯结婚的方式,只要双方同意结婚并以夫妻相待而同居时,就是合法婚姻。

夫妻关系早期实行“夫妻一体”原则,已婚妇女没有单独的居住权和其他民事权利。1848 年第一次妇女代表大会后,妇女获得了一些权利,如承认妻子的独立住所等。直到 20 世纪初期,妇女才逐步取得了独立于男子的经济权、财产权以及选举投票权等权利,妇女的地位才开始得到真正改善。

美国独立后,在离婚许可上南北差异很大,南部比较严格,离婚仍然和独立前一样少见。关于离婚理由,大部分州遵循过错原则,即离婚诉讼的被告必须有婚事不法行为,而且要求原告自己没有婚事不法行为。比如纽约州仅将通奸规定为绝对理由,而伊利诺伊州则规定重婚、通奸、遗弃一年以上等都是离婚的理由。自从 20 世纪 70 年代开始,离婚问题的过错原则被破裂原则所取代。1970 年 1 月 1 日生效的加利福尼亚州新离婚法标志着摒弃过错原则、支持破裂原则趋势的开始。1970 年后,美国全国统一各州立法委员会制定了《统一结婚离婚法》,但很长时间内,许多州并未采用。

五、《统一商法典》

美国长期没有统一的商法,其概念和范围也不清楚,19 世纪末,美国以统一法律为目的，兴起统一州法的运动。1892年成立的全国统一各州立法委员会拟定的法规草案经全体会议通过后，建议各州采用。受19世纪末英国商法领域成文化的影响，美国全国统一各州立法委员会相继起草并公布了一系列单行商法草案。它们大多效仿英国法，内容较为陈旧，因而各州并未普遍采用。

为了适应现代商事实践的需要，改变各州商法混乱的局面，进一步协调和统一商事法律，1940年，美国全国统一各州立法委员会主席施纳德建议，将过去的商事法规加以整理，编纂一部统一的商法典。此建议得到了美国现实主义法学家卢埃林的支持。因此，美国全国统一各州立法委员会和美国法学会起草、颁布了《统一商法典》。

美国《统一商法典》是美国商事法律不断统一的标志之一，它以合同法为主体，以买卖为中心，涉及一系列商事关系的程序和制度，但并不是对美国商事法律的全面编纂。根据目前多数州使用的1972年正式文本，法典分为10篇，包括但不限于总则、买卖、商业票据、投资证券、生效日期和废除效力等。可见，法典的内容主要是涉及商品买卖和与之相关的担保、票据等，不包括属于大陆法系商法范畴的破产、公司、海商法。而且，有关买卖的规定显然并不适用于不动产买卖。

法典总则宣布的法典宗旨是：使调整商业交易的法律更加简洁、明确并适应现代要求；使商业行为能够通过习惯、惯例和当事人的协议不断获得发展；在各种管辖范围内求得法律的统一。法典确立了美国商法的五项原则：商法应当合理并应承认商业习惯和管理；奉行诚实信用原则；寻求简化商业交易方面的法律规制；当事人在合理且不损害州利益的前提下，可以自由修改法典的规定；补救应被解释为使信守契约的受损害方能够恢复到原来的状态。

第五节 经济和劳动立法

一、反托拉斯法

美国是世界上第一个制定反垄断法的国家，资产阶级经济理论认为，自由竞争是促进经济发展的最有效的方法。19世纪下半叶，垄断已成为美国经济生活中的突出现象。托拉斯组织凭借其强大的经济实力，控制市场，规定市场价格，划分经营范围和销售地位，排挤和打击竞争者，损害中小企业及广大消费者利益，严重影响了自由经济的顺利发展，也与自由贸易、公平竞争观念形成冲突。面对这种状况，一方面，美国各州的立法不能有效地制止州际的或对外贸易上的垄断行为和不公平行为；另一方面，根据原有的普通法规范，法院对上述现象也缺乏有力的制裁措施，而遍及各州的反托拉斯运动空前高涨。在这样的背景下，反托拉斯法应运而生。美国反托拉斯法就是以反垄断、保护竞争为主旨的工商管理法规的总称，主要是美国联邦的法律。

联邦第一部反托拉斯法是1890年的《谢尔曼法》。其因由参议员约翰·谢尔曼（1823-1900年）提出而得名，正式名称是《保护贸易及商业免受非法限制及垄断法》。《谢尔曼法》

是美国反托拉斯法中最基本的一部法律，全文共8条，其主要内容规定在第1条和第2条中。第1条规定，以托拉斯或任何类似形式限制州际贸易或对外贸易者均属于非法，对违法者处以5 000美元以下罚款，或一年以下监禁，或二者兼有。第2条规定，凡垄断或企图垄断，或与其他任何人联合或勾结，以垄断州际或对外贸易与商业的任何部分者，均作为刑事犯罪，一经确定，处罚与第一条相同。《谢尔曼法》是美国历史上政府全面控制经济的首次尝试，因而向法院提出严峻挑战。首先，该法涉及大量的经济分析，其精密性要求远超过其他方面的案件；其次，该法所涉及的是庞大的公司、复杂的工业结构和广泛的商业活动，其档案材料浩如烟海；再次，该法本身措辞笼统，如“贸易”“联合”或“限制”等词义不确切，给司法解释带来难度。《谢尔曼法》颁布后遭到大量资本家的激烈反对，执行不利。1895年，联邦最高法院在“美国诉纳特公司”案的判决中宣布，制造业中的托拉斯并不从事商业，不属于联邦管理州际商业的权力范围，因而不适用《谢尔曼法》。1911年，联邦最高法院又在“美孚石油公司诉美国”案的判决中裁定，限制商业的活动是否非法，取决于这种限制活动是否“合理地进行”。至于哪些垄断行为“合理”，哪些“不合理”，则成为法院自由裁量的问题。

联邦第二部反托拉斯法是1914年的《克莱顿法》。该法是作为对《谢尔曼法》的补充，是由众议员克莱顿提出的，故称之为《克莱顿法》。该法明确了17种非法垄断行为，包括但不限于价格歧视、搭卖合同、在竞争性厂商之间建立连锁董事会等。《克莱顿法》的主要目的是制止反竞争性的企业兼并以及资本和经济力量的集中。关于非法兼并和合法兼并的确认原则是在该法实施过程中不断完善的。此外，由于工人运动的发展，它规定工会及农民组织不受《谢尔曼法》的限制。

联邦第三部反托拉斯法是《联邦贸易委员会法》。该法授权建立联邦贸易委员会，作为负责执行各项反托拉斯法律的行政机构，其职责范围包括：搜集和编纂情报资料、对商业组织和商业活动进行调查、对不正当的商业活动发布命令以阻止不公平竞争。

以上这几项法律至今仍是美国反垄断、管理州际贸易和对外贸易的主要法律。从性质上看，《谢尔曼法》兼有民法和刑法的性质，《克莱顿法》和《联邦贸易委员会法》则属于民法范畴。从发展上看，1936年《罗伯逊—帕特曼法案》是对《克莱顿法》第2条的修正，主要目的是禁止那些可能会削弱竞争或导致市场垄断的价格歧视；1938年《惠勒—利法》修改了《联邦贸易委员会法》第5条，规定了除不正当竞争方法外，不正当或欺骗性行为也属于违法，这一修改的目的是将该法的适用范围扩大到那些直接损害消费者利益的商业行为；1950年《塞勒—凯弗维尔法》和1980年《反托斯拉诉讼程序改进法》分别对《联邦贸易委员会法》第5条和第7条做出修正。

二、劳动立法

劳动立法属于联邦制定法。美国的劳动立法晚于其他法律，美国劳动者与工会之间的问题(以下简称劳工问题)被作为法律的重要话题是在南北战争以后。美国劳工关系的调整长期依赖着判例法，传统的判例法确立的是一种劳资双方权利、地位极不平等的基本格局。法官往往站在雇主的立场，做出不利于被雇佣者的裁决。在诉讼中，法院也往往以契约自由原则等为理由否定工人所主张的权利，免除企业主的法律责任。19世纪末，美国一些州通过立法对工人最长工作时间、最低工资、童工问题等做了规定，但直到 20 世纪初，最高法院仍以这类理由否定关于工作时间、禁止雇佣童工、保证最低的工资等争端过程中发布的禁止令等法规的效力。在 19 世纪末以前，美国劳工之间的纠纷都以倾向保护雇主利益、限制工人权利结束。

19 世纪最后 10 年，劳工运动取得了极大的进展，各州制定的劳工保护法日益增多。有的州禁止将工人列入黑名单，有的法令对雇主支付工人工资的方式和时间做了规定，有的甚至惩罚侵害工会称号的行为。

20 世纪 30 年代，由于经济危机等原因，导致工人运动进一步高涨。1932 年，联邦国会颁布了《诺里斯—拉瓜地亚法》，该法赋予工人签订集体契约的权利，禁止对工会适用反托拉斯法。作为罗斯福"新政"立法的一个组成部分，美国制定了一系列劳工法，对劳工关系进行调整。如 1935 年的《国家劳工关系法》，其规定工人有组织、成立和参加劳工组织的权利，有选派自己的代表进行集体谈判的权利，有为了集体谈判或出于其他互助或保护的目的采取一致行动的权利。这一时期的劳工法注意到了对工人权利的确认和保护。这些法律实施的结果，引起了资产阶级保守派的激烈反对，因此 20 世纪 40 至 50 年代，美国又制定了一些反劳工法律。

20 世纪 60 年代后，美国的劳工关系法逐步走向民主化，现代美国劳工法包括工资和工时、劳动保护与安全卫生、职业教育、劳动仲裁以及劳资关系调整等方面的内容，形成了比较完善的劳工法体系，即劳动法体系。

第六节　刑　　法

一、刑法的结构体系

美国刑法由联邦法和州法两部分组成，根据联邦宪法关于联邦权限的规定，有关伪造合众国证券和通行货币的惩罚、有关海盗罪和在公海上所犯的重罪以及违反国际法的犯罪行为的界定和惩罚、对叛国罪的宣告和惩处等都属于联邦刑事法律的范畴，其立法权由各州行使，州刑法构成刑法的主体。联邦国会通过联邦刑法，由联邦刑事执法机构、联邦检察院、法院、监狱等系统执行。各州议会制定本州刑法，由州和县的检察院、地方和州一级的法院、州或地方监狱行使刑事司法权，大部分刑事司法活动是在州和地方政府主持下进行。但联邦刑法的权限在整个 20 世纪的扩张势头锐不可当。今天，联邦刑法可被用来起诉许多在传统上被视为归州负责审理的罪行。

联邦刑法和州刑法都表现为制定法和判例法两种基本形式。联邦以宪法形式对叛国罪做了特别规定："对合众国的叛国罪只限于同合众国作战，或依附其敌人，给予其敌人以帮助和支援。无论是谁，除了根据两个证人对同一明显行为的作证或本人在公开法庭上的供认，不得被定为叛国罪。"最早的联邦刑事立法是 1970 年的《治罪法》，该法对叛国罪、海盗罪、伪造罪、伪证罪等犯罪做了规定。以后陆续制定和汇编的刑事法律，都对重大犯罪做了明确规定。在司法实践中，联邦法院也以判例形式吸收、运用普通法制度。

二、刑法的历史发展

美国刑法是在普通法基础上发展起来的，殖民地时期不仅沿用英国判例法，而且有些上诉案要到英国审理。独立后，美国通过成文立法和新判例对普通法进行了改造并创立了自己的刑法制度。从 19 世纪开始，刑事成文立法大量出现，如 1876 年，纽约州制定《埃尔米拉教养院法》，规定纽约州在该市设立的教养院里，对犯人分类管理，区别对待，给予职业训练和就业机会。刑期不定，根据表现可长可短，表现好的可在实现监督的条件下予以假释。该法第一次确立了假释制度和不定期刑制度。很多州还制定了自己的刑法典。在 20 世纪以前，由于联邦法和州法体系双重结构的特点以及判例法和制定法并存，刑法表现出繁杂性和不统一性。

20 世纪，刑法逐渐走向统一。20 世纪 30 年代，美国着手统一各州刑法工作。1962 年，通过了由美国法律协会拟定的《标准刑法典》，该法典的宗旨在于促使联邦和州对刑法进行全面审查，并为联邦和州刑法的修改和制定提供范本。该法典颁布后，虽未被各州所采用，但对各州刑法的统一有重要意义，现 2/3 的州都以它为范本修改或制定自己的刑法。1966 年美国国会建立的联邦刑法改革委员会于 1970 年又提出一个刑法草案并于 1979 年由参议院通过，刑事法律制度的改革和完善成为趋势。从刑法内容的变化来看，20 世纪中叶以前，刑法日益加强镇压职能，20 世纪初制定了一些旨在加强镇压的法律。20 世纪中叶以后，对刑法进行了改造，刑罚趋于缓和，出现轻刑化、非刑事化趋势。具有现代特征的刑事立法出现，如行政法、经济刑法等。

三、刑法的基本特点

美国没有像大陆法系国家那样的综合性和抽象性刑法典，因此，美国刑法在理论上缺乏明确的犯罪概念，但联邦宪法对叛国罪做了特别规定。

犯罪的分类是美国刑法的一个重要问题，美国刑法根据不同的标准对犯罪做了不同的分类：

(1) 按照犯罪行为的危害性程度划分，分为重罪与轻罪。

(2) 按照法律渊源划分，有普通法的犯罪(普通法上规定的犯罪)和制定法的犯罪(制定法上规定的犯罪)。

(3) 按犯罪性质划分，有本质邪恶的犯罪(违反人类同情心和正义感的犯罪，行为本身具有明显的反社会性和反道德性，不需要法规也可做出负面评价)和法规禁止的犯罪(其行为本身没有明显违反传统道德与伦理观念，只是由于法律禁止才被认定为犯罪)。

第七节 司 法 制 度

一、双轨制的法院系统

美国有两套法院组织系统，一套是联邦法院组织系统，一套是州法院组织系统，彼此独立，并无从属关系，只是在司法管辖范围上有所分工。

(一) 联邦法院组织系统

1789年美国第一届国会颁布的《司法条例》经过多次修改，基本部分至今仍然有效。它规定美国联邦法院系统包括联邦最高法院、联邦上诉法院、联邦地区法院和联邦专门法院。美国联邦法院第一审是事实审，第二、三审是法律审。第二、三审原则上对第一审已经认定的事实不再审理，除非在事实认定的过程中有瑕疵，第二审才会发回第一审重审。所以，第一审的法官需要具有非常高的公信力和权威度。

1. 联邦最高法院

联邦最高法院是联邦法院系统中的最高一级，设立在美国首都华盛顿。它是根据联邦宪法和1789年《司法条例》成立的。最初由首席法官1人和法官5人组成，后来法官人数几经变动，至1869年国会以法令规定由首席法官1人和法官8人组成，至少有6人出席时才能开庭审理。最高法院法官由总统提名并经参议院同意后任命，可以终身任职，除因“行为不当”受到国会弹劾外，不得免职。最高法院审理涉外案件和以州为当事人的案件，以及不服州法院裁决的上诉案件。此外，最高法院还审理通过移送令转呈的案件，这类案件是当事人对联邦上诉法院或各州最高法院或联邦专门法院的判决不服，经特别申请获得最高法院同意，颁发移送令，调卷予以重新审查的案件。除初审案件外，联邦最高法院只就案件涉及的法律问题进行审查。最高法院首席法官主持开庭，担负行政职责，他对法院的审判活动有重大影响。

2. 联邦上诉法院

联邦上诉法院也称巡回上诉法院，是联邦法院系统的第二审法院。美国共有13个联邦上诉法院，分布于按美国地理位置区域划分出的13个巡回区里。其中11个巡回区包含两个以上的州，其中较为特殊的是“哥伦比亚特区巡回上诉法院”和“联邦巡回上诉法院”，“联邦巡回上诉法院”专门处理专利或与联邦政府有关的契约诉讼案件。与第一审同级的“联邦赔偿法院”与国际贸易法院，其上诉的案件由“联邦巡回上诉法院”审理。联邦法院系统中也有与联邦上诉法院同级的专门法院，如“军事上诉法院”等。联邦法院法官由联邦最高法院首席法官提名，总统任命，终身任职，法官人数视工作需要而定。

3. 联邦地区法院

联邦地区法院是联邦法院系统的第一审法院，在各州设立1至4个不等，全美共有99个。每个法院的法官从1至27名不等，全国共有四百多名地区法院法官。地区法院法官由最高法院首席法官提名，总统任命，终身任职。地区法院是联邦法院系统内唯一实行陪审制的法院。地区法院对于联邦司法管辖权限内的案件具有初审管辖权。

4. 联邦专门法院

除上述联邦普通法院外，美国联邦法院系统还另外设有法院。主要包括联邦权利申诉法院、关税和专利权上诉法院、税务法院以及军事上诉法院。某些联邦行政上的独立管理机构也具有部分司法权，可以就其职权范围内的争议做出裁决，如联邦贸易委员会、全国劳工关系局等。

(二)州法院组织系统

美国州法院的设置,由各州法律自行规定,因而各州的各级法院名称、组成、管辖权均不一致。州法院一般分为四级:州最高法院、中间上诉法院、事实审法院和“小法院”。

州的最高一级法院一般称作最高法院,只审理上诉案件,并且有权通过审理具体案件宣布州的立法是否违反州宪法。州最高法院配置法官5至9名,其中包括首席法官1名。法官多由选举产生,有的州则由州长任命、参议院批准。各州对法官的任期规定不一,多数州为6至10年。

“事实审法院”在各州也有不同的名称,例如,在纽约州以“Supreme Court”称为“事实审法院”。对于小法院已经认定的事实,上诉到“事实审法院”时,原则上就事实部分重审,若事实及法律部分均必须重审,则称为“Trail Novo”。每个小法院都有确定的管辖范围,而“事实审法院”原则上有一般管辖权,对于任何案件都有管辖权。有些州特别设立“专属管辖法院”,对于特殊案件由特别法院来审理,如遗产继承法院、青少年法院等。

州的第一审法院统称为“小法院”,各州的小法院使用的名称并不一致,如“治安法院和警察法院”,处理违警案件;“交通法院”,对于违反交通规则的案件,则在这个法院审理;“小额诉讼法院”,诉讼标的额不超过一定数目的案件,由这个法院审理。在市区,小法院一般是各市法院、警察法院、公证法院、青少年法院。不服小法院的判决可以进入第二审法院,如“事实审法院”。

二、违宪审查权

违宪审查权,又称司法审查权,是指美国法院拥有对立法和行政行为是否符合宪法进行审查的权力。而联邦最高法院之所以对美国的政治法律和经济生活具有极强的影响力,正是由于它拥有司法审查权。著名的1803年“马伯里诉麦迪逊案”开了美国联邦最高法院司法审查的先例,确立了美国的违宪审查制度。根据这一案件所确立的原则,美国联邦最高法院有权通过相关案件的审理,解释宪法并宣布联邦法院或州宪法和法律是否符合联邦宪法。联邦最高法院在具体案件的审理中,如发现州宪法和法律或联邦法律与联邦宪法相抵触,可宣布其违宪。某项法律一经宣布违宪,法院便不能再援用。联邦最高法院在行使司法审查权时遵循的一项重要原则是:“政治问题回避”,司法审查权的行使仅限于司法问题而不涉及政治问题。在司法实践中,司法问题和政治问题的划分有时候是相当微妙的。联邦最高法院通过司法审查权的行使对美国宪法和法律的发展产生深刻的影响。

司法审查作为一种权力和制度,以分权、制衡和法治原则为基础,在维护资产阶级民主制度,调整联邦和州的矛盾冲突,调整行政、立法、司法三机关的关系过程中发挥着重要作用。

三、诉讼制度

美国的诉讼制度因袭英国普通法,适用普通法院和衡平法院二元诉讼制度。独立后,美国宪法及其修正案和1789年《司法条例》都对诉讼制度和程序做了原则性规定。在19世纪的法律改革中，各州相继进行民事诉讼和刑事诉讼立法，规定本州法院适用的诉讼程序规则，各州法院根据自己的诉讼程序进行工作，但诉讼制度的基本方面与联邦相似。

（一）民事诉讼

1938 年，联邦最高法院颁布了《联邦诉讼规则》，使联邦法院的诉讼程序走向统一和简单化、现代化，并推动了各州诉讼程序的改革和统一。

传统的普通法民事诉讼程序由诉答和开庭审理两个阶段构成。在诉答阶段，当事人之间只确定争论点而不交换证据。美国民事诉讼制度是在英国法当事人主义诉讼观念和诉讼框架下，适应近代资本主义市场经济发展的需要而建立起来的，是一种当事人在诉讼中起主导作用的诉讼法律制度。

1920 年《联邦民事诉讼规则》的一项重要改革和发展是：在诉答程序之后规定了发现程序，即将当事人在庭审前向对方收集和调查证据作为一个诉讼阶段和诉讼权利规定下来，这不仅在一定程度上防止了传统诉讼制度中很容易出现的当事人之间庭上突袭问题，而且对英美法系的当事人主义机制产生了巨大影响。为加强对发现程序的监督和管理，防止发现程序滥用，美国在 20 世纪 80 年代至 90 年代，围绕法院如何加强审前程序的管理问题，对《联邦民事诉讼规则》进行了几次重大修改，1993 年 12 月，美国联邦最高法院又进一步修改《联邦民事诉讼规则》，规定了强制出示制度，即当事人向对方收集信息和证据之前应主动向对方提供与该请求相关的信息和证据。

美国民事诉讼的基本程序包括：起诉、初审、上诉审、发布执行令。民事审判采取辩论制，由权利主张者承担举证责任，并实行“占有优势证据”的证据原则，即想要胜诉，必须提供至少 51%以上的有力证据。

（二）刑事诉讼

刑事诉讼一般在犯罪地法院提出。宪法修正案前 10 条和“正当法律程序”等条款规定了公民在诉讼方面的一系列权利。例如，没有合理根据不得发出搜查和扣押状、刑事案件中不得强迫任何人自证其罪等。

刑事诉讼程序始于警察侦察，然后是公诉、审判、上诉、执行。

刑事诉讼程序与民事诉讼程序的区别有以下几点：一是刑事案件由检察官公诉和人民告发；人民告发限于轻罪。有些州设立大陪审团，对控告人提出的罪证是否充足、应否公诉做出结论。二是法庭辩论主要在被告律师和公诉人之间进行。三是刑事审判实行无罪推定，有罪判决必须以“毫无合理怀疑”的证据为原则。

（三）陪审制度

美国宪法第六条修正案规定，在所有刑事案件中，被告有权要求罪案发生地之州和区的公正的陪审团予以迅速而公开的审判。美国宪法第七条修正案规定，在联邦法院审理的诉讼标的的价值超过 20 美元的民事诉讼案，当事人有权要求陪审团审判。据此规定，在民事、刑事诉讼中均实行陪审制。陪审团分为大陪审团和小陪审团。大陪审团只适用于刑事案件，其主要职责是决定是否起诉；小陪审团在刑事诉讼中，通过对案件事实的认定，决定嫌疑人是否有罪，在民事诉讼中决定是否赔偿。

第八节　美国法的历史地位

一、美国法的历史地位

在普通法系中，美国法占有重要地位，独立战争以来的二百多年时间里，美国法律经历了独特的发展道路。美国在接受英国普通法传统的同时，以深刻的批判精神和创新精神建立了符合美国国情、独具特色的法律制度。在普通法法系中，美国法占有重要地位，成为普通法系中与英国法并驾齐驱的又一代表性法律。

美国创造了对宪法产生深刻影响的近代宪政思想和制度，制定了世界上第一部资产阶级成文宪法。宪法中所体现的分权、制衡和法治原则，奠定了资产阶级宪法的基本格局，并对整个近代时期的资产阶级宪法实践产生了深刻影响。

美国首创违宪审查制度，这一制度真正赋予了宪法以根本法的地位，它将一切法律都置于宪法精神的统治之下，一切的法律权利最终都起源并归结于宪法权利。这一制度的实施，不仅对维护法制的统一、调整统治阶级内部关系有着积极意义，而且创造了发展宪法、实施宪法监督和保障的独特模式。因此，世界上许多国家纷纷效仿，先后建立了各具特色的宪法监督和保障制度，以维护宪法的权威。在违宪审查权的行使过程中，法国等大陆法系国家还进一步创造了被称为"抽象的原则审查"或"预防性审查"的制度，即由宪法法院依照法定程序，在某项法律颁布以前对其进行合宪审查。美国的违宪审查制度开启了世界宪法监督和保障制度的先河，推进了宪政制度的发展。

美国根据宪法的分权原则和本国实际，创造了立法和司法的双轨制，这种体制及其运作为中央和地方关系的协调提供了经验。美国颁布了世界上第一部反托拉斯法，最早建立了反垄断法制度。美国的《统一商法典》是以成文法改造普通法的成功尝试。美国刑法率先创造了缓刑制度，并将教育刑观念和人道主义观念引入刑法的改革。此外，美国法在继承普通法和建立本国法过程中所表现出来的批判和革命精神也是值得各国法制建设予以借鉴的。所有这些都决定了美国法在普通法系，乃至世界法的发展中的重要地位。另一方面，美国法在它的历史发展中，也曾以它的一些反民主立法对世界法的发展产生过消极影响，如种族歧视性立法等。

二、美国法律制度的特点

美国法律制度以英国法为基础，两者共成一法系，即英美法系。但是，美国法制在相当大的程度上具有某些不同于英国法制的独创性。

(一) 美国法与英国法的共同点

(1) 以判例法为主要表现形式。英美法律的主体部分是判例法，法律的创制、法律原则的形成和发展以及法律的解释往往是通过判例形式实现的。尽管 19 世纪末以来，英美两国制定法的地位日趋重要，但始终保持了判例法的主体地位。即便制定有法典，在体系、结构和适用方面也与大陆法系国家的法典有重要区别。

(2) 判例法实行"遵循先例"的原则。在此原则下,法院判决创制的先例对以后的同类案件具有拘束力。在司法实践中,法院和法官享有重要地位,法官不仅享有司法审判权,而且享有司法解释权以及由"先例"原则所决定的实际上的立法权。在审判风格上采用归纳的推理方式。

(3) 强调程序法的重要性。虽然随着程序法的改革和制定法的增加,实体法越来越受到重视,但传统的"程序中心主义"影响仍很强烈:"正当程序"原则得到充分强调。

(4) 没有对法律部门进行系统分类。在英国和美国,没有一个独立统一的民法部门,而是分为财产法、契约法和侵权行为法等。行政法和商法也不是独立的部门,更没有与之相应的独立法院系统。

(二) 美国法与英国法的不同点

(1) 法律移植中的批判精神。美国法继承了英国普通法传统,英国的很多普通法判例被美国直接援用,但美国对英国法的运用,以符合美国的国情为前提,对不适合本国国情的普通法规则不予适用。如改革了英国法中的不成文宪法传统,创造了成文宪法和富有特色的宪法制度;改变了普通法的诉讼制度,取消了"普通法之诉"和"衡平法之诉"的区分,简化了繁琐的诉讼程序。在适用"先例"原则时,美国法认为,如果固守先例会不利于案件的公正处理或不利于法律发展时,就不恪守先例,等等。

(2) 立法和司法双轨制结构。美国是联邦制国家,联邦和各州有独立的立法机关和司法系统,因而,联邦和各州有不同的制定法和判例法。在制定法方面,联邦和各州的立法权的划分由宪法规定。1787 年美国联邦宪法以逐项列举的方式规定了联邦立法权的范围,未经列举的权力一概归各州保留行使。这样,联邦除行使宪法规定的立法权外,没有统一的立法权,刑事和民商事务方面的立法权基本属于各州,但各州的立法不得与美国宪法或美国与他国订立的条约相抵触。

(3) 判例法与制定法并重,理论和实践互补。美国法虽然以判例法为基础,但较早地表现出重视制定法的趋向。美国不仅颁布成文宪法,而且进行大量的法典编纂和法律汇编工作。特别是 20 世纪后,美国成文法的数量和范围都有了较大幅度的增加和扩张。除联邦法外,各州都有大量的成文立法。在强调法院和法官的作用的同时,美国也注重法学家的作用,比如由律师、法官和法学教授共同完成的《法律重述》对美国司法实践具有一定的影响。

(4) 制定法和判例法更具有灵活性。英国强调议会主权原则,国会是唯一的立法机关,因此,国会通过的法律具有优先于判例的效力,法院必须遵守。美国联邦最高法院自 1803 年开创了具有解释宪法和违宪审查权的先例后,美国的制定法较之英国更具有灵活性。英国自 19 世纪确立了判例法上遵循先例的原则,美国虽然也适用这一原则,却不如英国那样严格,联邦和各州的最高法院常常在不同时期做出前后矛盾的判决。

(5) 种族歧视色彩。美国法律的这一特点不仅表现在美国独立前各州颁布的确定黑人奴隶身份、控制和镇压黑人奴隶的法典上,而且明显地表现在美国 1787 年的联邦宪法中。该宪法虽然没有使用"奴隶"一词,但却使用了"其他人口"的词语,在计算各州选民人数时,奴隶按 3/5 人口计算。宪法中还规定,国会在 20 年内不准干涉奴隶交易。南北战争后,美国以宪法修正案形式废除了奴隶制，但以1866年密西西比州的《黑人法典》为开端，南部各州纷纷制定类似的对黑人实行歧视的法律。19世纪末，联邦最高法院在“普莱塞诉弗格森”案的判决中，提出了“隔离但平等”原则，该原则认为对黑人实行隔离是合法的，只是要提供与白人一样的平等的设施。这些立法和判例原则虽然在以后因遭到反对而被废除，但黑人的地位直到20世纪60年代才有所改善。

本章习题

1. 美国法律制度的渊源有哪几个？其特点分别是什么？
2. 美国1787年联邦宪法的基本原则有哪些？
3. 美国行政法的主要特点是什么？
4. 美国法中侵权责任的基本原则发生了何种变化？
5. 简述美国法和英国法的异同。

|第六章|

法国法

本章重点

《人权宣言》;1793 年、1875 年、1958 年宪法;宪法文化的特点;行政法;法国民法典;1810 年刑法典;大陆法系;法国法的历史地位

第一节　封建时期的法国法

一、法国封建法的形成和发展

法国封建法一般是指从 9 世纪法兰西王国形成至 1789 年资产阶级革命爆发为止法国的法律制度,其发展经历了封建割据、等级代表君主制和专制君主制三个阶段。

(一) 封建割据时期(9-12 世纪)

这一时期由于自然经济占统治地位及政治上的分裂,法国实行“附庸关系间接化的原则”,国王与其他封建主平起平坐,国王只能在自己直辖领地上行使权力。各大封建主在自己领地上享有独立的政治、军事、财政和审判权力。其法律制度的发展具有如下特点。

1. 法律分散,极不统一

不存在全国性的立法机构和司法机构,没有统一的王室法令。每个地区、每个领地、每个庄园都适用本地不成文的习惯法。

2. 占主导地位的是习惯法

习惯法又分为一般习惯法和地方习惯法,前者在一个较大的地区适用,如巴黎习惯法、诺曼底习惯法等六种。后者只适用于一个领地、一个庄园、一个村庄、一个城市,这样的习惯法在法国有 300 种左右。

3. 在法国南部形成了成文法区

法国不仅存在大量日耳曼习惯法,还有一个罗马法区或成文法区。由于北部主要采用习惯法,故称北部为习惯法区;南部地区由于与罗马法有着很早和直接的联系,因此一直采用罗马法,故被称作罗马法区或成文法区。

(二) 等级代表君主制时期(12-16 世纪)

等级代表君主制是封建割据到君主专制的过渡时期。11 世纪法国手工业、商业兴起,城市开始出现,市民阶级反对封建割据,与王权联合,在政治上建立了等级代表君主制。这一时期法国封建法发生了变化。

(三) 专制君主制时期(16-18 世纪)

这一时期,王权进一步强大,市民阶级要求取消封建割据,资产阶级与封建贵族达到势均力敌的程度,王权成为介于两者的中间力量,王权利用资产阶级的金钱限制大封建主的权力,统一法国,建立强大的专制君主制。

二、法国封建法的渊源

(一) 土地习惯法及其汇编

13 世纪,法国出现了许多私人完成的,但具有很高权威性的习惯法集录。如《诺曼底大习惯法法典》《圣路易习惯汇编》《波瓦西习惯集》等。但这些习惯法并不能涵盖法国北部的全部习惯法。在当时法国有许多领主法院,它们依当地习惯法审判;在王室领地内,有一套法院体系,它们也以尊重地域习惯法为宗旨。因此,国王开始编纂官方习惯法汇编,重要的有《奥尔良习惯法汇编》《波瓦西习惯集》《不列塔尼习惯汇编》等。

(二) 王室立法

这一时期王室立法增多,主要涉及国家机关、司法组织和诉讼程序方面的规定。与此同时,13 世纪,法国设立巴黎巴列门法院(巴黎高等法院),作为北部地区所有案件的上诉法院,其判决对北部各地均有效力。与王室立法加强的同时,教会法开始从其鼎盛时期走向衰落,表现为教会法的作用逐步受到限制。

(三) 国王法令

国王立法不仅在数量上激增,而且涉及范围也日益广泛。在路易十四、路易十五时代,法国君主专制的立法尤为重要。路易十四时期的立法包括 1667 年《民事诉讼法令》、1670 年的《刑事法令》、1673 年《商法典》和 1681 年《海商法典》。路易十五时期有《赠予法》(1731 年)、《遗嘱法》(1735 年)、《继承人补充指定法》(1747 年)等。1679 年以后,法国所有大学的法律学科都必须开设有关王室法令的课程,国王法令的重要性与日俱增。

三、法国封建法的基本制度

(一) 封建土地所有制

法国封建法体系可以划分为两个时期,9-11 世纪为第一时期,此时的封建关系受习惯法调整;11-15 世纪为第二个时期,出现了调整封臣与领主关系的封建法和调整领主与农民关系的庄园法。

1. 封建的封臣与领主的关系

(1) 封建土地所有权。贵族土地所有权有三种形式,即自主地、封地和恩地。自主地是指国王和第一等级大贵族占有的领地,它是一种完全的土地所有权地产,可以不尽任何义务地占有、使用、收益、世袭。封地和恩地都是属于一种有条件的土地所有权,属于最普遍的土地所有权形式。

(2) 封臣与领主的关系。在 9-10 世纪，封臣对领主有人身依附义务。到了 11-12 世纪，封臣对领主各种形式的人身依附转变为各种财产义务。首先，服兵役的义务一般由支付金钱代替；其次，嫁封臣女儿的义务一般以在封臣女儿结婚时一次性征税代替；最后，获得人身帮助的权利一般也以征收各种捐税代替。在 11-12 世纪，领主的经济支配权受到了严格的法律限制。11 世纪形成了“实际占有”的概念，一个处于“实际占有”状态的人，任何人都不能强行剥夺他的权利，他的动产也不能违背他的意愿合法地被没收，甚至他的领主也一样不能如此。因此，土地可以由封臣的后嗣继承，封臣也可以转让土地。而且封臣对土地的管理也逐渐摆脱了领主的严格和亲自监督。

2. 封建庄园法

调整领主与农民关系和农业生产关系的庄园法在 11-12 世纪形成并发展起来。8-9 世纪，包括自由农、奴隶和隶农等在内的各种农民都作为农奴而卷入领主的封建庄园。封建庄园内的农奴具有如下特征：

第一，与奴隶和大多数奴隶不同，他们并不为一个主人所拥有，也不得被买卖；他们能够订立合法的婚约；他们可以衣食自给；他们对房屋、土地和财物享有某些权利。

第二，与自由农和大多数自由农不同，他们被束缚于土地之上，未经主人许可不能离开土地，当土地转移时随土地一道转移；他们须在领主的领地上从事繁重的劳役；他们须对自己持有的土地向领主以实物和货币缴纳各种捐税；他们使用和处分土地的权利受到严格的限制，当他们死亡时，财产权归领主所有。

第三，农奴份地是从领主庄园的主地产中分得的。但农奴要对领主的庄园服劳役并履行其他义务，而领主则对他们所属的农奴行使经济、税收、治安和司法的权利。领主也可以随意安排其他任务。

(二) 债权法

根据朴蒂埃的债权理论，债的核心是契约，契约的本质是合意。9-11 世纪，在法国订立契约时开始注重双方的协议，债务关系也从人身担保转到财产担保。债务人不能清偿债务时，债权人不能扣押债务人人身和把债务人作为奴隶抵债，而只能以其财产来清偿。13-14 世纪出现无占有抵押，即不转移质物的占有，债务人占有质物并取得收益，但不能处分质物，若不能清偿债务，债权人可直接取得该质物的所有权，或将其出卖后用价金来清偿。法国封建时期的契约种类有买卖、借贷、承揽、雇佣、保险、代理等。

(三) 婚姻家庭与继承

法国封建时代的婚姻家庭与继承制度主要由教会法管辖。在婚姻家庭方面实行家长制；在继承方面，对动产实行遗嘱继承，对不动产实行长子继承。

(四) 犯罪与刑罚

法兰西王国的王室刑法把犯罪划分为三种。

1. 可处以死刑的犯罪

此类犯罪包括谋杀、叛国、暴力杀人、强奸、纵火、抢劫、异端、伪造货币、越狱、投毒和企图自杀。先由犯罪人财产所在地领主没收行为人的私人财物。死刑的执行方法通常是拖死和绞刑，对异端处以火刑，将伪造货币者先投入沸水中煮泡，然后再绞死。

2. 可处长期监禁的犯罪

此类犯罪包括作假证、勾结商人或工匠以图谋抬高物价，并对那些不加入者进行威胁的犯罪行为。监禁期限由法官酌定。

3. 只处罚金的犯罪

此类犯罪包括伤害、不服从领主命令等。

(五) 司法制度

1. 法院组织

法国封建制时期存在四种法院：王室法院、领主法院、教会法院和城市法院。13世纪，巴黎高等法院设立，它主要是一个上诉法院，并分设三院：第一、二院审理民事案件，第三院审理刑事案件。

2. 诉讼程序

法国封建诉讼法的特点如下：

(1) 采取书面诉讼程序。当事人互相交换书面的起诉书与答辩书，采取秘密形式的书面讯问和证人宣誓证据制度，法院的判决表达在书面的裁定和推理的意见中，当事人互相对问题提出异议，审查人的裁定被记录下来。

(2) 严格的证据制度。在法国封建时代，有八种证据：宣誓，书面文件，司法决斗，证人，法庭记录，对方供认，法院通知，推定。其中证人证据最具有进步意义。

(3) 代理人制度。当事人可授代理权予亲属、朋友和其他代理人，由其代理出庭。后来出现了律师阶层，其活动受王室法令管辖。

(4) 纠问程序。在法国封建诉讼程序中，法官以职权主义询问当事人和证人，并命令他们发誓。最初，该方法在王室法院适用，后成为重要的诉讼方法，逐渐取代宣誓和决斗。

第二节　近代以后法国法的发展

一、大革命时期的立法

(一) 法国大革命

1789-1799年，法国资产阶级开始创建资产阶级法制。一些学者将此时的立法称作过渡时期法，它对近代法的发展具有不容忽视的重要意义。

首先，大革命时期颁布了《人权宣言》和1791年、1793年、1795年、1799年四部宪法，它们开创了“近代立宪主义型市民宪法”的典型。法国大革命否定国家权力属于君主所有的君主权，引进了国家权力属于“国民”所有的“国民主权”。在平等的名义下废除了贵族的特权，无论贵族或平民，无论天主教徒或新教徒，在法律面前，人人平等。大学作为培养特权阶层的机关而被废除，随即又废除了勋章和法官长袍。在私法领域，通过没收教会和流亡贵族的土地以及反革命分子的土地财产，废除了封建土地所有制；修改了继承法；将户籍和婚姻制度从教会的桎梏中解放出来,成为单纯的民事制度;承认离婚自由;实行非婚生子与婚生子的权利平等。在法的各个领域都贯彻了革命的理论。

(二) 革命时期的主要法令

这一时期,立宪会议还制定了一系列单行法规和法典,进行了革命后的立法改革。1789 年颁布法律,废除了教会和神职人员的特权。1790 年贵族制度被取消,并废除了一切贵族爵位和封号。1791 年颁布法律,禁止行会的存在,确立了商业自由,消除所有阻碍商业发展的封建障碍,统一了税收制度。这些改革沉重地打击了法国的封建势力。

1791 年曾制定过一部较为进步宽和的刑法典,由于处在大革命的风暴之中,未能得到很好的执行。制定一部统一的民法典曾是法国资产阶级革命初期的重要立法设想,但这一工作在立宪派统治时期未能实现。

立宪派统治时期虽进行了一系列立法改革,打击了封建势力,但因其妥协于王党势力,因此,革命时期人民的愿望、立宪派的进步主张并未能彻底落实,尤其是背弃了对于农民、工人阶级的政治许诺,因此引起处于下层的人民的反抗。面对这种矛盾,立宪派也制定了一些反动法律。1789 年 10 月 21 日颁布了《戒严法》,宣布禁止集会示威,规定"所有聚众事件无论武装与否,概属犯罪,应由武力予以驱散"(第 3 条),"如犯有暴行,则处以死刑,对骚乱发起人与教唆人亦处以死刑"(第 9 条)。1790 年 7 月,又颁布了《惩罚法》,规定对因反对封建义务而采取武装行动的人处以死刑。在处理劳资关系问题上,1791 年 6 月 14 日,立宪会议根据议员列·沙伯利厄的提案通过了一项臭名昭著的《沙伯利厄法》,借口限制行会制度,完全剥夺了工人的结社权利,禁止成立工会组织和举行罢工,对违犯者"依法严惩之"(第 8 条)。该项法律被沿用了 74 年,至 1864 年才停止生效。马克思指出:"法国资产阶级在革命暴风雨初期,就敢把劳动者刚刚获得的集会结社权取消。这种法律,借口国家警察权,把劳动与资产间的斗争限制在有利于资本的范围内,并且经过几次革命,几个朝代,照样保存下去。"

吉伦特派统治时期的立法活动不多,只颁布了有关贸易自由的法律和土地法令。土地法令将公有土地进行出租或拍卖,没收逃亡国外的贵族的土地,分给农民,凡土地的所有者不能证明其土地为合法地产时,则取消其土地所有权。另外,1792 年 9 月 2 日的法律允许离婚,确认年满 21 岁的男女青年享有婚姻的自主权,宣布妻子与丈夫地位平等。

1793 年 5 月底,代表资产阶级革命左派的雅各宾派领导巴黎人民举行起义,推翻了吉伦特派的统治。雅各宾派在广人大民的支持下,建立了革命民主专政,保卫了新生的共和国。雅各宾派主要代表中小资产阶级、手工业者、中农和自由知识分子等阶级和阶层的利益,革命态度较为激进,在法国资产阶级法制创建方面也颇有贡献。为满足农民的土地要求和摆脱封建义务的愿望,雅各宾政权还颁布了一系列的法令,它们包括:1793 年 6 月先后颁布的两项土地法令,宣布没收教会和逃亡贵族的土地,并将其拍卖给无地农民,将公有土地分配给农民;7 月 17 日又颁布第三项土地法令,宣布全部无偿地废除一切封建权力和租赋,消灭了农村的封建关系,但继续实行《沙伯利厄法》。

二、拿破仑的系列立法

拿破仑上台以后,法国革命进入巩固阶段。拿破仑在国内发展资本主义工商业,建立法兰西银行,鼓励农民开垦土地,对外打败反法联盟。于是,资本主义社会的生活浪潮迅速高涨起来。拿破仑的任务就是要把这种法国革命的成果——资本主义的新生活——用司法法规的语言固定下来。1800年8月3日,拿破仑设立民法典编纂委员会,任命了特隆歇、波塔利斯、比戈·普雷亚梅纽和马勒维4名委员。四人委员会在短暂的四个月里完成了草案,并提交到国务院立法委员会。拿破仑经常亲临会议,在102次会议中亲自担任57次会议的议长。经过讨论与妥协,草案终于在1804年3月31日公布,并被冠以"法兰西人的民法典"之名。此时,又颁布了《刑法典》《商法典》《民事诉讼法典》和《刑事诉讼法典》,它们同宪法一起构成了法国近代资产阶级新型的法律体系,标志着法国资产阶级法律制度的最终确立。

三、大陆法系的形成

大陆法系,又称民法法系,是以罗马法为基础,以1804年《法国民法典》为代表的一个世界性的法律体系。法国近代法律体系的确立,为制定有完整体系的成文法典开创了一种模式,于是在欧洲大陆掀起了法典编纂运动。德国、意大利、奥地利、西班牙、比利时、荷兰均以法国为样板,建立自己的法律体系。伴随18、19世纪资本主义全球性发展,亚、非、拉许多国家模仿、移植、改造法国法或德国法。于是,大陆法系成为世界最大的法系。

四、现代法国法的变化

两次世界大战之间,法国连续遭到三次经济危机的袭击,国内阶级矛盾空前尖锐、复杂。为了应付紧急形势,减少了议会权力,加强了行政权力,政府的委托立法议案在议会中占据优势。同时,为缓和人民群众强烈的民主运动,于1919年4月和1927年7月,进行了两次选举制度的改革,对原来的法典进行某些修改与补充,判例的作用有所提高。法国的法律制度适应新形势的需要,继续进行了变革。

第三节 宪 法

一、人权宣言

《人权宣言》(全名为《人和公民的权利宣言》)颁布于1789年8月26日法国大革命的高潮中,作为法国资产阶级第一部政治、经济施政纲领,被视为法国历史上第一部宪法性文件,尽管它不是一部完整意义上的宪法,但其制定标志着法国制宪活动的开始,是法国近代宪政史的开端。《人权宣言》的起草工作由国民议会组织,参加人为拉斐德、穆尼耶·塔列兰和西哀士等。《人权宣言》全文不足两千字,由序言和正文17个条文组成,提出了资产阶级在社会、经济和政治、法律方面的基本主张,其核心是人权及其保障。主要内容有:其一,人权是《人权宣言》的核心内容。宣言强调了天赋人权是神圣不可侵犯的原则,人权是与生俱来的、天赋的、不可剥夺的,人人在权利上都是平等的;一切政治结合的目的都在于保存和发展自由权、财产权、安全权和反抗压迫权等自然的、不可消灭的人权;造成公众不幸和政府腐败的唯一原因是不知人权、忽视人权或轻蔑人权;人人都有言论、写作和出版自由权。其二,明确宣布"主权在民""三权分立"等资产阶级民主国家制度的基本原则。"全部主权的源泉根本上存在于国民之中;任何团体或任何个人都不得行使不是明确地来自国民的权力。""任何社会,如果在其中不能使权利获得保障或者不能确立权力分立,即无宪法可言。"其三,明确提出一系列资产阶级法治原则,例如,法律是公意的体现,法律面前人人平等,法无明文规定不为罪,法不溯及既往,无罪推定,不得非法逮捕,财产权是神圣的、不可侵犯的等。《人权宣言》在法国乃至世界宪政史和世界人权发展史上占有非常重要的地位。它不仅全面地提出了资产阶级革命纲领、政治纲领和法治纲领,体现了资产阶级启蒙思想,集中反映了大革命的成果和一系列资产阶级统治原则,有力地促进了法国大革命,成为法国历史上乃至世界历史上划时代的历史事件,对法国宪政和法治的发展产生深远的影响,几乎成为法国历史上每一部宪法不可或缺的内容,而且,极大地鼓舞了其后世界各国的反封建斗争,其思想内容也为世界许多国家的宪法所效仿,具有深远的国际影响。

二、1791 年宪法

1791 年宪法是法国第一部资产阶级宪法,确认了人民主权原则,确认了实行君主立宪制。《人权宣言》发表后,国民议会即着手起草宪法。宪法草案经过两年多的讨论和修改,于 1791 年 9 月 3 日获得通过,9 月 14 日出逃未遂的国王路易十六被迫签署并公布。自此,法国历史上第一部宪法正式产生。1791 年宪法在结构上分为两部分:作为宪法序言的《人权宣言》和宪法正文部分。其一,确认了人民主权原则,宣布主权属于国民,规定主权是统一的、不可转让的和不因时效而消灭的。其二,确认法国实行君主立宪制,按"三权分立"原则组织国家政权机关,宣布立法权委托给人民自由选出的暂时性的代表组成的一院制的国民议会,行政权委托给国王和大臣,司法权委托给由人民定期选出的审判官行使并实行陪审制。其三,带有很大的妥协性和保守性,如对公民权利有所限制,将公民分为积极公民与消极公民,继续确认殖民地的奴役制度,等等。在法国历史上存在时间较短的 1791 年宪法,基本体现了孟德斯鸠的"三权分立"和君主立宪的思想,对法国后来的宪法和其他国家的宪法有一定的影响。

三、1793 年宪法

1793 年宪法又称雅各宾派宪法,是法国历史上最激进的一部宪法。它诞生于法国大革命高潮时期,由资产阶级民主革命激进派雅各宾党人制定。1793 年宪法以新的《人权宣言》为序言,宪法正文 124 条。其主要内容有:确立共和体制;废除 1791 年的有关公民等级的规定;宣告法国人民是各自由民族的朋友和天然同盟者,开创了国际关系互不干涉的原则。其基本特点有:其一,它是法国历史上最激进的一部宪法,也是当时世界上最为进步的宪法,例如包括了一个更民主、进步,内容更为丰富的《人权宣言》,甚至规定必要的起义权、对侵害人民权利的主权者应处死刑、直接选举等;强调自由、民主精神,平等原则和普选权。其二,在法国历史上第一次以法律宣布了曾长期存在的君主制的终结。其三,其国家政权是按照卢梭提出的“权力不可分割”的原则予以组织，否定了“三权分立”的政权组织原则，如以任期1年的一院制的国民议会为国家最高权力机关，并授予其至高无上的权力，突出强调人民主权。这部宪法尽管因雅各宾专政的失败而未能实施，但对后世宪法具有深远的影响。

四、1875年宪法

1875年宪法又称“法兰西第三共和国宪法”，是法国历史上唯一的一部由多个文件组成的宪法。它是以1870年爆发的普法战争为契机，法国人民推翻第二帝国，建立了法兰西第三共和国后颁布的。该宪法由3个宪法性文件组成，即《参议院组织法》《政权组织法》和《政权机关相互关系法》。该宪法的内容特点有：其一，该法主要是关于政权的组织与分配，而没有关于宪法的一般原则和公民权利以及主权和司法权等的规定，就一部宪法的内容而言是不完整的。其二，立法权由两院组成的国民议会行使，众议院议员经普选产生，参议院议员由间接选举产生。其三，总统由国民议会以绝对多数票选出，任期7年，连选得连任；总统权力得通过内阁行使，内阁得向议会负责，由此规定了实行责任内阁制的基本原则。宪法确立共和制并赋予总统很大权力，体现了法国当时君主主义者与共和主义者之间的冲突与妥协，也反映了法国宪法发展的进步性。后来共和派的力量不断加强，于1884年8月14日通过了宪法修正案，明确规定“禁止修正政府的共和政体”，规定凡曾统治法国的家族的成员不得当选为共和国总统，并废除了部分参议员的终身制等。

五、1946年宪法

1946年宪法是一部实行议会内阁制的宪法。该宪法由序言和正文两部分组成。序言以《人权宣言》为基本内容，又规定法国放弃进攻性的战争。正文部分共12篇、106条。其基本的内容特点是：其一，扩大了民主、自由权利。在序言中除确认《人权宣言》中所宣布的公民享有的传统权利和自由外，还规定了工作权、受教育权、对失去劳动能力者和母亲、儿童给予照顾等社会、经济和文化等方面的权利，特别规定妇女享有选举权。其二，民主性较强。如规定国民议会享有最高、最广泛的权力，宣布法兰西为共和国，其口号为“自由、平等、博爱”，其原则为“民有、民享、民治”的政府，国家主权属于法国全体国民，国民通过议会行使国家主权。其三，规定实行两院制的议会制度，确立了议会责任内阁制，行政首脑为由国民议会任命的内阁总理，内阁向议会负责。国民议会所享有的倒阁权为日后政府的频繁更换埋下了宪法的隐患。例如，1946年至1955年，国民议会对内阁提出118次不信任案。1945年至1958年，内阁更换25届。其四，国家元首——总统——由议会选举产生，任期7年，并无实权。其五，规定司法权由司法会议行使，法官由总统经司法会议提名而任命，为终身制。该宪法于1954年12月7日第一次修改并被通过，主要是对国民议会、政府和总统的关系及权限做了某种程度的调整。

六、1958年宪法

1958年宪法史称《法兰西第五共和国宪法》，又称戴高乐宪法。由序言及15章92条组成，是法国的现行宪法。该宪法自实施以来经过多次修改，最近一次的修改是2000年9月24日经过全民公决通过的修正案，该宪法修正案规定实行总统5年(原来是7年)任期制。现行的法国宪法是广义上的，它除了1958年宪法及其修正案外，还包括1789年《人权宣言》和1946年宪法序言中确认的“共和国法律承认的基本原则”。

七、近、现代法国宪法文化的特点

法国近、现代宪法文化的特点是：其一，加强总统权力。总统的许多权力无需议会的同意，也不经内阁副署而独立行使。总统权力扩大的结果是导致了法国政治体制的重大变化，使得历史上一直动荡不定的法国政府趋于稳定。其二，稳定了政府。政府决定和指导国家的政策；政府掌管行政部门和武装力量；总理领导政府活动，对国家防务负有责任，保证法律的执行，行使规章制定权等(第三章第20-23条)。内阁向议会负责，但内阁总理由总统独立任命，从而比较彻底地摆脱了议会对政府组成的控制与参与。其三，削减了议会的权力。法国议会由国民议会和参议院组成，国民议会议员通过直接选举产生，任期5年，现有国民议员577人；参议院议员由间接选举产生，任期9年，每3年改选1/3，现有参议员21人。从法国宪政发展史来看，法国是一个传统的实行议会制的国家。但今天的法国是一个兼有议会制和总统制而以总统制占优势的国家。其“半议会制”主要体现在以下方面：就立法权而言，予以诸多限制。宪法规定，政府为执行施政纲领，可以要求议会授权政府制定法令，政府法令具有与议会法律同样的法律效力；总统有权直接将法案交付公民表决，还有非常立法权；议会应优先讨论政府法案；总统公布由议会通过并经宪法委员会审查的法律等。关于议会监督权，也做了一些限制，如对提出和通过“不信任案”予以限制。其四，建立宪法委员会，行使违宪审查权。其五，就人权方面，只是重申了《人权宣言》和1946年宪法所确认的有关公民权利和自由的原则，并未详细列举公民的权利和义务。

第四节　行　政　法

法国是现代行政法的发源地，且其发展最为典型，并对他国行政法以及行政诉讼模式的确立与形成产生很大的影响。

一、法国行政法院的诞生及其发展

法国现代行政法律制度产生于大革命时期，形成于19世纪初拿破仑时代，发展和完善于现代时期。在法国封建社会早期，自然经济的简单、隔绝和政治上的分裂、割据，公共行政与私人活动、行政与立法和司法合而为一，诸法合体，没有独立的行政观念和行政规范。自14世纪始，在普通法院外增设一些解决行政争议的法庭如审计法庭、森林法庭、河川法庭、租税法庭等。在中央设立“御前会议”(LeConseilduroi，又译为王室咨议室)，接受王命处理有关行政争议事件。16世纪、17世纪，即法国君主专制时期，虽说君主权力达于高峰，行政职能加强，但行政、立法和司法仍无组织职能上的区分，更没有建立独立的行政法律制度。法国大革命摧毁一切封建制度和等级差别，建立了全国统一的行政区域，推行政治自由和法治主义。革命政府颁布法令，受到法院的抵制，资产阶级以三权分立原则反对司法对行政的干预，制宪会议于1790年8月发布法令，宣布司法职能与行政职能分离，法官不得以任何方式干扰行政机关的活动，也不能由于职务上的原因，将行政官员传唤到法庭，违者以渎职罪论。这一禁止普通法院受理行政案件的法令标志着行政审判与普通法院的分离。同年10月，又发布有关行政救济的法令，规定对行政机关的越权行为，应向作为政府首脑的国王提出诉愿。公民对于行政机关不法行为的申诉，由其上级机关受理，最终裁判权属于国家元首。1799年拿破仑上台后，为集权于一身，对国家机构进行改革，建立起高度的中央集权行政制度与完全放任的经济制度，并通过1799年宪法设立国家参事院(leConseild'Etat，即后来的最高行政法院)。规定国家参事院的主要职能是起草和审查法律、法规，受理公民对于行政机关的申诉案件，实际上成了行政争议的专门裁决机构，但行政裁决名义上是由国家元首做出的。普法战争后，1872年5月，国家参事院开始依法以人民的名义行使审判权力，在法律上成为法国最高行政法院。同时，又成立了一个权限争议法庭，专门裁决有关行政法院与普通法院之间的管辖权限争议。与此同时，一切行政案件，除依法直接向国家参事院提起的外，必须先由部长裁决，不服的，才可上诉至国家参事院，即所谓的"部长法官制"(Ministre-judge)。1889年12月，最高行政法院对卡多案件的判决正式否定了部长法官制。从此，行政案件的审判权由行政法院独立行使，在法国产生了世界上最为典型的普通法院与行政法院二元并存的司法制度。

二、行政法院的组成

(一) 最高行政法院

最高行政法院，又称国家行政法院，是法国行政司法系统的最高审级或终审级。自设立以来，通过其积极的司法活动和一系列里程碑式的判决，有力地促进了法国行政法的发展和自身地位的巩固与提高，它确保了依法行政并维护公民权利，成为法国依法治国必不可少的一个因素。最高行政法院的组织机构是：4个行政厅和1个司法厅。行政厅负责有关行政立法等事宜，司法厅(也称诉讼厅)主要负责审理行政案件，它下设9个组。最高行政法院直接隶属于总理府，院长名义上由总理担任，实际上由司法部部长代表总理出席特别重要的会议。最高行政法院的主要职能是：为政府提供咨询；审理行政案件；裁决行政司法系统内部管辖权事务；指导下级行政法庭的工作。有关审理行政案件的职能有：初审管辖权、上诉审管辖权和复核审管辖权。

(二) 上诉行政法院

上诉行政法院，依1987年12月31日的行政诉讼改革法而创设。这个改革法于1988年1月1日公布，1989年1月1日起实施。上诉法院设立的目的是为了减轻最高行政法院的负担。上诉法院共有5个，分设于法国巴黎、里昂、波尔多、斯特拉斯堡和南特。上诉法院依法只享有上诉审管辖权，在原则上可受理所有地方行政法庭的上诉案件。

(三) 行政法庭和行政争议庭

行政法庭是法国本土和海外省的地方行政诉讼机构，称为地方行政法庭，它是由1953

年以前的省际参事院演化而来的。法国共有 31 个地方行政法庭，其中本土 26 个，海外 5 省每省 1 个。地方行政法庭具有三大职能：审判职能、咨询职能和行政职能。地方行政法庭对地方行政案件具有初审管辖权。行政争议庭，也是法国行政司法系统中的基层法院，是设在海外没有建省的领地内，其前身是 1825 年成立的总督枢密院，1881 年才改称现名。随着海外殖民地的独立，现仅存瓦利斯群岛（Wallis）和马约特（Mayotte）两个行政争议庭。

三、法国行政法的特点

法国行政法属公法范畴，它调整的只是行政机关的公务活动。与国内有关的部门法和其他国家的行政法相比较，其特点有：

（1）从其基本原则上来讲，法国行政法律制度的基本原则是行政法治原则。法国行政法律是有关规定行政机关的主体、职权、行为、救济方式、违法责任以及程序等方面的制度。行政法治主要的含义是：行政行为必须有法律依据；行政行为必须符合法律；行政机关必须以自己的行为来保证法律的实施。

（2）从其调整的对象、范围和体系来讲，行政法律制度是一独立的法律部门。法国行政法律调整的对象是行政机关的公务活动，这是由其行政法的基本观念决定的。首先，受制于其法律文化传统的法国有着明确的公私法之分，认为有关行政的法理应属于公法体系，而作为公法一部分的行政法因其独特的调整对象和范围，又成为一个独立的法律部门和体系。其次，自大革命以来，一直坚持三权分立的法国人认为，政府的行政活动只受行政法调整，司法不能干涉行政，对于行政行为及有关争议必须有独立的法律、法规和司法机构予以规范和管辖。再次，19 世纪出现的“公共权力学说”和 19 世纪末出现的“公务学说”，成为行政活动受独立的法律部门调整的不同时期的理论依据。前者认为，行政机关的活动有两大类：一类是行使公共权力的行为，即权力行为，它以单方命令和禁止为特征，因此，适用行政法，由行政法院管辖；另一类为事务管理活动，即管理行为，它以行政机关作为平等的主体采用合同的方式为特征，因此，适用私法，由普通法院管辖。后者认为，公务行为不以行为手段而应以行为目的为确立标准，它除了包括公共权力行为之外，还包括为公共利益提供服务的行为，如教育、卫生、救济、交通、公用事业等。凡行政机关直接以满足公共利益为目的的活动都是公务活动，都受行政法的调整和行政法院管辖。除此之外，受私法调整，由普通法院管辖。

（3）从其适用的司法机构来讲，法国行政法由独立的行政法院系统适用。在司法审判体制上，法国是最典型的二元制国家，行政案件与普通案件分别由行政法院和普通法院管辖。在法国，行政法院与普通法院是互不相属的两个法院系统，两者的法官身份迥异，政府的行政活动只受行政法院管辖，普通法院不能插手。而且，行政法院的法官审理案件时适用不同于普通法院诉讼程序的独特的诉讼程序，即行政诉讼程序。

（4）从其法律渊源上讲，判例是法国行政法的主要渊源。法国行政法的渊源，有成文法渊源和不成文法渊源。成文法渊源主要的表现形式是宪法、法律、条例、欧盟法及国际条约。不成文法的渊源主要表现为判例、习惯法和法理。判例是英美法的正式法律渊源，制定法是法、德等国的正式法律渊源，这是两大法系的一大区别所在。但是，判例对法国法发展的影响却是很大的，特别在行政法中占有非常重要的地位。其原因主要是：法国行政法院产生较早，处理的行政事务太多且杂，经常须从法的原则或精神推论出有关处理手边案件的规则，成文法难以适应。随着判案的增多，便形成了一系列行政法原则和判例规则。虽然一部分判例后来为法律所吸收，但大部分仍处于判例状态。如行政行为无效理由、行政赔偿责任的条件、公产制度、行政合同制度、公务员的法律地位等都出自判例并仍以先例存在。法国学者维戴尔(Vedel)说，如果我们设想立法者大笔一挥，取消全部民法条文，法国将无民法存在；如果他们取消全部刑法条文，法国将无刑法存在；但是如果他们取消全部行政法条文，法国的行政法依然存在，因为行政法的重要原则不在成文法中而存在于判例之中。

(5) 从其表现形式来看，法国行政法没有编成完整的法典。法国属于典型的法典国家，有系统而完备的民法典、刑法典和刑民诉讼法典，但没有行政法典。虽然，现代法国也编了不少行政法典，如矿业法典、森林法典、市镇法典等，但都不是完整意义上的行政法典。

第五节 民 商 法

一、1804 年法国民法典

(一) 民法典的制定

法国革命是一场摧枯拉朽的大革命。革命后，客观上要求建立稳定的新秩序，否则，革命的基本成果便会在动荡中得而复失。所以，必须有一个强力政府来担此重任。顺应时势的拿破仑借助资产阶级的扶持，于 1799 年雾月 18 日通过政变成为法兰西的主宰。他的掌权，结束了长达十年的剧烈动荡，建立了稳定的秩序，挽救并完成了革命，并为大规模的法典编纂活动提供了坚实的保障。拿破仑对民法典抱有极大兴趣，且倾注全部心力，准备一举完成法典编纂的伟业，以便作为伟大的立法者而名垂青史。1800 年 8 月，他任命特隆歇、普雷亚梅纽、马勒维和波塔利斯四人组成委员会，负责法典起草工作。法典起草委员会仅在 4 个月的短暂时间内便完成了草案。在为审议草案举行的 102 次会议中，拿破仑亲自主持竟超过半数。他以其果敢的决断力、天才的组织能力，还有渊博的知识和超凡的智慧，保证了法典高效率、高质量地完成。结果，36 个单项立法于 1803-1804 年陆续获得通过。最后，由 1804 年 3 月 31 日的法令将它们合为一体，并冠以“法国人民的民法典”的名称公布并生效。

(二) 民法典的渊源和特点

1. 民法典的渊源

法国民事法律可远溯至罗马统治的高卢时期。其时，高卢—罗马人的财产和家庭关系均受罗马私法的保护。法兰克王国时期，高卢—罗马人与日耳曼人在属人主义原则下各自适用本民族法。《撒利克法典》等“蛮族法典”中，对于所有权、债权、婚姻、家庭和继承制度已多有涉及。至法兰西王国时期，民族杂居和封建割据促使适用法律的原则改为属地主义。司法管辖产生对峙和竞争局面，法律渊源亦出现多元且重叠状态。全国分成南北法区，南部适用罗马化的习惯法，北部适用日耳曼习惯法。此外，尚有教会法、王室法令等法源。王权式微之际，在适用法律上是南北僧俗各行其是。10世纪以降，随着海上贸易的繁荣和内陆集市的出现，法国通过商业法庭的判例，逐渐形成早期的商法（当时海商法与商法尚无严格区分）。12世纪法国西海岸的奥列隆岛上出现《奥列隆海法》，它作为海事判例集，广泛适用于法、英、比、荷及北欧各国。自13世纪始，法国的习惯法逐步走向成文化，出现了私人辑录的《诺曼底大习惯法》《博韦习惯法》等习惯法汇编，以期克服习惯法的杂多现象。16世纪上半叶，借助日渐强大的王权，又完成了《巴黎习惯法》《奥尔良习惯汇编》等官方的习惯法汇编，有力推动了各地区习惯法趋于统一的进程，并且据此形成"法国普通法"。随着民族国家的建立，一批法学家与国王结盟，致力于民族统一法律的构建。尤其是多马、迪穆兰、波蒂埃等人，通过各自的著述（如1694年多马的《自然秩序中的民法》、1761年波蒂埃的《法学论文集》等），为统一民法的形成奠定了理论基础。路易十四以来的国王政府也通过一系列法令的颁布（如17世纪的《商事法令集》《海事法令集》，18世纪的《捐赠法令》《遗嘱法令》《欺诈法令》《代位继承法令》等），在实践方面为统一民法典和商法典的编纂铺平了道路。但是，王室法令内容多关涉民事诉讼程序的统一方面，对于实体法的统一则少有触及。大革命前夕，在土地所有权、夫妻财产关系、继承和遗嘱制度诸多方面，仍是南北各异，婚姻制度则始终受到教会法的支配。因此，实现全国范围民法和商法的统一尚待时日，而这时日正是伴随大革命的爆发一起来临的。大革命时期是立法活动异常频繁的时期。被启蒙思想家激荡起来的革命热情很快使法律领域得到改变，旧王朝的全部制度在短时间内被废除，从而把公民从封建的、教会的、家庭的、行会的以及身份集团的传统权威中解放出来，并赋予他们自由和平等的权利。在民事领域，废除了封建土地所有权、封建行会制度和税收制度；废除了家父制度，废除了婚姻的宗教束缚并且允许离婚；宣布夫妻地位平等、继承人享有平等继承权、非婚生子女享有与婚生子女同等权利等。在整个革命时期，历届政府相继保证要制定一部适用于全国的民法典，并组成立法委员会着手编纂工作。草案亦三易其稿，终因意见分歧和时局严峻乃告中断。要使统一法国民法的思想变成现实，需要两个条件：一是法国大革命的政治冲击，二是执政者的权威和决断力。因此，拿破仑的执政才能使编纂民法典的条件完全成熟。

2. 民法典的特点

（1）确立了一系列资产阶级民法原则。《民法典》第8条、第488条等条款确立了民事权利主体自由和平等原则；第1101条、第1134条等条款确立了当事人意思自治或契约自由原则；第1382条等条款确立了过失责任原则。以上诸原则均建立在个人主义和自由主义观念的基础之上。

（2）大革命与旧制度妥协的产物。革命时期过于激进的民事立法，表现出立法者狂热的理性主义精神和极端的个人主义倾向。这些法律由于与法国现实状况严重背离，因而难有持久的生命力。鉴于这种偏激行为导致的不良后果，拿破仑声称：要结束革命的浪漫史而开始写它的正史。他希望民法典不再是一部理论家强加给社会的空想之物，而是一个以符合实际的方式对民事领域进行有效调整的法律文件。于是，立法的重心由原来向理想的倾斜变为向现实的回归。拿破仑的务实精神实质上就是妥协精神。他精心挑选了四位法官来实现其立法意图。这四位法官分别来自习惯法区和成文法区，他们既是自然法学说的服膺者，又是经验丰富、尊重传统的实务家。当革命时期的法规与以前的法规产生冲突需要做出选择时，他们便依据经验采用最适合于法国人民的各种规则。这种折中方法的结果是一部以经验为基础的法典的诞生。其中，有关婚姻和亲属制度主要来自教会法，有关债权制度主要来自罗马法，有关夫妻财产制度主要来自习惯法，有关所有权和继承制度则来自革命时期的法规。它是自然法原则与传统观念、成文法与习惯法、世俗法与教会法、旧制度与大革命的巧妙融合物。与法国宪法的剧烈变动性恰成对照的是法国民法惊人的稳定性，整个 19 世纪法国民法典几乎没有重大修改。民法典这种兼容并包的妥协性，是其具有长久生命力的奥秘所在。

（三）民法典的内容

民法典由前编和 3 编正文构成，正文凡 35 章，计 2 281 条。其主要内容如下。

1. 民事主体

民法典第 8 条规定："所有法国人都享有民事权利。"第 488 条规定："满 21 岁为成年，到达此年龄后，除结婚章规定的例外外，有能力为一切民事生活上的行为。"这意味着，所有法国人自成年之日起均享有平等的民事权利能力和行为能力。但对此能力的享有法律亦有限制，第 6 条规定："个人不得以特别约定违反有关公共秩序和善良风俗的法律。"此处规定的民事主体为自然人。

2. 婚姻与家庭

关于最低婚龄，法典规定男为 18 岁、女为 15 岁。并规定，男满 25 岁、女满 21 岁，无须父母同意即可结婚。关于结婚仪式，法典规定，婚礼须在世俗官员前公开举行，方才具有法律效力。法典规定了离婚制度。离婚理由凡四种：通奸、虐待或侮辱、受名誉刑的宣告以及双方协议，对最后一种限制甚苛。关于夫妻关系，法典明确规定妻子应该服从丈夫，原则上妻子没有行为能力。而丈夫在一切方面皆享有主动权利。

3. 继承和赠与

关于法定继承，法典规定对死者的土地和动产不加区别，同样处理；同亲等的全体继承人平分遗产。关于继承顺位，法典规定遗产首先分给子女，第二位是死者的父母和兄弟姐妹，第三位是祖父母，第四位是最近的亲属直至第十二亲等。除非十二亲等内无亲属，否则配偶无权继承。非婚生子女的继承份额要少于婚生子女。法典对代位继承做了规定。对以遗嘱或赠与方式自由处理遗产者，法典做了适当限制，以便保护法定继承人的利益。

4. 所有权

法典将财产分为动产和不动产。民法典第 544 条规定："所有权是对于物有绝对无限制地使用、收益及处分的权利。"该定义表明，所有权是一种完全的、绝对的、自由的和无条件的权利，从而排除了所有权得以实现的障碍。

5. 契约、准契约和侵权行为

契约法的基本原则为不拘形式和自由订约。民法典第 1134 条规定："依法成立的契约在契约的当事人间有相当于法律的效力。"关于侵权行为，民法典第 1382 条规定了民事责任的总依据："凡因自己的过失引起损害者，他对此负有补偿的法律义务。"

（四）民法典的发展

民法典颁布后法国民法的发展表现如下：(1)民事主体与民事客体之范围扩大。民事主体从自然人延伸至合伙、法人、公司、国家,民事客体由物质财富扩展至非物质财富。(2)削弱所有人对其财产的绝对权。如对矿山、草原、森林、土地的地面权和上空权等绝对所有权给予限制。(3)契约自由日益受到限制,出现了新的契约类型。诸如“定式契约”“强制契约”“集体契约”等。(4)侵权损害赔偿的归责原则由过失责任原则转向兼采过失与严格责任原则。(5)婚姻家庭关系方面,削弱了父母对子女婚姻的支配权;夫权亦大受限制,妻逐渐获得完全权利;非婚生子女获得与婚生子女同等权利。

民法典颁布迄今几近两个世纪,法国宁可以小修小补方式保持其整体的存在,而不愿以新法典取代之,足见其在法国人心中的崇高地位。现在它仍是法国民法的重要支柱,是保持民法统一性的主要因素。法典的文字和精神虽经多次修改,但其结构和阐述方法仍然未变,法国民法的基础和各项原则,仍然要到民法典中寻找。

二、1807 年商法典

欧洲商法大致形成于 10-12 世纪,由于欧洲商业的复兴始自意大利,故而意大利商法成为欧洲商法的“母法”。法国最早的商事立法是 12 世纪的《奥列隆海法》,它是当时西欧和北欧许多国家的共同海商法。16 世纪以降,随着民族国家的形成,商法成为国家法的组成部分。1673 年法国王室颁布《商事法令集》,该法令凡 12 章,计 112 条,其内容包括商人、票据、破产、商事裁判、管辖诸方面。1681 年王室又颁布《海事法令集》,该法令凡五编,涉及海上裁判所、海员及船员、海事契约、港口警察、海上渔猎等内容。此两项法令为民法与商法的区分开了先河,也为《法国商法典》的产生奠定基础。

自《法国民法典》颁布后,1807 年《法国商法典》在上述王室法令基础上被制定出来。商法典凡 4 编,计 648 条。第一编为商事总则,凡 9 章,包括商人、商业账簿、公司、商业交易所及证券经纪人、汇票及时效等内容;第二编为海商,凡 14 章,包括船舶、船舶抵押、船舶所有人、船长、船员、租船契约、海上保险、海损、货物投弃等内容;第三编为破产,凡 3 章,包括财产转移、破产及复权等内容;第四编为商事法院,凡 4 章,包括商事法院的组织、管辖、诉讼及上诉程序等内容。《法国商法典》为第一部近代商法典,它摒弃了中世纪商法仅适用于商人阶层的商人法主义传统,从商行为作为立法基础,确立了凡实施商行为者不论其为商人与否,均适用商法的行为主义原则。但与民法典相比,商法典内容较陈旧(许多规定仅限于重复 1673 年和 1681 年法令集)、规则多缺憾(如海商多而陆商少)、体系欠完善,其影响亦不及 1804 年民法典。法国创立的民商分立体制为欧陆国家广为仿效。

第六节　经济和社会立法

一、经济立法

(一) 国家财产法

19 世纪末,法国建立国营企业,且以法令确认将水力资源收归国有。1936 至 1937 年,政府通过法律，建立法国国营铁路公司、成立国家小麦管理局，并将军火工业国有化。第二次世界大战结束，临时政府公布将北方煤矿、雷诺汽车厂、法国航空公司和主要新闻机构收归国有的法律。1946年政府将私营煤矿、煤气、电力和部分运输、电讯、机器制造业收归国有。时至1968年，法国国有化企业资本已占全部资本的35.5%。国家垄断资本控股80%以上的行业有电力、通信、煤、天然气和煤气等；控股40%-80%的行业有航空、汽车、军火、矿业、运输、焦炭和自动化设备等。1981年政府又通过国有化法令，对5家垄断工业集团、36家大银行、2家大金融公司实行国有化。由此观之，法国是西方国有化程度相当高的国家。

（二）计划经济法

早在1936年人民阵线主政时期，政府便在农业、工业和金融领域尝试实行计划经济。自1946年颁布《关于实施中期计划法令》始，迄今已颁布十多个经济发展计划。法国计划经济法又称“公共经济法”，以占有重要地位的国有财产作为物质基础，具有指导性和协议性特征。它没有编纂统一法典，散见于法律、条例、协议或行政命令中。

（三）农业法

第二次世界大战以后，法国由农业工业国转变为工业农业国。1955年政府将所有农业法规统一汇编为《农业法》，凡8编，计1 336条，涉及土地制度、农事租赁合同、农业职业团体、农业金融制度、家畜和植物保护、狩猎和捕鱼、农业教育和科研等。1960-1962年，政府连续颁布《农业指导法》《合作法》《市场法》《商业法》，旨在改造小农经济，扩大农场规模，以实现土地集中化。其中《农业指导法》被视为农业基本法。1967年又颁布《农业合作调整法》，使农业与工商业配套发展，以利于法国农业现代化。

（四）环境保护法

法国的环境保护法已由消极地防止公害，逐步转向积极地对环境实施管理和养育。1917年政府颁布的《危险等设备管制法》规定了对环境影响进行评估制度，对公害进行事前调查制度和强行设置妨害设备制度。第二次世界大战以后，除通过一系列经济法律规定环保的内容外，还颁布许多专门法规，用以完善环境保护制度。诸如1961年的《空气污染防治法》、1975年的《废弃物处理法》和1976年的《自然保护法》等。

二、社会立法

法国社会立法是伴随着各种社会主义思潮和19世纪中叶产业革命后工人阶级力量增强而产生和发展起来的。早在法国大革命时期，就制定了有关工人的立法，如限制工人工资的法令，并保留了1791年的《沙伯利厄法》。19世纪上半叶，由于工人运动的高涨，法国制定了一些有关工人劳动的立法。1813年，政府法令规定矿业部门的雇主要对工伤事故提供救济。1841年立法禁止9岁以下童工做夜工，12岁以下童工每天工作时间限制为8小时，16岁以下的限制为12小时。1848年巴黎公社时期进行了大量的社会立法，承认了工人有组织团体的权利，同时还颁布了废除包工制和缩短工作日的法令，改革了工薪制度，降低了工薪，提高了底薪，承认工资额的差别。19世纪末20世纪初法国社会立法集中在承认工会合法、规定实行8小时工作制、禁止妇女儿童夜间劳动以及实行社会保险等。1864年废除了大革命时期颁布的关于禁止结社和罢工的立法；1884 年法律允许成立工团联合会；1894 年的《强制退休法》规定工人退休金由雇主和工人按比例交纳，由国家退休金管理局统一管理。1898 年颁布了《工伤保险法》并设立相关管理机构。1898 年的法律允许成立互助团体，到 1901 年的法律，基本上实现了组织联合会的自由。1892 年禁止使用 13 岁以下的童工。1901 年成立了社会立法法典化委员会，着手制定劳动法典。1921 年，国家提出了《社会保障法议案》，1928 年该议案获得通过，于 1930 年施行。1936 年人民阵线成立后，进行了一系列的社会改革。如调整劳资关系，订立集体合同，承认工人加入工会的权利，提高工人工资，规定由雇主、职工会代表和地区工商代表组成混合委员会，协商签订集体合同，有关劳资纠纷由劳工部长解决；又如关于工资工时，规定每周不得超过 40 小时的工作，凡受雇满 1 年以上者得享受保留工资的 15 天假期。

第二次世界大战后，各国政府都倡导福利政策，法国也实行福利国家政策，在原有的社会保障法律制度的基础上，在立法方面做了进一步的完善。1945 年根据全国抵抗运动委员会的共同纲领，制定《社会安全法》并通过了一系列有利于工人和广大人民的社会政策和劳工政策，规定了家庭津贴、社会保险、奖励生育、15 天带薪休假以及缩短工作时间等，还在企业设立由工人代表组成的企业委员会。同时，还制定有关社会保障的法律，规定享受社会救济和补助是公民的权利。到 1950 年，还通过了几项关于集体合同的法律。1952 年通过了物价上涨与工资浮动比例的法律，以保障通货膨胀中职工的稳定收入。1956 年提出了《社会保障法典》，到 1968 年正式确立了社会保障制度，内容包括家庭补助、疾病、老年、失业、死亡等保险。而且，也开辟了多渠道的社会保险资金的来源，主要有：雇主交纳的社会保险税、投保人交纳的社会保险税、国家和地方财政补贴及其他经常性收入。20 世纪 70 年代后，国家又加大财政补贴的力度，对失业者和残疾人的保险补贴完全由政府承担。“新社会运动”进一步促进了社会立法。

第七节　刑　　法

一、1810 年刑法典

（一）刑法典的结构和特点

1. 结构

拿破仑在制定民法典后，将 1791 年刑法典作为基础，但遭到议员们的非议。于是拿破仑设立了起草刑法和刑事诉讼法的委员会，1810 年对新的刑法草案进行讨论、审议，提出 14 个问题，经修改后法国刑法典于 1810 年通过，1811 年施行。

法典由总论和四编组成，共 484 条。第一、二编为总则，第三、四编为分则。总论包括第一至五条。第一编“关于重罪、轻罪之刑及其效力”（第六至五十八条），第二编“关于重罪、轻罪之处罚，宥恕与刑事责任”（第五十九至七十四条），第三编“重罪、轻罪及其刑罚”（第七十五至四百六十三条），第四编“违警罪及其刑罚”（第四百六十四至四百八十四条）。

2. 特点

(1) 贯彻资产阶级刑法原则

该法典把资产阶级的罪刑法定主义、罪刑相适应原则转化为对定罪量刑的明确规定。法典把犯罪分为违警罪、轻罪和重罪三类。第一条规定:“法律以违警刑所处罚之犯罪,称违警罪。法律以惩治刑所处罚之犯罪,称轻罪。法律以身体刑或名誉刑所处罚之犯罪,称重罪。”法典中,不仅犯罪概念明确,而且刑罚规定具体。违警罪罚金分三类,有处以一至五法郎、六至十法郎、十一至十五法郎之区别;惩治刑有定期拘押、罚金、定期禁止行使某些公民权、民事权和亲属权;身体刑有死刑、无期重惩役、流放、有期重惩役、轻惩役;名誉刑为枷刑、驱逐出境、剥夺公权。法典在贯彻罪刑法定主义原则的同时,规定了刑罚的最高限和最低限,给法官一定的自由裁量权。

(2) 维护资产阶级所有制和政治统治

1810 年刑法典把维护私有制作为自己的神圣使命。关于侵犯财产罪有八十五条之多,分为危害财产的重罪、轻罪、违警罪。像破产罪、诈欺罪、背信罪、妨碍拍卖自由罪和违反制造规则罪等规定都是为了保护资产阶级的民商利益,保证资本主义的正常秩序。法典为维护资本主义政治上的统治,把危害国家安全罪放在首位。危害国家安全罪又分为危害国家安全罪、危害宪法罪和危害公共安定罪。其中危害国家安全罪共十一条(第七十五至八十五条),占首要地位,并有一半被处死刑,其余部分也都是重刑。危害宪法罪包括危害皇帝、皇族的身体、生命及危害公民权等,还包括国家官吏的渎职罪。危害公共安定罪是指伪造货币、殴打执行职务之官吏、杀人、放火、盗窃等,对此类犯罪人均处以死刑。法典对盗窃罪的惩罚非常严厉,法典第三百八十一条规定,盗窃具备下列五种情况者,处死刑:夜间盗窃者;二人以上盗窃者;携带武器者;借破坏外部、攀越或伪造钥匙进入住宅盗窃者;以暴行或恐吓使用武器而盗窃者。

(3) 贯彻威吓原则,刑罚残酷

1810 年刑法典体现了拿破仑以威吓作为惩罚的目的的思想。法典以刑罚残酷著称,首先表现为死刑增多,其次增加了肉刑,并对犯罪者的精神进行折磨。如对杀害尊亲属或谋害国王罪而处死的,须穿单衣、赤脚、头披黑纱,将其绑缚刑场,执行时先斩右手再斩首。再如,所有的重惩役者,都要从事艰苦的劳役,并戴脚镣,两人锁在一起。此外,还增加了烙印和铁枷刑,作为身体刑的附加刑和污辱刑。最后,法典还恢复了 1791 年刑法典已废除的无期徒刑、终身苦役和终身流刑。

(4) 保留封建刑法的残余

一方面,违背了“罪刑相适应原则”,表现为不区分既遂和未遂、主犯和从犯,把未遂当作已遂来惩办,把帮助行为当作实施犯罪来认定。另一方面,违背了“无罪推定原则”,规定了“流氓罪”和“乞丐罪”。第二百七十七条规定,凡乞丐或流浪汉持有适于犯罪的工具者,不论有无犯罪意图,处二至五年的拘役;第二百七十八条规定,乞丐或流浪汉持有价值超过一百法郎的物品而不能证明其来历者,处六个月到二年的拘役。把贫困和失业视同犯罪,目的在于把失去生产资料的劳动者投入劳动力市场,这显然是封建社会末期“血腥立法”的继续。

(二) 1810年刑法典的历史地位及其以后的发展

1810年刑法典的颁布，标志着拿破仑六法体系的完成。它与其他拿破仑法典一样具有简明实用的编纂风格。该法典在法国施行竟达183年之久，足见其生命力之坚韧、强大。原因在于法典在保持基本原则不变的前提下，始终处于不断被修改和补充的过程中，故能适应时代变迁之要求。

自1810年刑法典施行始，至1994年新刑法颁布止，近两个世纪的漫长岁月间，几乎每届政权都要对刑法典进行修改和补充，其中规模较大的有以下四次。

第一次是在1832年。受自由主义思想影响，七月王朝政府首次对刑法典进行重大修改，涉及条文达90条之多，旨在修正过于严厉的刑罚制度，大幅减轻了各类犯罪的法定刑，废除了烙印刑、羞辱刑和死刑前断腕制，并且严格限制了死刑的适用范围，将部分重罪改为轻罪。在法国近代刑法史上首次出现了刑罚宽缓主义倾向。

第二次是在1863年，第二帝国时期。基于减轻刑罚处罚力度和维护社会秩序的双重目的，对刑法典进行较大范围的修改和补充，涉及条款65条。一方面，力求更全面、更详尽地对各种犯罪构成要件进行明确规范，使条款更具可操作性。另一方面，将一系列新型危害行为纳入刑事犯罪范畴，如胁迫罪、同性猥亵罪、泄露技术秘密罪等。此外还对大部分犯罪做出新的减轻处罚规定。

第三次是在1958年，第四共和国时期。经过这次的全面修订，刑法典在一般犯罪的构成要件和相应的刑罚制度等方面已经具备了现代刑法的基本特征，对法人犯罪的惩罚原则已被全面承认。

第四次是在1960年，第五共和国时期。此次修改的重点在于全面规范危害国家利益的犯罪和侵犯经济秩序的犯罪，加强对此类犯罪的制裁力度，从刑事立法的角度保障戴高乐新政策的贯彻。此外，1981年10月9日，法国正式颁布全面废除死刑的法律。同年11月9日，设于里昂监狱、铡死过路易十六和罗伯斯庇尔的那架断头台，被永远搬进历史博物馆。

二、1994年法国新刑法典

(一) 新刑法典的制定

法国新的刑法典始于1931年的《刑法典改革草案》，并于1934年提交国民议会讨论，但没有结果。根据1974年11月8日和1975年2月7日法令，法国司法部部长决定成立刑法修改委员会。该委员会于1976年7月提交了一个关于总则部分的草案，经修改后于1978年4月公布，受到一些批评。1983年6月在司法部部长巴旦代尔(时任刑法修改委员会主席)的主持下提出一个有关刑法总则的新草案，后又着手起草分则，并于1984年、1986年和1988年曾提交审议。1989年2月起，法国议会开始审议新刑法草案，由于两院意见不一，直到1992年7月22日新刑法典才以四部法律的形式予以颁布。为保证新刑法的实施，1992年12月16日又颁布了一项刑法实施法，将刑法的生效时间定为1993年9月1日，但该生效日又被修改为1994年3月1日。自1994年3月1日起，新刑法典在全法国实施，取代了1810年法国刑法典。

(二) 新刑法典的特点

新刑法典由“刑事立法”“刑事条例”“配套法律”三大部分组合而成,其内容特征如下:

1. 关于认识错误与刑事责任的崭新规定

鉴于大量技术性规范和行政控制性规范逐步演化为刑事法律规范,对于上述特定规范内的某些误解和认识错误,已经超出社会一般常识范畴。据此,新刑法总则明文规定:“只要行为人能够证明自己的行为出于自己无力避免的误解,对该行为就可不承担刑事责任。”此规定为世界刑事立法所仅见。

2. 关于法人犯罪及其刑事责任的全新规定

在近代刑法史上,法国是最早对法人犯罪追究刑事责任的国家。新法典在同一问题上再次领风气之先,否定了“只有行为人才对自己的行为承担刑事责任”的理论观念,确立了“既追究行为实施人的刑事责任,又追究无犯罪行为的法人或代表人的刑事责任”的崭新刑罚体系。

3. 刑法分则新设若干罪名

新设的第一大类犯罪是列于分则卷首的反人类罪,共有种族灭绝罪、大规模屠杀罪、奴隶罪、酷刑罪和群体流放罪等。第二大类犯罪是同“危险状态”有关的犯罪,共分“恐怖活动罪”和“置人于危险状态罪”两种类型。后者包括危及他人生命或健康罪、抛弃无力自我保护人员罪、阻挠救助或疏忽救助罪、非法人体试验罪、非法终止妊娠罪和自杀挑拨罪六种。第三大类犯罪是有关侵害生物医学伦理的犯罪和洗钱罪。前者包括改变人种罪、侵害人体器官组织罪和侵害人体胚胎罪。

第八节 诉 讼 法

一、民事诉讼法的发展

(一) 1806 年民事诉讼法

1. 结构

基于 1667 年民事诉讼法令,法国于 1806 年制定并于次年 1 月 1 日颁布、实施了民事诉讼法典。法典共两卷 1 042 条。上卷是关于法院程序的规定,共五编,分别规定了法院体制和民事诉讼的管辖、审级和执行。法院由治安法院、初审法院、上诉法院和最高法院组成,一般民事案件实行四级三审终审制。同时,还详细规定了起诉、受理、传唤、证人、鉴定人、回避、辩护、调解、诉讼费用的收取、判决的特别方法及判决的执行等。下卷是关于各种诉讼程序的规定,其中包括三编,规定开始的程序、仲裁程序、共同规则等。如对夫妻之间的财产纠纷、分居、离婚以及禁治产人等人事诉讼程序做了具体规定。

2. 特点

民事诉讼法典的特点有:(1)实行诉讼自主原则,规定民事案件一般由当事人提起诉讼。同时,也体现了保障当事人诉讼权利平等的原则。(2)规定国家机关在某些情况下应干预诉讼。如果案件关乎国家安全、政府、国家土地、房产、人身安全以及因法院判决不公正而引起诉讼时，法院须报告检察官，由检察官行使干预权。(3)对维护债权人的利益做了详细的规定。如法典以相当的篇幅规定了以债务人的财产清偿债务的问题，当债务人拒不履行义务时，债权人有权要求法院扣留债务人，并规定了具体的程序。(4)在立法技术上，该法典缺乏法国民法典那样的创造力和想象力，即理性思考差一些。法典的大部分内容都是来自1667年民事诉讼法令，依然继受了许多形式主义、成本高昂的程序制度，以至于是一部"在它诞生之时就已经过时的法典"。法典内容庞杂，体现了罗马法和教会法的理论与制度，也有日耳曼法的内容。总之，其影响力远不及民法典，也无法与严密精细的德国民事诉讼法典相比。当然，法典反映了大革命的思想即当事人主义，保障了当事人平等的诉权和诉讼的自由。1806年法国民事诉讼法典施行了长达169年之久，其间经历了若干次修改。

(二) 1975年民事诉讼法

1806年民事诉讼法典自颁布至被新法典所取代，历时169年。早在1934年，法国便成立民事诉讼法典修改委员会，但修改进程或因第二次世界大战爆发而受阻，或因意见分歧方案未获通过。延至1969年，政府再设法律委员会，负责民事诉讼法典的全面修改工作。耗时6年，新民事诉讼法典于1975年12月5日颁布，于1976年元月1日施行。

1975年法国新民事诉讼法典很有特色，其基本特点是：在其形成上，是在对1806年民事诉讼法典不断修改的基础上成就的；在其结构上，是一般规定与特殊规定、抽象与具体的双重结构体系；在其模式上，实行的是当事人主义，诉讼的主导权在于诉讼当事人。如对审原则，即法院的裁判须以当事人双方的辩论为基础。在其内容和制度上，有特色的如民事裁判机构的多元化和程序多元化、诉权的制度化和具体化、事前程序与审理程序的分离、书证优先原则、审级的多元化、紧急审理程序的设置，等等。

二、刑事诉讼法的发展

(一) 革命前后的刑事诉讼法

法国的司法制度始建于封建时期，自13世纪始，纠问式刑事诉讼程序成为法国主要的诉讼制度。这种诉讼制度采取有罪推定原则，其程序是书面和秘密的，被告没有申辩权。由于被告自供被视为"证据之王"，拷问成为逼供取证的常用方法。启蒙思想家们曾对这种刑讯逼供、擅自断罪的封建诉讼程序予以无情批判。路易十四时代分别颁布了刑事诉讼法令(1670年)，对其实施广泛的改革，标志着封建时代完整的刑事诉讼法的形成，代表了法国革命前刑事诉讼制度发展的最高成就。大革命期间，这种改革以更彻底、更激进的方式得到延续，颁布了诸多革命法令，宣布公开审判、对席质证、重罪实行陪审制、主张与举证高度统一、无罪推定等原则。

(二) 1808年刑事诉讼法典

1808年12月16日公布的法国刑事诉讼法典由总则和两编组成，共643条。其主要内容特点为：(1)法典兼采纠问式与控告式的诉讼程序，表现在法院庭审前的纠问式和庭审时的辩论式。在重要法庭上，实行庭审公开和不间断原则。审判长控制和指导庭审，"审判长享有自由裁量权，可以凭自己的荣誉和良心，采取自己认为有助于查清真相的任何措施。

如果需要，他可以代表法庭裁决第 316 条(即一切有争议的事项)规定的事项”(第 310 条)。在庭审中，证据的提交和法庭辩论类似英美法系的做法，也实行宣誓作证、交叉询问和最后陈述，只是评议并做出决定是由全体法官和陪审员通过书面表决进行的。(2)确立了起诉、预审和审判职能分立的原则，即检察机关行使起诉权，预审法官行使法院开庭前的审判权，包括收集犯罪证据、认定犯罪事实及其性质，审判法官独立行使审判权，规定一事不再理的原则。(3)按照违警罪、轻罪和重罪的划分确定审判管辖，即分别由违警罪法庭、轻罪法庭和重罪法庭受理违警罪、轻罪和重罪案件。(4)在审判程序上实行两审制与合议制和对重罪案件实行陪审制。重罪法庭设在巴黎和各省，一年开庭四次，是法国唯一设陪审团审理的刑事庭。审判庭由审判长 1 人、法官 2 人和陪审员 9 人组成。对重要法庭审理的刑事案件必须是经过两级预审后起诉的。(5)确立了自由心证证据制度。法典规定，在各级各类刑事法庭中，“罪行可通过各种证据予以确定，法官根据其内心确信判决案件”。并且规定要求张贴和宣读下列训示：法律并不考虑法官通过何种途径达成内心确信；法律并不要求他们必须追求充分和足够的证据；法律只要求他们心平气和、精神集中，凭自己的诚实和良心，依靠自己的理智，根据有罪证据和辩护理由，形成印象，做出判断(第 342 条)。这一刑事诉讼中普遍遵守的证据原则被其他大陆法系国家普遍采用。自由心证虽然是一个进步的原则，但同时也为法官的主观擅断提供了便利。

(三) 刑事诉讼法典修改与 1957 年刑事诉讼法

对 1808 年刑事诉讼法典的修改始于 1879 年并产生了第一个草案。1938 年有了第二个草案，该草案于 1949 年重新公布并继续修订。1957 年完成了新刑诉法典的制定，这部法典是拿破仑时代五部法典中最先完成全面修改的一部。新刑诉法典由序言和五编构成，共 802 条。序言规定公诉和民事诉讼，第一编规定提起公诉和进行预审，第二编规定审判法庭，第三编规定非常上诉，第四编规定特别诉讼程序，第五编规定执行程序。新法典承袭了旧法典不少基本制度，如预审程序、审检合一、刑事程序可附带民事请求和重罪陪审等。同时规定了新的原则和制度，如法典建立了“刑罚执行法官”，监督刑罚的执行，以加强对犯人的个别化教育和改造；新法典加强了对被告人权利的保护，预审程序从书面秘密审理改为当面询问被控告人、证人、民事当事人(犯罪被害人)，并进行对质，被控告人有权知道指控他的每一罪行，询问或对质时，应有辩护人在场。

第九节 法国法的历史地位

一、法国法在欧洲大陆具有典型意义

法国在中世纪是西欧封建制度的中心，它的法律制度在其发展的每个阶段都体现了西欧封建制法律的基本特征和发展的一般规律。从等级君主制到君主专制时期，法律从分散到统一，习惯法、罗马法、国王法令、教会法在法国封建法发展的不同阶段不断变换。法国的封建土地制度和封建等级制度体现欧洲大陆封建法制的典型特征。法国在 18 世纪末进

行了资产阶级革命，建立了资产阶级的法律体系，并编纂了法国六法，成为大陆法系的典型代表，以致有许多国家都以编纂民法、刑法、商法、民事诉讼法、刑事诉讼法及制定宪法建构自己的法律体系。

二、法国法以法国启蒙思想家和资产阶级法学理论为指导

法国资产阶级法制起源于卢梭、孟德斯鸠的学说。法国启蒙思想家批判了封建的神权、王权和特权，要用资产阶级的权利取代封建的权利。他们提出天赋人权、社会契约、三权分立等资产阶级法治原则。法国大革命中制定的《人和公民的权利宣言》把启蒙思想转化为具体的法律原则，而该宣言成为后来法国多数宪法的序言。此外，启蒙思想家的政法理论和分权思想为公、私法的划分及大规模编纂法典奠定了理论基础。根据启蒙思想，法律领域有两个主体，即国家和个人，国家在公法范围内活动，其唯一作用就是承认并保证个人权利的实现；而个人在私法领域内行事，民法典保证个人财产和个人契约的自由不应受国家的侵犯和干涉。

三、严格划分公法与私法

法国不仅沿袭了罗马法的传统，而且坚持了公、私法的区别。因罗马法的历史传统和启蒙思想的理论基础，大陆法系的法律基本结构是以公法与私法之传统分类为基础建立的。传统意义上的公法是指宪法、行政法、刑法以及诉讼法；私法主要是指民法和商法。以法律确认国家主体在公法范围内活动以确保个人自由和权利的实现，而个人在私法领域内行事，个人财产和个人契约自由不受国家的侵犯和干涉。随着垄断资本主义的出现以及国家权力的加强，在公法与私法之间产生了一些公、私法兼具的法律部门，即社会经济法，如经济法、劳动法、工业产权法、社会保障法等。

四、普通司法权与行政裁判权分立

法国实行二元主义司法制度，即奉行普通司法权与行政裁判权分立原则和普通法院与行政法院双轨制度，法国成为“行政法母国”，对其他大陆法系国家的司法制度产生了深远的影响。

本章习题

1. 法国封建法的渊源有哪些？
2.《人权宣言》的主要内容是什么？
3. 法国行政法的特点有哪几方面？
4. 法国刑事诉讼法的发展经过了哪几个历史时期？
5. 法国法的历史地位是怎么样的？

第七章 德国法

本章重点

魏玛宪法；波恩基本法；德国民法典；1975 年刑法典；德国法的历史地位；与法国法的联系与区别

第一节　德国封建法概述

一、德国封建法的渊源

（一）习惯法及其汇编

德意志早期主要沿用由法兰克时代的日耳曼法演变而来的地方习惯法。由于农村公社的长期存在和封建制确立的缓慢，造成无文字记载的习惯法得以长时间保留，而邦国林立的状态也使法律制度极不统一。至 13 世纪，开始编纂习惯法法典，较为著名的有《萨克森法典》和《士瓦本法典》。《萨克森法典》，又称《萨克森明镜》，约于 1230 年由萨克森骑士兼法官艾克·冯·李普高编著。法典的正文主要包括两部分：第一部分为领地法，含有民法、刑法、诉讼法及国家有关领地的法律；第二部分为采邑法，主要是处理封建领主相互关系的法律。从内容上看，法典除萨克森地区的习惯法外，还吸收了若干教会法的规则。从立法水平看，《萨克森法典》不及同时代法国的《诺曼底大习惯法》。法典主要适用于德国北部，后来又扩展至中部和东北部，以及荷兰和波兰地区，并且成为法学家注释与编纂法典时模仿的对象。《士瓦本法典》原名为《帝国国法和封建法合编》，约成书于 1275 年。该法典主要汇集了德意志南部地区的习惯法以及查理大帝的敕令、罗马法和教会法的某些内容，因特别注重士瓦本的习惯法而得名。法典曾在德国境内广泛流传，成为各地法院判案的根据。

（二）帝国法令

13 世纪霍亨斯陶芬王朝以后，德国开始出现经帝国议会中封建主同意而公布的制定法。这些制定法涉及面比较广，有关于君臣关系和帝国政治制度的法律，如 1122 年的《沃尔姆宗教协定》、1356 年的《黄金诏书》；有关于社会治安和刑事领域的法律，如 16 世纪中叶制定的《警察令》《加洛林纳法典》;有关于经济领域的法律,如16世纪以后的《铸币令》《手工业令》等。其中较为重要的是《黄金诏书》和《加洛林纳法典》。

《黄金诏书》是查理四世(CharlesⅣ, 1316-1378)于1356年颁布的,因其盖有用纯金制作的皇帝的玺而得名。《黄金诏书》确认了德国皇帝由七大选侯——萨克森公爵、勃兰登伯爵、莱茵伯爵、波希米亚(捷克)国王以及科隆、美因茨、特里尔三大主教——选举产生。各选侯在其领地上享有司法、铸币、采矿、征税等特权;每年召开一次选侯代表大会,讨论国家大事;选侯代表有权参加帝国法院;禁止附庸发动反领主的战争;禁止城市联盟反对选侯等。《黄金诏书》实质上确认了德意志国家的政治分裂局面。

《加洛林纳法典》是1532年根据皇帝查理五世的命令编纂的一部具有重大影响的刑事法典。法典共分为两部分:第一部分是刑事诉讼法,共143条;第二部分是刑法,共76条。刑事诉讼部分具有纠问式诉讼的特点,实行有罪推定;案件以书面形式秘密审理。刑事诉讼分为侦查和审判两个阶段。侦查又分为一般侦查和特别侦查两个阶段,判决分为有罪判决、无罪判决、存疑判决。刑法部分的特点是:法典吸收了罗马法复兴运动中形成的先进刑法思想和刑法理论。对犯罪未遂、帮助行为和共犯行为做出区分,并规定了相应的刑罚标准,明确了正当防卫的概念;刑罚以威吓为惩罚的指导原则,广泛采用死刑和体刑,对宗教犯罪的处置非常残酷。《加洛林纳法典》虽然并不是全帝国必须遵行的法典,但被作为范本予以推行,在德国刑法史乃至西方刑法史上具有重大影响。

(三)罗马法

罗马法在德国法的形成与发展中具有重要影响。德国著名法学家拉德布鲁赫认为:"罗马法是在1450年至1550年之间蹑手蹑脚地潜入德国,以至于德意志法律史上这个影响最为深远的前奏,几乎在完全没有被当时的人察觉的情况下得以实现。"德国对罗马法的继受相对较晚,然而其结果却远远胜于法国,更不用说英国。它不仅导致了罗马法律制度和概念的广泛继受,而且还促使法律思想的科学化,这是其他民族所未曾经历的。原因主要在于以下几个方面:第一,当时的德国,帝国权力分化,没有强有力的帝国司法机构及很有影响的帝国法律职业阶层,这就为罗马法继受铺平了道路。第二,德国传统的法律那时还处在"前科学状态",不能满足时代的需要,罗马法丰富的概念和思想方法正好填补了这个真空。第三,当时的观点认为,罗马法是神圣罗马帝国皇帝的法律,罗马法不是外国法,而是帝国法。这种观念上的继受被称为"理论上的继受"。第四,1495年颁布的《关于设立帝国最高法院的敕令》规定,在精通罗马法的法学家占全部法官人数一半的帝国最高法院无专门法规或习惯法可资适用时,应根据"帝国的法律和普通法"审判案件。这里指的就是为德国所接受的罗马法。这一实践活动被称为"实践上的继受"。实际上,由于大学的作用,法院特别是教会法院的实践,以及博学的法学家在非宗教法院担任法官等原因,整个欧洲大陆都不同程度地接受了罗马法,德国也不例外。曾受过罗马法训练的英国法学家阿瑟公爵相当贴切地概括了当时的情形:"罗马法在欧洲得到承认,靠的不是强权的理性,而是理性的强权。"15和16世纪,德国固有的习惯法也较多地渗透了精深的罗马法和教会法。许多城市按照罗马法的方式精心修改了他们的法律汇编。如1479年的《纽伦堡法律汇编》、1509年的《法兰克福法律汇编》等。

（四）地方法

地方法作为德意志王国法律制度的重要组成，包括城市法与邦国法两部分。13世纪以后，随着大量自治城市的出现，德国各地产生了以维护城市自治和保护商业活动为主要内容的城市法。这些城市法是在国王或各地领主恩准取得自治权的基础上，参照习惯法和法院判决先例编制而成的。最早的城市法汇编是《萨克森城市管辖法》，它是一部判决的汇编，编末附有讨论城市法院管辖权和诉讼程序的论文集。其他较为著名的还有《科伦法》《卢卑克法》等，前者适用于德意志南部地区，后者适用于汉萨同盟诸城。

邦国法是在日耳曼习惯法的基础上形成的，其表现形式主要是地方习惯法和地方法院的判例，在后期逐渐走向法典化。18世纪中后期，德国若干邦国进行了法典编纂，如1751年《巴伐利亚刑法典》、1753年《巴伐利亚诉讼法典》、1756年《巴伐利亚民法典》、1781年《弗雷德里希法令大全》、1781年《奥地利刑法典》和《约瑟夫法典》、1794年《普鲁士邦法》等。其中《普鲁士邦法》最具有代表性，这是一部体现普鲁士自然法精神的法典，一直施行到帝国成立后《德国民法典》施行之时。

二、德国封建法的基本内容

我们可以通过早期德国的几部重要法律来了解德国封建时期法律制度的基本内容。

（一）《奥托特许权》

《奥托特许权》是奥托一世在位时，为加强王权、抑制封建领主而与教会达成的妥协。主要内容是：教会领地与国王建立直接的附庸关系，国王向教会领地提供保护和授予特恩权，赋予主教和修道院长广泛的行政管理权和司法权，后者则像世俗领主一样履行对国家所承担的义务，创造了所谓帝国教会体制。奥托一世意图通过授予教会特权，造成教会封建主与世俗封建领主之间的相互对立和牵制，以达到加强王权的目的。这种体制建立之初，在一定程度上巩固了早期封建德意志国家。但是，在随之而来围绕着主教授予权而展开的殊死拼斗中，德王与教皇大动干戈，世俗领主尽收渔翁之利，王权日趋衰落。

（二）《黄金诏书》

《黄金诏书》是德国封建社会最重要的一项法律文件。它对100多年来封建诸侯代表的地方割据势力与象征国家权力的王权之间持续不断的斗争加以总结，确认了七大诸侯操纵国政的事实，其效力一直延续到1648年。1275年，德国历史上首次出现由科隆、美因茨和特里尔三个大主教，萨克森公爵、莱茵伯爵、勃兰登伯爵和波希米亚国王七大诸侯选举德王的事件。《黄金诏书》确认了七大选侯的政治特权，称颂选侯为帝国的“柱石”和“烛台”，它们共同发出的光辉照耀了这个神圣帝国。诏书承认选侯的地位与国王相同，规定每年召开一次选侯会议，决定国家大事，选侯有权进入帝国法院，行使最高司法权。诏书还肯定了选侯及诸侯在各自邦内享有的最高统治权，规定国王赐给城市或任何人的权利、特恩权，不得损害选侯的“自由、司法权、权利、荣誉和领土”，否则无效。《黄金诏书》确认的选侯制度成为妨碍德国统一的重要因素。选侯不允许一个皇室强大到成为民族的代表进而统一国家，只要各诸侯开始感到王权变得十分强大，就经常引起王朝的更替。

(三)《威斯特伐利亚和约》

《威斯特伐利亚和约》是近代欧洲诸国为结束以德国为主战场的30年战争，于1648年10月在德国明斯特订立的国际和约。和约对德意志境内的重大事务做了规定，宣布德国境内新教地位平等；保证各邦永久存在，邦君在领地内享有自主权，不得侵犯；各邦有权参加国家事务的管理，继续确认《金玺诏书》及其他帝国法律的效力。和约还对警察、商业、关税和法院的设置等事项做了规定。所有这些，都进一步削弱了国王的权力，加深了德国分裂割据的局面，扼杀了德意志内部任何统一的努力。但是，和约开创了由国际会议解决国际争端的先例，并且划定了欧洲大陆各国的国界，具有重要意义。

(四)《加洛林纳法典》

1532年以帝国名义颁布的一部刑法典《加洛林纳法典》，全文219条，分为两个部分：第一部分有143条，是关于刑事诉讼的规定，采用纠问主义诉讼原则，刑事诉讼分为侦查和审判两个阶段，实行"有罪推定"，为了获取被告口供，侦查中允许严刑拷问，案件审理不公开。第二部分有76条，列举了犯罪及其对犯罪的各项惩罚措施。这部法典的特点：一是它在编排上缺乏周密的系统，在列举犯罪行为时也没有次序可循；二是采用了许多罗马帝国后期的刑罚规定，处罚异常残酷；三是它虽然由神圣罗马帝国制定、公布，但受当时各诸侯势力的制约，并无强制力，只是作为范本被推行到各个诸侯国。尽管如此，由于波美拉尼亚(Pomerania，现在波兰境内)等一些邦国自觉采用了该法典，因此，其在德国法律史上仍具有重要的地位。

三、德国封建法的特点

与这个时期政治社会环境相对应，早期德国法律的分散性和法律渊源的多样化便是其基本特征。这个时期德国法律的发展主要表现出以下特点：一是法律的多元性。封建领主拥有实际统治权，地方法占主要地位；在整个帝国都适用的法律，被称为"普通法"，起着拾遗补阙的作用，居次要地位。二是法律的分散性。各地都有自己的立法和习惯，法律体系也不完整，法律渊源多种多样等。三是法律在确认原有的封建制度及其特性的同时，也有一些近代法的内容，如契约自由、所有权不可侵犯、禁止类推等。四是在皇帝、教会和贵族间错综复杂的政治斗争中，形成了一些类似于宪法的法律文件或规范。

第二节　德国近、现代法的形成和发展

一、德国近代法律的形成

1806年8月6日，拿破仑迫使弗兰茨二世放弃了神圣罗马帝国皇帝的称号，成为奥地利的弗兰茨一世，"德意志民族神圣罗马帝国"寿终正寝。18世纪末，在德国东部地区，普鲁士开始崛起。至19世纪初，它与奥地利一起，已经成为德国最有实力的邦国。以普鲁士和奥地利为首，1815年6月8日，德国组成了"德意志邦国联盟"，下辖34个封建君主国和4

个自由市。1834 年 1 月,德国在北南两个关税同盟的基础上,组成“德意志关税同盟”。1862 年 9 月,俾斯麦出任普鲁士首相,提出了一条以“铁与血”统一德国的道路。1866 年 7 月,普鲁士战胜了奥地利,取得了对德国的领导权,并将奥地利逐出了德国。在此基础上,1866 年 8 月,24 个北德意志国家,包括 3 个自由市,成立了北德意志同盟。1870 年 9 月,普鲁士战胜了法国,扫除了德国统一的最后障碍。1871 年 1 月 18 日,普鲁士国王在凡尔赛宫宣告为德意志皇帝,德意志同盟成为“德意志帝国”,共有 22 个自主的君主国、3 个自由市、1 个帝国直辖区。统一以后的德国,为了维护帝国的社会制度和社会秩序,适应社会经济发展的需要,迫切要求制定统一的法律。于是,德意志帝国开始在普鲁士原有法律的基础上,大规模地创建德国资产阶级的法律制度。因此德意志帝国时期,既是德国经济、政治和军事发生重大变化的时期,也是德国近代法制创建的时期。在宪法领域,德国制定、颁布了 1871 年德意志帝国宪法,基本上奠定了近代德国联邦制的、君主立宪制的国家体制。在民商法领域,德国经过 20 多年的时间,制定、颁布了 1900 年《德国民法典》(简称 BGB)。1897 年颁布的《德国商法典》也于 1900 年生效。在刑法领域,1871 年德国刑法典的颁布,使德国有了一部统一的刑事大法,确立了一系列资产阶级的刑事法律原则。在诉讼法领域,1877 年制定、颁布了《德国刑事诉讼法典》和《德国民事诉讼法典》,从而使比较健全的诉讼法制得以建立。此外,德国于该时期还制定、颁布、实施了《法院组织法》《破产法》《律师法》及《德国民法典施行法》(1900 年,简称 EGBGB)、《关于强制竞卖和强制管理的法律》(1897 年)、《土地登记法》(1897 年)、《关于非讼案件的法律》(1898 年)。至第一次世界大战爆发,德国的近代法制体系已经基本确立。

二、两次世界大战期间德国法的发展和扭曲

(一) 魏玛共和国时期德国法的发展

1914 年德国在欧洲发动了第一次世界大战。历时四年的战争加深了德国的内部矛盾,1918 年 11 月德国爆发了以工人、士兵为主力军的革命,德皇威廉逃亡荷兰,帝制被推翻,成立了德意志共和国。1919 年 1 月 19 日举行了立宪选举,2 月 6 日立宪会议在远离柏林的魏玛城召开,接着组成了社会民主党、中央党和民主党的联合政府,共和政体正式成立,历史上称为魏玛共和国。从 1919 年正式成立共和国到 1933 年法西斯上台,在德国史上即为魏玛共和国时期。共和国成立后,立宪会议经过长期争论,于同年 7 月 31 日通过了《德意志共和国宪法》,即《魏玛宪法》。魏玛共和国时期,原来帝国时代制定的基本法律大多继续有效。但帝制被推翻,共和制的建立,加之战争的后遗症,已意味着德国的社会状况与以往相比发生了很大变化。魏玛宪法正是基于这种背景而制定的,并由此确立和推动了这一时期德国法发展的方向和进程。1919 年的魏玛宪法是近现代宪法的典型代表,在西方宪法史上也以民主宪法著称。在此时期社会改良主义思潮正兴盛于西方各国,因而该宪法一方面仍然严格维护传统西方宪法的理念,而另一方面又打出了“社会主义”的旗号,规定了较完备的民主主义的形式,宣布了许多社会化的措施,明显地体现出了这一时期欧洲宪法的基本特征。魏玛宪法规定了“社会化原则”,对私有制实行限制;规定“一切生产者(资本家和工人)共同合作”,工人参加私人企业管理以及许多“社会化”措施,如“劳工会议制度”“经济会

议制度”等;比较完整地规定了公民的基本权利,如工作权、休息权、失业救济权等和对婚姻、家庭、子女、青少年的保护等。在宪法颁布前后,国民议会和联邦国会先后制定了一系列“社会化”法律。其中有代表性的是1919年3月22日颁布的“社会化”法律。它规定了私人企业实行社会共有的各种形式,后为魏玛宪法所确认,这些形式有:全部社会化,即已经“征收”的企业,其所有权完全归属国家,并由国家自行管理;部分社会化,即国家可以享有企业所有权而占有一部分股份,国家对企业有部分管理权;强制卡特尔,即企业的所有权仍归企业主,但国家将同类工业企业联合起来,由一公共机关管理。劳动立法从工厂立法转入全面调整劳动关系,并出现民主化趋势。根据宪法第165条的规定,国民议会于1920年2月4日通过法律,规定了工厂劳工会议的组织原则、形式和权力,从此确立了德国的企业“参与制”经营管理的制度。工厂劳工会议的组织原则为所谓“均等”原则,由劳资双方以均等人数的代表组成。劳工会议享有“社会权力”,如监督法令、协定、公断的执行,协助解决关于工资、工作条件等问题,反对雇主任意开除工人,协调劳资争议,保证职工免除职业上的意外和疾病的危险,建筑工人住宅、医院等。此外,该会议还享有“经济权力”,如向资方提供新的工作方法,派代表参加企业行政会议,参与企业决策等。

(二)法西斯统治时期德国法的扭曲

1929年至1933年世界性的严重经济危机对德国的打击尤其沉重,德国国内工农生活恶化,统治秩序陷入空前混乱。面对这一形势,德国工业和金融界巨头寄希望于希特勒的纳粹党(全称为“民族社会主义德国工人党”),该党成立于1919年,在其党魁阿道夫·希特勒的自传《我的奋斗》和纳粹党制定的“二十五点纲领”中,提出了德国法西斯主义的基本理论,公然宣扬种族论,并掀起了空前的民族主义浪潮。纳粹党以其蛊惑人心的宣传骗取了一部分群众的信任,为法西斯政党在德国的上台铺平了道路。1933年2月,兴登堡总统任命希特勒为总理。德国法制便进入法西斯化的时期。希特勒一上台,就着手建立法西斯恐怖专政,极力破坏民主法制,取消了人民的一切宪法权利和自由。希特勒首先通过1933年2月的《保护德国人民紧急条例》和《保护人民与国家条例》,废除了魏玛宪法中有关保护人身、言论、出版、集会等自由的一切条款。1933年3月23日,希特勒操纵国会又通过了一项“授权法”——《消除国家与人民痛苦法》。这项法律只有5条,它把立法权包括国家预算的控制权及批准同外国缔结条约权、宪法修正权都从国会手中移交给了内阁,同时还规定,内阁制定的法律由总理起草,并且“可以不同于宪法”,从而剥夺了国会的立法权,由政府兼作立法机关,总理集行政、立法和外交大权于一身而成为独裁者,为希特勒的独裁统治和法西斯专政提供了法律依据。正是通过这一法西斯根本大法,奠定了希特勒独裁政权的全部法律基础。根据“授权法”,希特勒政府又制定了一系列加强法西斯专政的重要法律。1933年12月1日《关于政党及国家之保障的法律》,把纳粹党的法西斯主义规定为德国的指导思想,确认党和国家的结合。1934年7月14日《禁止组织新政党法》,规定纳粹党是德国唯一合法的政党,所谓“议会政治”名实俱亡。1934年1月30日《德国改造法》取消了各邦议会,各邦立法权移交国家,以此加强了法西斯专政的中央集权。1934年8月,兴登堡总统去世的当天,便颁布了《关于帝国最高领袖的法令》,规定总统的职务与总理的职务合二为一,由希特勒接管了国家元首和武装部队总司令的权力。除此之外,还制定了大量法西斯的刑事法令和其他法令，把人民的一切自由和民主权利剥夺得干干净净。

民事法律方面，法西斯政权一方面加强了对垄断组织的扶持力度，通过《卡特尔变更法》《强制卡特尔法》(均于 1934 年 7 月 15 日颁布)，在德国进一步强化了垄断资产阶级的统治；另一方面，通过颁布《德意志血统及名誉保护法》(1935 年 9 月 19 日)和《婚姻及养子制度之滥用的禁止法》(1933 年 11 月 23 日)等法律，在德国推行种族歧视和种族灭绝政策，强调保护日耳曼人血统的"纯洁"，驱逐、迫害其他民族，尤其是犹太民族；此外，通过 1933 年 9 月 29 日的《世袭农地法》，既在农村努力培植富农阶层，以加固法西斯政权在农村的统治基础，又为军工企业以及即将发动的侵略战争提供了大量的劳动力和兵源。

在刑法领域，法西斯政权抛弃了 1871 年德意志帝国刑法典中确立的一些自由主义的近代刑法原则，复活了中世纪的一些残酷刑罚，如"去势"(割去生殖器)等，宣扬种族主义和恐怖主义。1933 年发表的《国社党刑法之觉书》还规定了法官在法律没有规定时可以使用类推原则，规定刑罚处罚的对象不一定都有犯罪的行为，对犯罪的意图和犯罪的思想也可以惩罚。所有这一切，都使法西斯时期的刑法，倒退到了中世纪封建时代。

上述这一系列法令以及其他许多法西斯法令，将法西斯统治深入扩展到国民生活的各个领域，使德国法全面法西斯化。应当强调的是，德国法西斯的统治主要不是依靠法律，而是依靠恐怖组织等不按正常法律秩序行事的组织以及恐怖活动。纳粹德国的司法界人士宣称："希特勒就是法律"。1934 年 7 月 12 日，戈林声称"法律和元首的意思是一回事"。可见，法西斯专政时期已由非法状态取代了近代的法制状态。

三、两个德国并立时期法律的演变

(一) 西德法律的发展

1949 年 5 月 30 日联邦德国(西德)颁布了《德意志联邦共和国基本法》，它规定德意志联邦共和国为社会法治国家，人的尊严应该受到国家的重视和保护，人们的基本权利是"直接有效的权利"，约束着立法、行政和审判。这部法律虽然没有被冠以宪法之名，但实际上一直起着宪法的作用。其关于民主、和平、保障公民等基本人权方面的规定成为西德宪政法制的基石。它在事实上恢复了联邦制，并确立了联邦德国的资产阶级民主制原则，为德国法制的民主化奠定了法律基础。

在民商法领域，1900 年《德国民法典》继续适用，只是内容已经被大量修订。与此同时，在民法典之外，西德还颁布了许多单行法规以及做了许多具有通用效力的判例，来补充民法典的规定，如各种新的契约关系的创立以及人格权的保护等，主要是靠法院的判例来实现的。1900 年德国商法典也仍然有效，其内容也有很多变化。

在经济法领域，第二次世界大战前业已形成体系的经济法，在西德获得了进一步的发展，比如制定、颁布了大量的单行法规，从 1949 年至 20 世纪 80 年代初，西德颁布的 3 000 多项法律中，经济法占了 70%。关于国有化的法律，关于计划法、税法、保险法、反不正当竞争法、消费者保护法、产业政策法等，也都获得了巨大的发展。

在刑法领域，《德意志联邦共和国基本法》对刑法的改革规定了原则。此后，西德对 1871 年刑法典的修改一直没有中断过。至 1975 年，终于颁布了经过修改、正式定本的新刑法典,其名称为《1975 年 1 月 1 日修订的 1871 年 5 月 15 日刑法典》,对西德的犯罪和刑罚做了适合时代新发展的规定。

在法院和诉讼制度方面,西德和第二次世界大战前德国的最大区别是于 1951 年设立了宪法法院,专门处理违宪审查事项,以及承担宪法的监督、实施任务。

(二) 东德法律的发展

1949 年东德的宪法,明确提出了建立反对法西斯的民主主义的宪政体制,并将建设社会主义作为国家的根本任务。1968 年颁布的新宪法,进一步详细规定了社会主义各项制度和原则,确认公民所享有的各种政治、经济、文化和社会生活的权利,并规定了社会主义的计划经济模式和运行机制。

在民法领域,东德建立之初一直适用 1900 年德国民法典,只是一些与社会主义经济方式明显抵触的规定被弃之不用。1975 年 6 月 19 日,东德制定、颁布了自己的民法典(1976 年 1 月 1 日生效),它虽然在许多方面吸收了 1900 年民法典的内容,但在体例上却做出了重大改革,即它除了序言之外,共分七编:社会主义民法的基本原则;社会主义财产和个人财产;有关物质和文化生活的契约;为居住和休养的目的使用地产和建筑物;保护生命、健康及财产免受损害;继承法;关于特殊的民事法律关系的专门规定。这样就抛弃了旧民法典的五编制的体系。

在民法典之外,东德还在 1965 年单独制定了婚姻家庭法典,对婚姻家庭的基本原则、结婚、离婚、夫妻财产、家庭关系等做了系统规定。尤其是对男女平等、保护妇女和儿童利益以及婚后夫妻财产共有制度等做了详细规定。

在刑法领域,东德在 1968 年颁布了新的刑法典。它吸收了大量的单行刑事法规,如青少年刑法和军事刑法,内容较为广泛,其结构分为总则和分则两个部分。总则将犯罪分为重罪与轻罪两类,凡侵犯公民权利和利益、侵犯社会主义财产、破坏社会和国家秩序或侵犯社会其他权利和利益的危害社会的行为为轻罪;危害社会、侵犯德意志民主共和国主权、破坏和平、侵犯人类和人权的犯罪行为、战争罪行,以及各种敌视、反对德意志民主共和国的犯罪行为和蓄意谋害人命的犯罪行为,是重罪。刑罚分为不剥夺自由的处罚(缓刑、罚金、公开训诫)、剥夺自由的处罚(徒刑、拘役)和死刑三种。附加刑有罚金、限制居住、禁止从事一定的职务、没收行车执照、没收物件、没收财产和剥夺公民权利。分则有九章,按犯罪行为侵犯的同类客体划分为九大类不同性质的犯罪,并具体规定了 142 种犯罪。

在法院和诉讼制度方面,至 20 世纪 70 年代,东德先后制定、颁布了《刑事诉讼法典》和《民事诉讼法典》,对法院组织和诉讼程序做了规定。即在东德,法院种类有县法院、专区法院和最高法院三个层次。此外,还有各种专门法院,如军事法院、高级军事法院和国家合同法院(包括中央合同法院和地区合同法院),其性质类似于处理经济纠纷的行政法院。此外,东德还有一种称之为"社会法院"一类的组织,主要是工厂中的"调解委员会"、城镇及乡村中的"仲裁委员会"等,处理轻微的刑事案件、较小的违法案件和简单的法律争端,不服判决者可以上诉至县法院。

四、重新统一后德国法制的新发展

两个德国的重新统一,对德国的法制发展产生了巨大的影响。一方面,由于德国的统一是以原东德地区并入西德的方式实现的，因此，统一以后原来在东德地区生效的法律都被废止，西德的各项现行法全面适用于东德，即统一后的德国，全面继承了西德的法制。因此，西德的《基本法》、1900 年《民法典》、1877 年的《民事诉讼法典》、1994 年修订之《刑事诉讼法典》等成为德国整个法制的基础。另一方面，为了适应统一后德国出现的新情况和新问题，德国也对统一前的各项法律做了必要的修订，如 1994 年对基本法的修订和 1994 年对刑事诉讼法典的修订等，第二次世界大战后德国法的分裂局面宣告终结，德国法又进入一个新的发展时期。

第三节 宪 法

一、德意志帝国成立以前的立宪活动

(一) 1850 年普鲁士宪法

1850 年 1 月普鲁士颁布了一部钦定宪法。这部宪法受到法国 1814 年的《钦定宪章》的影响制定而成，共 9 章，119 条。规定了普鲁士人的权利、国王、议会、司法权、王国的财政等内容。宪法规定，普鲁士实行君主立宪制，但国王拥有广泛权力，神圣不可侵犯。国王享有行政权，是武装部队的总司令，对外有宣战、媾和和订立条约的权力。内阁大臣对国王而不是对议会负责。立法权由国王和议会共同行使，但国王可以拒绝议会通过的任何法令，并可以颁布具有法律效力的命令。议会由上院和下院组成。上院由国王任命的终身或世袭贵族组成，下院通过选举产生。议会享有立法权，但权力极其有限。普鲁士确立了司法独立原则，实行法官职务终身制，但法官却是由国王或以国王名义任命。宪法一方面宣布臣民享有一系列权利和自由，但同时规定了许多限制性条款，实行普遍义务兵役制。普鲁士宪法反映了容克贵族和大资产阶级的利益。尽管封建君主握有大权，但资产阶级已在国家生活中占据一席之地，这在一定程度上有利于资本主义的发展。这部宪法经多次修改后被长期沿用，直到 1919 年被废除。

(二) 1867 年北德意志联邦宪法

1866 年对奥地利战争的胜利，确立了普鲁士在德意志的霸主地位，并将奥地利挤出了德意志联邦。此后，成立的北德意志联邦于 1867 年 4 月正式出台了《北德意志联邦宪法》。该宪法着意创立了一种德意志的君主立宪政体，规定北德意志联邦的行政权归联邦主席团，普鲁士国王掌握主席团的大权，他有权代表整个联邦决定战争与和平，并享有联邦军队的最高统帅权，以及签署、颁布法律与任命宰相的权力。国家立法机关由国家议院和联邦院组成，前者由各邦根据普选产生，后者由各邦的代表组成。联邦内部形式上保持独立，但实际上普鲁士处于主导地位。宪法没有规定公民的基本权利，不能不说是一个缺陷。总体来看，该宪法在确保君主专制的前提下，一定程度上满足了资产阶级的愿望，从而建立起了以普鲁士为中心的容克贵族和资产阶级的政治联盟。这部宪法虽然存在的时间非常短暂，但它直接为 1871 年德意志宪法的制定提供了蓝本。

二、1871 年德意志帝国宪法

《德意志帝国宪法》共 14 章 78 条，是德国第一部统一的宪法。宪法虽然规定实行联邦制的国家结构形式，但帝国联邦中央明显享有更多的高度集中的权力。宪法确定帝国法律高于各邦法律，同时列举了帝国中央的立法权限，具体包括有关迁徙、归化、海关和贸易、度量衡与货币制度、海外贸易与航运、铁路、邮政电报、民事和刑事、诉讼、破产、票据、商法、帝国陆军与海军舰队等领域的立法权，各邦权力极为有限，仅保留教育、卫生、宗教以及地方行政等方面的立法权。这种联邦制与其他国家的联邦制有较大差异，各邦丧失了原有的独立地位，事实上已经沦为帝国联邦政府的地方自治单位，联邦中央权力的加强有助于消除封建割据残余，促进帝国统一市场的形成，从而推动资本主义的发展。

宪法确定了君主立宪制的国家政体，皇帝和首相拥有极大权力。宪法规定帝国皇帝由普鲁士的皇帝世袭，拥有法律提案权、议会召集权，以及军事、外交、宣战、媾和、结盟、缔约和宣布帝国任何地区为战争状态等一系列广泛的权力。首相是从属于皇帝的最高行政官吏，由皇帝任命的普鲁士邦宰相担任，对皇帝负责。首相不但操纵国家行政权，而且皇帝在公布帝国法律时还需由首相副署。此外，帝国首相还是联邦议会的主席，可以直接参与立法活动。可见，帝国首相在国家机构中的地位相当特殊，俾斯麦在 1871 年至 1890 年一直担任这一职务，成为帝国的实际组织者和领导者。

宪法规定立法权由联邦议会和帝国国会行使，但帝国国会完全处于从属地位。联邦议会虽然拥有较为广泛的立法权，但议员并非选举产生，而是由各邦君主从高级官吏中任命，代表各邦元首，因此联邦议会仅对各邦元首负责而无须向选民负责，完全是一个从属于行政权的机构。联邦议会共有 58 个议席，其中普鲁士邦占有 17 席，其他各邦只有 1 至 6 个席位，显然普鲁士邦相对于其他各邦占据绝对优势地位，成为帝国国家事务的实际主宰。帝国国会名义上是人民代议机构，实际上权力很小，没有一个对其负责的政府，是从属于皇帝、首相，还从属于联邦议会的咨议性机构。

宪法没有关于公民基本权利的规定，却以专章规定了军事制度，在帝国范围内推行普鲁士的军事法律。宪法第 61 条规定，凡普鲁士的军事警察之立法、法典、法庭条例、兵役制度等一律于宪法颁布之日起在全德国推广，为日后军国主义的发展提供了宪法依据。

1871 年宪法作为德国第一部得到真正实施的统一的资产阶级宪法，无疑对促进和巩固国家统一、发展资本主义有一定的积极意义。但另一方面，该宪法所具有的浓厚专制色彩和对军国主义传统的保留，充分反映了德意志帝国的保守性特质，对德国政治生活产生了深远影响。

三、魏玛宪法

1919 年的《德意志共和国宪法》，因在魏玛召开的制宪会议上通过，习惯上被称为《魏玛宪法》。宪法草案经过 7 个月的讨论，六易其稿，于 7 月 31 日以 262 比 75 票通过，8 月 11 日公布实施。该宪法分为两编，共 181 条，一万四千余字，是当时世界上最长的一部宪法。第一编规定了联邦的组织和职权，第二编规定了人民的基本权利和义务。

宪法坚持联邦制的国家结构形式，实行联邦法律高于各邦法律的原则。宪法确立了联邦和邦的立法权限，联邦拥有外交、殖民、国籍、关税和货币等方面的专属立法权，刑法、民法、出版、卫生、商业等立法权为联邦与各邦共有，但是联邦享有优先权。同时联邦有权废止各邦法律，如果各邦法律与联邦法律相抵触，由联邦最高法院裁决。可见就整体而言，联邦中央拥有广泛权限。此外，联邦内部各邦法律地位平等，普鲁士邦的特权被大大削弱。

宪法规定实行共和政体，确立了立法、行政、司法三权分立的资产阶级法制原则。宪法首次规定在德国实行共和政体和主权在民原则，立法权由联邦国会和参政院组成的两院行使，联邦国会议员由选民直接选举产生，与联邦政府共同享有法律提案权。参政院则由各邦政府的代表组成，有权对联邦政府提出的法案做出修改和补充，同时对联邦国会通过的法案有一定的否决权，即有权要求联邦国会重新讨论已通过的法案。行政权属于总统和联邦政府，总统拥有一系列广泛权力，代表国家、统率军队、公布法律、提前召开和解散国会等。特别是宪法第 48 条规定总统有权以武力强制各邦遵守德意志联邦宪法和法律，可以停止宪法规定的基本人权，以武力恢复所谓公共秩序与安宁。宪法关于总统权力的规定承袭了德意志皇帝独裁的传统，为希特勒法西斯建立独裁政府、取消民主、践踏宪法提供了法律依据。司法权由联邦法院和各邦法院共同行使，实行司法独立原则。

宪法不仅囊括了各国宪法普遍规定的公民基本权利和义务的所有内容，而且增加了许多所谓“社会主义”的新条文。宪法有关公民民主权利的规定在资产阶级宪法史上是前所未有的，几乎悉数罗列了历来资产阶级宪法和权利宣言所包含的公民基本权利，如公民在法律面前一律平等、男女平等，公民有言论、迁徙、人身、住宅、通信、集会、请愿、结社、学术研究和宗教信仰等各种自由。除此之外，宪法还规定了许多新权利，如工作权、休息权、失业救济和受教育的权利等，公民的经营工商业自由、契约自由以及婚姻、家庭、产妇、子女等均受国家法律保护，实行所谓工人参与经营管理企业和审议经济法律草案的“劳工会议制度”和“经济会议制度”。宪法所包含的这些内容，被西方学者标榜为“社会主义”原则，实质上是在特定的社会历史条件下，垄断资产阶级和容克地主缓和矛盾、麻痹人民、稳定统治的一种手段。《魏玛宪法》是德国第一部资产阶级共和制宪法，也是资本主义进入垄断时期产生的第一部现代资产阶级宪法。《魏玛宪法》反映了资产阶级宪法的现代发展，它不仅对德国第二次世界大战后宪政原则的确立和发展有深远影响，而且为其他各国现代宪政原则的确立和宪法的制定提供了模式和范例。

四、波恩基本法

第二次世界大战以后，以美、英、法三国为一方，以苏联为另一方，分别对德国实行了军事占领和管制，最终导致德国分裂为两个并存的国家政权，即西部为联邦德国，东部则为民主德国。1948 年 9 月，在美、英、法 3 国占领当局的支持下，西部占领区资产阶级政党代表组成了以基督教民主联盟头目阿登纳为首的 65 人“协商议会”，负责起草、制定西部德国的国家根本法。1949 年 5 月 8 日根本法予以通过，5 月 23 日美、英、法 3 国军事长官正式批准使之生效。这样，在西部德国地区产生了一部体例完整并具有单一国内法性质的宪法性文件——《德意志联邦共和国基本法》。该法后经多次修订，一直适用至今。

针对希特勒统治期间法西斯政权肆意践踏公民权利的教训,《德意志联邦共和国基本法》明确宣布主权属于人民,并在第一章中较为详尽地规定了基本权利,其内容与《魏玛宪法》大致相同。《德意志联邦共和国基本法》强调人的尊严不可侵犯,人权是和平正义的基础。各项基本权利具有直接的法律效力,并约束立法、行政与司法。在任何情况下,不得危及基本权利的实质,任何人均可因基本权利受到公共权力的侵犯,通过司法途径提起宪法申诉。《德意志联邦共和国基本法》还规定国际法的基本原则是联邦法律的组成部分,直接为联邦境内的居民创设权利与义务。在关于联邦与州权力的划分和相互关系上,《德意志联邦共和国基本法》大体承袭了《魏玛宪法》的一些原则和制度。相比之下,联邦政府的权力仍然很大,联邦法律高于各州法律。各州宪法必须符合联邦基本法。联邦负责外交事务,各州同外国缔结条约,应在其立法权限范围之内,并须经联邦同意。如果州不履行基本法或其他联邦法律规定的义务,联邦政府可以强制各州履行其义务。《德意志联邦共和国基本法》重新确立三权分立原则,恢复了多党制,并规定有关政党的组织和活动原则。根据分权原则,立法权由联邦议院和联邦参议院组成的联邦议会行使。联邦议院议员由选民依普选、直接、自由、平等和秘密的原则选举产生,任期 4 年。联邦参议院议员由各州政府委派的州政府成员组成,无固定任期,代表各州参与联邦立法,每州至少有 3 票表决权。立法程序采用"联邦议院中心主义"原则,参议院虽对联邦立法有审议、通过与否决权,但联邦议院在联邦中具有主导地位并起决定作用。联邦议院还有权监督政府,选举产生联邦总理,对联邦总理表示不信任或否决联邦总理要求信任的提案。联邦总统为国家元首,对外代表联邦。《德意志联邦共和国基本法》吸取《魏玛宪法》规定总统权力过大导致独裁的教训,对总统的权力做了较大限制。总统由联邦大会选举产生,任期 5 年,只能连任 1 次。总统缔结重大条约,须获得有关主管机关同意或参与;对内发布命令,须经联邦总理或主管部长副署方能有效。总统不再拥有与议会并列的权力,而是受议会监督,联邦议会可以联邦总统故意违反基本法或其他法律为由,向联邦宪法法院弹劾总统。联邦政府是国家最高行政机关,由总理和联邦各部部长组成。联邦总理由联邦总统提名,经联邦议院选举产生后,再由总统任命。一般由联邦议院多数党领袖担任。联邦总理作为政府首脑,有权任命各部部长和其他政府官员,负责制定政府的内外政策,统一领导各部工作。联邦总理向联邦议院负责,而不是向总统负责。为了保证政府稳定,《德意志联邦共和国基本法》规定只有在联邦议院预先以超过半数选出新总理的情况下,原政府才可以解散。《德意志联邦共和国基本法》确认了司法独立原则,规定了违宪审查制度。1951 年建立联邦宪法法院,防止滥用宪法并解释宪法。宪法法院是独立的宪法机关,主要解决由于法律规定不明确而出现的纠纷,实行宪法监督。其职责具体为:解决联邦与州及各州之间的争端;解决联邦各机构之间的矛盾;审查联邦及各州的法律是否违宪;受理公民个人或团体的宪法控诉。为防止德国再次成为战争的策源地,《德意志联邦共和国基本法》规定:联邦德国可将主权移转给国际组织,同意限制联邦德国的主权,承认国际法的一般原则是联邦法律的组成部分,并优于其他国内法。规定任何试图破坏和取消现存民族和自由的基本秩序、破坏和平、准备侵略战争的行为,均属违宪,应受到惩罚。不得强制任何人违背良心服兵役,妇女不得受雇或被迫在武装部队服役等。

总之,《德意志联邦共和国基本法》作为联邦德国的根本大法,通过重建资产阶级民主制度取代了希特勒的法西斯专政,在一定程度上反映了第二次世界大战后德国人民对法西斯统治和帝国主义战争的厌恶。《德意志联邦共和国基本法》比较重视公民的基本权利和维护和平的规定,通过对权力制约体系的建构,防止法西斯暴政的再次出现,具有极强的针对性。《德意志联邦共和国基本法》在基本制度上继承了魏玛宪法的传统精神,同时又有许多创新,如设立宪法法院等。1990 年两德重新统一以后,波恩基本法在全德境内适用。

第四节 行 政 法

一、德国行政法的历史

早在德意志帝国建立之前,在各邦的地方立法之中就已经出现了行政法的萌芽,其主要表现是 15 世纪开始在德意志各邦出现的有关警察与秩序的法律,有些地方还建立了行政裁判机构。但是在奉行等级制度的封建社会中,行政权力强大而宽泛,而且不受法律拘束,行政在很大程度上表现为君主专制之下的警察活动,因此行政法在很大程度上成为封建领主与贵族行使绝对权力和维护统治秩序的有效工具。创建于 1495 年的神圣罗马帝国最高法院对控告行政机关的案件也拥有一定的管辖权,但是其行政裁决权受到地方统治者特权的严格限制。18 世纪末以来,受到法国大革命自由主义思想的影响,德国市民阶层反对君主的武断统治,纷纷要求将国家行政活动置于法律的约束之下,因此在德国的地方立法中开始出现了规范和制约政府行政行为的法律,此即近代意义上的行政法,1794 年《普鲁士邦法》中就有许多行政法的内容,如规定国家补偿的一般义务等。在随后的半个世纪中,德国各邦的立宪活动十分频繁,以自由和法治理念为基础的宪政实践推动了依法行政原则的初步确立。对行政法的发展具有重要意义的是各邦行政法院的建立,1863 年在巴登邦率先建立行政法院,接着各邦竞相效仿,普鲁士邦于 1872 年至 1875 年,黑森邦于 1875 年,符腾堡邦于 1876 年,拜因邦于 1879 年先后建立了行政法院。各邦行政法院的审判实践活动对德国行政法产生了重要影响,其中普鲁士行政法院最为完备,其行政裁判也最为引人注目,许多至今仍然执行的行政法基本原则都是由普鲁士行政法院的行政审判创立和实行的。不过,统一后的德国并没有建立全帝国单独的行政法院,只设置了一些专门行政法院,审理有关某一方面的行政诉讼,如 1873 年设立的帝国铁路法庭、1877 年设立的帝国专利局和帝国高等海事法庭及帝国紧急法庭等。1919 年魏玛共和国的建立为德国联邦行政法院的诞生提供了宪法依据,根据《魏玛宪法》第 107 条的规定,联邦及各邦应依据法律建立行政法院,这对德国行政法院制度的确立和完善起了直接的推动作用。虽然统一的中央行政法院最终并未建立,但是以法律规范行政行为的呼声日益高涨,从而推动了德国行政法的进一步发展。魏玛共和国时期,德国行政法已经形成独立的法律部门,设置了普通法院和行政法院相分离的审判制度,完整的行政法院组织体系在全国范围内得以确立,各邦的行政诉讼也逐步得以完善。同时,各邦的立法活动比较频繁,1926 年图林根邦通过了第一个邦行政条例，初步确定了行政法和行政程序法的主要调整对象与领域；1925 年奥地利邦制定的《一般行政程序法》，迄今为止仍然有效；符腾堡邦于 1931 年公布了一个行政法规草案，这是将行政法全面法典化的一次尝试，尽管该草案并没有真正实施，但对其后德国行政诉讼实践有一定影响。然而，初具规模的行政法院体系和行政法原则被希特勒法西斯政权破坏殆尽。第二次世界大战以后，重新确认了资产阶级民主与法治原则，联邦德国的行政法在魏玛共和国的基础上有了新的多方面的重大变革和发展。原有的行政法院体系被重新恢复和调整，特别是《德意志联邦共和国基本法》第 20 条肯定了行政法院的独立法律地位。根据《德意志联邦共和国基本法》第 92 条的规定，1952 年设立了联邦行政法院，其作为司法体系的地位也得以确立。1960 年《联邦行政法院法》规定在联邦境内建立统一的行政法院组织，肯定行政法院是独立的、与行政机关分离的行政司法机关。随着政府行政职能的扩张和加强，不仅行政法院体制得以重新确立，联邦和各州还分别制定了一系列行政法和行政诉讼法，大量的行政立法将法律对公民基本权利的保护，达到了完全普遍化，从而推动了德国行政法的发展和依法行政原则的实现。1976 年施行的《联邦行政程序法》融程序法与实体法为一体，标志着德国行政法进入了成熟阶段。该法确立了行政法的重要原则，统一了行政行为的一般规范与标准，并宣布保障公民在行政程序中的权利，成为各州行政程序立法的基础。第二次世界大战后的德国行政法摆脱了法国法的影响，不仅行政程序法和行政实体法的内容得以大大扩充，而且行政法学说与理论也获得独创性发展，形成了体系完备、内容详尽、程序规范的发达的行政法律体系。

二、德国行政法的基本制度

德国行政法从内容上可以分为一般行政法和部门行政法两大类，从性质上可以分为行政实体法和行政程序法。广义的行政程序法包括行政程序与行政诉讼程序两个方面。

（一）公务员制度

公务员制度是德国行政法的一项基本制度。德国公务员制度的形成与确立始于 19 世纪初期。1713 年普鲁士邦率先采用法官任用考试制度，这是德国最早的公务员考试任用制度。稍后，这种考试任用制度开始在更大范围内适用。由于帝国建立初期专制国家的性质，公务员制度发展缓慢。魏玛共和国建立后，开始对公务员制度做出实质性规定，明确要求政府公务员在政治上必须保持中立；无重大过失，不得解除其职务，推动公务员制度的现代化。这一进程，在第二次世界大战结束后才得以完成。1950 年，德国制定了《公务员法》，1953 年制定了《联邦公务员法》，1972 年又制定了《联邦法官法》，1980 年颁布了《联邦公务员工资法》，把公务员制度严格建立在法制的基础上。根据《联邦公务员法》的规定，公务员享有五个方面的权利：(1)依法取得报酬和享受待遇的权利；(2)查阅本人人事档案的权利；(3)结社的权利；(4)随时辞职的权利；(5)获得公务员服务证书的权利。公务员应当履行的义务主要有：(1)保持政治中立；(2)忠诚于职务；(3)支持和服从上级；(4)严守职务机密。公务员在任职期间有违法失职行为的，须受惩戒处分，根据行为的性质由主管机关给予警告、罚款、降薪、降职直至开除公职的处分。受惩戒公务员不服的，可依法定程序提出申诉。

(二) 委任立法

委任立法是指联邦议会可以通过法律把自己的一部分立法权转交给其他机关行使，得到立法委任而实施这种立法权的活动谓之委任立法。德国的委任立法有以下几个特点：(1)委任立法以无立法权为前提；(2)委任立法包括行政委任和自治委任；(3)委任立法权由基本法设定，由法律具体实施；(4)委任立法权受到严格限制。德国的委任立法受到司法控制，这种司法控制主要通过两种方式来实现：一是直接审查，二是间接审查。直接审查系指宪法法院在审理违宪控告中，对被诉法规或规章的合宪性进行的审查；间接审查是指行政法院在审理行政案件中附带地审查委任立法是否越权，这种审查，只有当具体的行政纠纷涉及某项法规或规章时，方可采用。

(三) 行政程序法

德国一直比较重视行政程序的规范化，认为建立公开而严格的行政程序是依法行政的基础。20 世纪 60 年代初，联邦内政部着手起草"行政程序法"草案，后经多次修改，于 1970 年正式向立法机关提出，事隔五年后终获联邦议院的批准。1976 年生效的《联邦行政程序法》分为 8 章、103 条，该法对行政程序的统一做出了大胆尝试，规定各邦应在遵守时效、公正、民主、书面、一致等项原则的基础上，自治地修订各自的行政程序。《行政程序法》还对行政申诉制度做了规定。该法的实施，大大提高了行政机关的办事效率，从程序上对行政关系中的被管理者提供了较为可靠的法律保障。

三、德国行政法的基本特点

(一) 公法与私法二元化

德国的法律体系具有大陆法系的共同特征，即有明确的公法与私法的划分，行政法属于公法的范畴。德国公私法的划分，具有实际意义，它构成了整个行政法的前提。因为处理公法纠纷和私法纠纷适用不同的实体法规范，并且由不同的法院管辖，公法纠纷受行政法院管辖，私法纠纷则由普通法院管辖。

(二) 成文法多于判例法

法国是成文法国家，但其行政法却是判例法。德国是成文法国家，其行政法也是成文法。这是德国行政法不同于法国行政法的一大特点。这一特点并不意味着德国只有成文法，没有判例法，但它表明成文法在德国行政法中占据主要地位。德国 1976 年的《行政程序法》和 1960 年的《行政法院法》，分别近似于行政诉讼法典和行政实体法典，构成其完整的行政法的基础。

(三) 程序与实体合一化

德国具有发达而完整的行政程序法。早在 1963 年德国就有为数 85 条的《行政程序法标准草案》(慕尼黑草案)。现行的行政程序基本法是 1976 年制定的、多达 103 条的《行政程序法》。但该法中的"行政程序"并非单纯的"程序"，其内容还是侧重于实体规范。例如，行政处分的构成条件、公法契约和国家责任等。这些行政实体法问题，在德国均是通过行政程序法加以调整和规范的。可见，德国的行政法，程序与实体合一，甚至可以说，行政程序吸收了行政实体。

（四）行政法院非行政化

就行政司法体制而言，德国与法国一样，都实行双轨制，即在普通法院之外，都有独立的、自成体系的行政法院。但从行政法院的地位来看，两国之间大不相同。法国的行政法院是行政部门的一部分，实质上是一种特殊的行政机关。而德国的行政法院是司法系统的组成部分，不受行政部门干预，具有很强的司法性，而非行政性。

第五节　民　商　法

一、1900年《德国民法典》

（一）民法典的制定

德国统一以前各邦的法典编纂活动，并未解决全德民事法律分散杂乱的问题，法律的不统一严重阻碍了德意志的发展。随着德国资本主义的成长和民族统一运动的兴起，制定全德统一民法典的需求日益强烈，然而就是否需要制定统一的民法典，在统治阶级内部和法学界存在着长期的争议。一方面，除普鲁士以外，各邦统治者出于维护地方利益的考虑而对编纂统一的法典持消极态度；另一方面，各派法学家的观点也尖锐对立。最早提出编纂统一民法典的是德国自然法学派的主要代表、海德堡大学教授蒂博特，他在1814年出版的《论统一德国民法典的必要性》一书中指出，只有统一法律才能实现民族的统一，编纂统一的民法典是德国独立复兴的基础，他认为"法律有改造社会的功效"，立法是理性的产物，人们凭借理性即可制定法典。蒂博特的观点遭到以萨维尼为代表的历史学派的反对，萨维尼在《论当代立法和法理学的使命》一书中阐述了历史法学派的观点，认为法律不是理性的产物，而是世代相传的"民族精神"的体现，是一个民族的历史发展所决定的。他认为对于德国来说，制定一部体现历史传统和符合民族精神的法典的条件尚不成熟，而过早地编纂法典将会使法律的"自由解释和继续改良成为不可能"。这种争论持续了近一个世纪，直到制定法典时仍旧没有休止。编纂统一民法典的工作在德国统一以后终于被提到议事日程上来，1871年帝国宪法明确规定制定国家统一民法典的权力属于帝国中央，从而为民法典的编纂提供了宪法依据。1874年帝国联邦议会成立了以帕普为首的11人法典编纂委员会，1887年该委员会提交了第一个民法典草案和草案说明。草案提出后在社会各界引起强烈反响，尤其是工商业资产阶级认为草案是以普鲁士民法为基础，带有浓厚的封建色彩，需要做大规模的改动。为此1890年联邦议会又组成以普兰克为首的22人法典编纂委员会，开始起草第2个民法典草案。5年后草案形成，提交联邦议会审查、修改。修改后的草案作为第3个草案送帝国国会讨论通过，最后，在资产阶级和容克贵族以及统治阶级内部各派力量相互妥协的基础上，民法典终于在1896年通过，1896年8月19日帝国皇帝批准公布，1900年1月1日开始施行。1900年的《德国民法典》是德国第一部资产阶级民法典，也是19世纪末资本主义向帝国主义过渡时期资产阶级国家编纂的规模最大、对现代资产阶级民事立法的影响最为广泛的一部民法典。

（二）民法典的结构

《德国民法典》共2 385条，由总则、债的关系、物权、亲属和继承5编组成。第1编为总则，包括人、物、法律行为、期间、时效、权利的行使和提供担保7章。第2编为债的关系，确定了债的通则，以及引起债务关系发生的主要依据，包括各种类型的契约、无因管理、不当得利、侵权行为等。第3编为物权法，包括动产和不动产所有权、所有权的取得与丧失、共有、地上权、役权、抵押和质权。第4编为亲属法，包括结婚、离婚、夫妻财产、亲属关系、收养、监护、保佐等内容。第5编为继承法，包括继承、继承人的范围和顺序、遗嘱、继承权的丧失和放弃等。

（三）民法典的基本特点

《德国民法典》代表了当时立法的最高成就，与法国民法典相比，在内容上有了很大的进步和发展，主要体现在以下几个方面：

1. 民法典的编纂体例较为科学

《德国民法典》采用五编制的民法体系，是潘德克顿法学的产物，即是以《学说汇纂》为蓝本制定而成。这是民法典在形式方面的一大特色。这种编纂方法，引起了各国学者的注意和讨论，持续到现在。《德国民法典》共分五编，分别为总则、债的关系、物权、亲属和继承。各编之下设章、节、目、条、款，共35章86节，2 385条。与法国民法典相比，《德国民法典》体系结构的特点主要在于总则编的设置、债与物权的严格划分、继承编的独立。总则编是最引人注意的，它涉及民法各部分的一般原则和基本制度，共7章240条；该编集中体现了潘德克顿法学派的学术成就和抽象精神。民法典第二编是债的关系，第三编是物权法。法典的这种编排顺序表明《德国民法典》把债法置于比物权法优越的地位，反映了德国资本主义的进一步发展和债法理论的成熟。继承是建立在一定身份关系之上的一种取得财产的方式，与一般债的关系很不相同，把它们规定在一起不够合理，《德国民法典》设置一个独立的继承编是合理的。

2. 民法典反映了时代的精神

《德国民法典》是一部自由资本主义向垄断资本主义过渡时期的产物，具有时代的法律特征。它继承了法国民法典的传统，贯彻了近代民法的三大基本原则：契约自由、所有权绝对、过失责任原则。因为法典制定时反映的是俾斯麦帝国社会自由主义的法律价值观，所以在契约法上体现为契约自由，在物权法上体现为所有权绝对，如所有权自由、遗嘱自由，在侵权法上体现为过失责任。可以说该法典是一个“个人本位”的法典，但是在此基础上，也有一些限制，反映了社会化的倾向。不过据此认为民法的三大原则已经改变，法典是依据“社会本位”制定的，不符合历史实际。因为《德国民法典》制定时，对民法中已经出现的一些新问题和处理这些问题的办法视而不见，拒不接受，远未反映那个时代的社会变革。一些在当时就已经很尖锐的问题，如合同自由及所有权自由的滥用，普遍存在的保护一些公民免遭其他公民侵害的问题，没能在原则上得到解决。人们只是试图把这些“社会问题”通过个别的规则或单行法加以合理解决。又如德国早在1838年已在普鲁士铁路法中规定了铁路危险责任，但德国民法仍不规定这种责任。

3. 民法典在编纂的技术风格上具有自己的特色

在立法技术上讲究逻辑体系严密、概念科学、用语精确。这种法官文本对非法律专业的人士来说，的确深奥难懂，远不如《法国民法典》那样简明扼要、通俗易懂。此外，法典采用了一些"一般条款"。所谓"一般条款"，是一种抽象的原则性的规定。它涉及一些在很高程度上不确定的、意义有待充实的概念，要想确定一个既定的案子是否符合既定规范，那么法官必然对这些规范中没有说明的含义进行解释。在《德国民法典》中最著名的概念是"诚实信用"（第 157 条和 242 条）与"善良风俗"（第 138 条、第 826 条）。这种技术的长处是法律的灵活性，能够与价值观念的变化结合起来。但它的长处也是它的短处，如果法官也是为某种意识形态效劳，如纳粹时代所表现的那样，那么一般条款也能为不公平开一扇方便之门。当然现代德国法院是在基本法的支配下，遵从法治原则去理解一般条款的。

（四）民法典的历史地位

《德国民法典》颁布后，促进了国家法律和政治的统一，推动了资本主义商品经济的迅速发展，对许多资本主义国家民事立法也起到了示范作用。日本明治维新以后的民法，旧中国、土耳其、瑞士等国的民法都先后接受了它的影响。西方国家法学界认为大陆法系有两个分支，一个是以《法国民法典》为代表的拉丁分支，另一个就是以《德国民法典》为代表的日耳曼分支。

二、德国民法的发展

1900 年《德国民法典》仍是德国现行的民法典，但做了多次修改。从内容上看，民法典的修改主要集中在债的关系与亲属两编。那些在早期带有父权制色彩的婚姻与家庭制度已经发展为以男女平等及婚生与非婚生子女平等的现代原则。1949 年制定的基本法第 3 条和第 117 条废除了一切与夫妻间平等原则相抵触的规定，强调"男女享有同等权利"。1957 年 6 月 18 日的《男女平等权利法》，使根本法的规定具体化，规定婚姻关系成立必须基于男女双方意愿一致，维持共同婚姻生活为夫妻双方义务；双方都有权处理自己的财产和有选择职业的自由权利，丈夫不再享有对妻子财产的管理和收益特权；扩大了生存配偶的法定继承权，如有子女，生存配偶可得财产一半，如无子女，可得 75%，废除了原来由父亲单独对子女行使亲权的规定，改由父母双方共同对子女行使亲权。基本法第 6 条规定婚生子女与非婚生子女有同等地位。1969 年 8 月 19 日颁布的《关于非婚生子女法律地位的法律》，进一步改善了非婚生子女的社会地位，确认其对生父的遗产享有继承权。1975 年法律将成年的年龄从 21 岁降为 18 岁，婚龄也随之降低。1977 年《婚姻法》采用离婚的"婚姻破裂"原则。1997 年《亲子关系改革法》《继承权地位平等法》和 1998 年《子女抚养法》都强调对子女权益的保护。在债务关系法方面，广泛运用民法典中"一般性条款"，通过司法解释使其适应第二次世界大战后新的民事法律关系。司法机构凭借"善良风俗""诚实信用"和"交易惯例"这类没有准确含义的条款来开创和适应新的原则，以限制契约自由。在法定之外，还颁布一些单行法，如竞争法、租赁法和雇佣法等，使契约关系更加适应垄断资本主义经济发展的需要。特别在合同法上，通过修改一般交易条款、消费者金钱消费借贷合同或上门交易等消费者保护法方面的规定，发展出了社会正义的原则而告别了自由主义构想。此外，2002 年 1 月 1 日起施行的《债法现代化法》对民法典的影响极为深远，如消灭时效制度由原来的 30 年改为 3 年，一般给付障碍法被"积极侵害合同"模式统一起来且归结到"义务违反”这一核心概念上，在买卖合同、承揽合同法方面都有重要改革，还将消费者保护法纳入民法典。同时，欧盟法也在促使《德国民法典》的欧洲化。在通过立法对民法典加以修改的同时，法院的判决和习惯也发挥了重要的作用。《民法典》以及大量的单行法规和法院判例共同构成了德国第二次世界大战后系统完善的民事法律体系。

三、《德国商法典》及商法的发展

1897 年 5 月通过了《商法典》，分为四编，共 905 条。第一编为商人，包括商人的概念、商业注册、商号、商业账簿、商业代理、店员和经纪人等。法典把商人解释为经营商业事务的人，对商业事务的范围做了划分，并规定了商号的选用应与营业的范围和种类相称。第二编为商业公司，规定了公司的种类和形式，主要有无限公司、两合公司、股份有限公司、股份两合公司四种。无限公司又叫合名公司，即以共同的商号从事商业活动，公司成员对商号的债务负无限责任。两合公司是由无限责任股东和有限责任股东共同组成的公司，又叫合资公司，它是无限公司的进一步发展。股份有限公司就是将确定的资本分成若干股份，由 5 人以上的有限责任股东组成的公司，它是德国大企业的基本组织形式。股份两合公司是两合公司的特殊形式，它与两合公司的区别在于有限责任股东的资本必须分成股份，兼有无限公司和股份有限公司的性质。法典还规定了隐名合伙。隐名合伙人以投资方式加入他人经营的企业，分享赢利并分担亏损，不直接对外负责，对企业享有某些监督权。第三编为商业行为，法典明确商业行为是商人从事其经营业务活动的行为，并列举了各种商业行为。法典规定了商业合同的一般条款，对商品买卖、批发、运输、仓储、委托等做了详细规定。第四编为海商法及有关商业航海的专用法法规。

现代德国商法的变化，主要表现为商法典中有关商业组织的规定逐渐分离出来，经历了由公司法向企业法的过渡，并且越来越为独立的企业法所取代。商法典的缺陷在于，它把商业组织的活动纯粹当作私人之间的权利与义务，并且同等看待工业和商业，不承认作为一种社会制度和经济力量中心的企业具有组织上的独立性与自主性，完全不考虑企业职工在参与企业管理中的权利与义务。因此，对商法典的修改无法避免。德国在 1937 年制定了《公司法》，1965 年公布了新的《公司法》。而 1951 年制定的《钢铁工业共同决策法》和 1976 年颁布的《共同决策法》，对经济组织的规范则超出了公司法的范围，初步形成了具有特色的企业法，这是对传统商法的一种改造。

第六节 经济和社会立法

一、经济法

“经济法”一词最早出现于 1906 年德国创刊的《世界经济年鉴》。德国是现代经济法出现最早的国家。德国学者在研究经济发展与法制的关系的基础上，创立了经济法概念。第一次世界大战期间，德国执行战时经济统制政策，政府为适应战争需要，加强对重要物资的控制，颁布了大量经济法规，以限制物价，保障粮食供应，实行国家强制征用等。1914 年 8 月，德国议会通过《授权法》，授权参议院在战时可以发布对于防止经济损害所必需的措施。随后，1915 年颁布《关于限制契约最高价格的通知》和《强制卡特尔法》，1916 年颁布《确保战时国民粮食措施令》等战时经济法。魏玛时期，为摆脱战争造成的困境，德国贯彻宪法关于社会化的原则，扩大了经济立法的范围。1919 年颁布的《煤炭经济法》是世界上第一部以经济法命名的产业统制法。其他重要的经济立法有 1919 年《钾盐经济法》和《关于社会化法律》、1920 年《关于劳工会议的法令》和 1923 年《防止滥用经济权力法令》。其中，《防止滥用经济权力法令》最具代表性。该法的宗旨在于防止卡特尔滥用其经济力量支配市场，保护社会公正。法西斯专政时期，希特勒政府按国家垄断资本主义原则组织国民经济，推行战争政策，实行经济军事化。这一时期制定了一系列经济立法，主要有 1933 年《卡特尔条例》、1934 年《强制卡特尔法》和《德国经济有机结构条例》、1936 年《冻结价格法》等。第二次世界大战后，德国经济法的发展进入一个新时代。民主德国仿照苏联模式，建立起一套计划经济体制，无需太多经济法规，一切按指令运行。1990 年重新统一后被取消。联邦德国在第二次世界大战后遵循“社会市场经济”原则，经济得到迅速恢复和发展，国家广泛运用经济立法手段，对国民经济活动进行调节和影响。这一时期制定的经济立法主要有：1948 年制定和颁布了《货币改革法》和《货币改革后经济政策和指导原则法》，取消了第二次世界大战后定量配给制度和对物价的控制，允许商品自由流通，依靠价格波动达到市场自由化，从而为社会市场经济的建立奠定基础。1957 年颁布了《反对限制竞争法》，着力维护自由竞争，这部法律可以看作德国的经济宪法，共 109 条，该法历经数次修改与补充，特别是在 1973 年、1990 年分别做了重大修正。1967 年德国制定了《经济稳定和增长促进法》，在更高的层次和更广的范围内对国民经济实行宏观调控，确定了“持续增长，稳定物价，充分就业，外贸平衡”的经济发展总目标。配合该法，又制定了一批新法规，如《就业促进法》《教育促进法》《能源法》《联邦环境保护法》等，特别是 1975 年至 1990 年分编陆续颁布的《社会法典》，已经基本上构筑了一个社会保障体系，成为建设社会市场经济体制的一个重要组成部分。此外，德国还加强了环境保护、消费者权益保护、知识产权、自然资源与能源利用等方面的立法力度。

二、劳动法

现代德国劳动法兴起于 19 世纪下半叶工业化大生产与新型法律关系诞生的阶段。此时，劳动关系不再被视为领主与农奴、主人与仆人的关系。在民法的影响下，劳动法走上一条自我发展的道路，因此，在政党之间的权利平等也适用于雇佣关系。1920 年，魏玛共和国制定了第一部重要的劳动法法规，即所有的 20 人以上的企业有义务建立企业工会。这一法规至今仍适用于德国劳动关系。在当时宪法中也第一次出现了保障工会自由活动和工人劳动及经济的条款，这些条款在《基本法》中亦可看到。这一时期劳资关系的一个重要特征是劳资双方的正式协议。1927 年，劳动法院和第一个工会组织即德国工会联合会相继建立。然而，20 世纪二三十年代的世界经济大萧条导致了工会成员大量减少和极高的失业率。集体协商机制和工会组织归功于当时日益恶化的工业经济形势。随后，大量集体协议为紧急法令破坏。希特勒执政时，集体协商和工会制度被完全废止。

第二次世界大战后的社会市场经济机制与德国的重新统一，为劳资关系的组合提供了更合理的基础。新宪法赋予个人与团体结社权利。无论何种政治观点的工会组织，现在均是德国工会联合会的成员，而每一雇主则是德国雇主联合会的一个平等成员。

调整劳动法律关系的除了民法典之外，标准劳动合同也是由《基本法》第9条第3款“结社自由”加以确认的。1949年4月9日颁布的《集体协议法》确立了集体协议的合法地位，1952年颁布的《企业委员会法》规定了第二次世界大战前建立的工会或非工会委员会的工人团体在第二次世界大战后仍能处理劳资关系。共同决策制度也能适用于所有公营和私营企业。

两德统一后，西德劳动法除依据《基本法》第30条“统一法令”的规定在退休和养老金等问题上另有安排外，绝大多数为东德劳动法所吸收。

总之，德国劳动法被界定为附属劳动力的法，是调整有关雇主和雇员及其成员相应组织所订立的集体协议关系的法。作为民法的一个组成部分，劳动法中没有国家直接干预劳资关系的规定。然而，国家十分重视雇主与雇员间的不平等关系，并加强对雇员的保护，因此，劳动法中有相当多的规定，旨在调整劳资关系的平衡。另外，在原先由民法调整的某些领域也加入了许多公法的内容。但劳动法仍不完全适用于某些有关单独规定的雇佣关系和国家公务人员。许多别的法律也调整雇佣关系和劳资关系双方的谈判事宜，特别是商法、公司法及竞争法。

三、社会立法

德国是世界上建立社会保障福利制度比较早的国家，早在德意志帝国时期，德国就已经开始了社会立法的初步尝试。以1881年威廉一世颁布建立社会保障和社会救济制度的皇帝诏书为标志，俾斯麦政府制定世界上第一部《疾病保险法》，其后又先后颁布了《工伤保险法》和《养老、残疾、死亡保险法》，使德国成为世界上第一个建立社会保险制度的国家，也为德国社会立法的发展奠定了基础。此后，德国的社会立法进一步完善，如1911年制定的《帝国保险条例》成为当今社会保障的基本法。第二次世界大战后，基本法规定联邦共和国是一个“民主和社会福利的联邦国家”，保证公民的生存基本条件是政府的重要责任，从而确立了广泛推行社会福利主义的基本原则，并设置了相应的法律保障。社会立法除了继续适用原有的法律以外，还制定了《解雇保护法》《母亲保护法》《严重伤残法》及《社会法院法》等。20世纪50年代末以来，随着联邦德国经济实力的增强、社会现代化水平的提高，社会立法获得更加全面而系统的发展和完善，相继颁布了劳动就业法、青年福利法、儿童补助法、住房补助法、社会保险法等，同时原有的社会立法也不断被整理、修订。1983年《社会法典》各编陆续颁布，从已颁布的法典的内容来看，主要包括职业教育和培训补助、劳动补助（失业保险）、社会保险（医疗保险、事故保险、退休保险）、残疾救济、家庭最低生活费补助、住房补助、青少年补助、社会补助、康复等，法典试图将德国各个历史时期制定的至今仍具有法律效力的所有社会立法全部汇编起来。1991年《联邦社会福利法》经修订后重新颁行。随着德国经济的高速发展、综合实力的不断增强，德国逐步形成了规模宏大、内容浩繁、体系完备的社会立法系统,为公民提供了生老病死各个方面的社会保障。德国的社会立法分为社会保险、社会补偿和社会救济三个方面。社会保险是社会保障制度的基本内容之一,包括医疗保险、养老保险、工伤保险、失业保险和护理保险五大支柱。凡生活在德国的居民都必须参加一项或多项医疗保险,内容包括疾病预防和治疗、休养康复及支付疾病津贴等,保险费用由雇主和雇员各承担一半,失业者的保险费用由联邦政府支付。养老保险包括法定养老保险、企业补充养老保险和私人养老保险。各类养老保险的支付均是动态的,即每年根据工资和物价变化而相应地调整。工伤保险是指雇主的责任保险,其任务是负责工伤事故预防、企业内部的劳动保护、向工伤事故中受伤雇员及其亲属或遗属发放工伤补助及其他一些待遇。失业保险是一种全体雇员都必须投保的义务保险,各级劳工局向失业保险提供的融资是由雇主和雇员各交一半的保险费以及联邦支付的补贴资金组成。护理保险是德国于 1995 年开始实施的一种新的社会保险制度,主要针对年老、病弱者而设立,以确保在需要护理的情况下所享有的权利。德国社会补偿制度最初是为解决战争给公民造成的巨大财产损失,特别是给予因纳粹迫害而遭受经济和精神损害的人以赔偿而建立起来的,后来补偿的范围逐步扩大,主要是指对一些特殊危险引起的损害进行社会补偿,如因战争致残、预防接种而致健康损害等。社会救济是指对既无力自救又不能从第三方获得帮助的生活困难者,如对达不到政府规定的最低生活水准的家庭以及其他特别困难的公民提供帮助。社会救济法分为两个部分:一是根据各邦规定的具体标准,向生活困难者提供维持日常生活必需的食品和物品以及其他形式的帮助;二是为具有特殊需要的公民提供相应帮助,确保其基本生活,如对孕妇、产妇的救济,残废者的就业救济,结核病患者的救济,对需要护理者的救济,克服社会特殊困难的救济(使无家可归者、醉酒者、吸毒者、刑满释放者等适应社会)。

德国社会立法体系不仅包括实体法,也包括程序法,1953 年颁布的《社会法院法》规定设立专门的社会法院,负责审理涉及社会保险、社会补偿和社会救济等方面的争议案件。

第七节　刑　　法

一、1871 年《德意志帝国刑法典》

1871 年德意志帝国的成立,为德国制定统一的刑法典奠定了政治基础。经过激烈的讨价还价,最终在对《北德意志联邦刑法典》进行重新修订的基础上,诞生了德意志历史上第一部统一适用的资产阶级刑法典——《德意志帝国刑法典》。该法典于 1871 年 5 月 15 日正式颁布,1872 年 1 月 1 日起施行。1871 年《德意志帝国刑法典》由总则和两编组成,共 370 条。总则论述了罪的分类、刑法的适用原则和范围等内容。犯罪分重罪、轻罪和违警罪。处 5 年以上徒刑至死刑的为重罪,处 150 马克以上罚金至 5 年以下徒刑、苦役的为轻罪,处拘留或 150 马克以下罚金的为违警罪。第 1 编为刑例,其中包括各种刑罚及其适用,以及未遂、共犯、数罪俱发等方面的规定。第 2 编是罪及刑,列举了各种犯罪及其刑罚。

1871年德国刑法典作为一部资产阶级刑法典，总结了1810年法国刑法典以来资产阶级的刑事立法成果，并有所发展，具有一定的先进性。首先，德国刑法典肯定了资产阶级刑法的各项民主原则，如“法无明文规定不为罪”“法不溯及既往”等，还进一步规定了议员豁免权原则、保护帝国公民不受外国政府引渡原则、法律适用从轻原则等。其次，法典在内容方面，有关未遂、共犯、不论罪、宥恕、数罪俱发等的规定系统而明确，同时法典也摒弃了法国刑法典中规定的身体刑和侮辱刑，有明显进步。再次，在结构和体例方面，法典将总则性规定和分则性规定加以区分，而且总则将刑法的原则等基本问题与其他刑法适用问题区别开来，在分则中对犯罪进一步分类和具体化，列举了29种犯罪的罪名、罪状及其刑罚，使法典的结构和体例更富有条理性和完整性。

另一方面，德国刑法典反映了德国的社会现实，保留了较多的封建残余，具有明显的保守性。首先，法典特别保护最高统治者的利益，镇压人民的反抗。凡谋杀德意志皇帝和联邦各国之国王，或欲谋杀而未遂者，构成“大逆罪”，处死刑；凡企图以暴力紊乱帝国或联邦各国之宪法或变换皇统者，也构成“大逆罪”，处无期重惩役或无期徒刑；法典甚至规定，为了完成“大逆罪”所进行的预备行为，构成“大逆罪”未遂，鼓动、号召为“大逆罪”预备行为者，要处10年有期重惩役或轻惩役。法典还设立了“大不敬罪”，规定对皇帝和各邦国王施暴行者处无期重惩役或无期徒刑。对他们有“不敬”行为者，处5年以下有期重惩役或5年以下有期徒刑。其次，法典以较大篇幅维护资产阶级和容克贵族的私有财产不受侵犯，将窃盗、强盗以及其他侵犯私有财产的行为视为严重犯罪，给予严厉制裁。法典规定，凡砸门撬锁、伪造钥匙进入他人房间窃盗，2人以上共同窃盗，均处10年以下有期重惩役。即便窃盗未遂，也要加以处罚。持凶器强盗，2人以上共同为强盗行为，在大路、公园和水路上为强盗行为，都处5年以上有期重惩役。最后，刑法典还用专章规定了“宗教罪”及其制裁措施，维护教会和宗教信仰在德意志帝国的特权地位。法典详细地规定凡亵渎神灵、侮辱教会戒律、扰乱宗教场所秩序、强行阻止他人礼拜、妨碍教堂举行典礼、盗取教堂为礼拜奉献之物等行为均属犯罪，处以3年以下苦役。以上内容和封建的刑法一脉相承，突出地反映了德意志刑法的封建性和保守性色彩。

1871年《德意志帝国刑法典》和1900年《德国民法典》一样，是帝国主义时代资本主义国家制定的一部有代表性的法典。它承袭了近代资产阶级刑事立法的结构、体例、原则和制度，保持了本国刑事法律制度的传统和特点，又反映了现代刑法理论的新发展，因此在资产阶级刑法史上占有重要地位。

二、1975年德国刑法典

1871年刑法典适用了大约一个世纪，直到1975年新的刑法典诞生。其间，曾一度被纳粹法西斯刑事立法取代。第二次世界大战后，联邦德国首先根据《波茨坦协定》废除了法西斯刑法，恢复了1871年《德意志帝国刑法典》，继而根据1949年基本法确定的刑事立法原则对1871年刑法典进行了多次修订。虽然对刑法典的修订一直没有中断，但是大多是针对特定时势做出的个别修订，缺乏系统性。1954年设立刑法改革委员会，负责对刑法典的全面修订工作，并于1962年公布了刑法典草案，该草案对1871年刑法典做了大量修正，但是仍然较为保守，不仅保持了重罪、轻罪和违警罪的划分，而且在刑罚制度方面也没有太大变化，对违警罪仍然适用短期监禁而不适用罚金，缓刑的适用也受极大限制。该草案广受批评。1966 年由 14 位刑法学教授联合发表了《供选择的刑法典草案》，体现了人道主义精神，强调对犯罪者的教育改造，扩大了罚金和缓刑的适用范围。1969 年刑法改革委员会颁布刑法改革法令，在上述两部草案的基础上制定了新的刑法典并陆续公布，并于 1975 年 1 月 1 日起正式实施，其正式名称为《1975 年 1 月 1 日修订的 1871 年 5 月 15 日刑法典》。

1975 年刑法典由总则和分则两大部分组成，总则 79 条，由"刑法""犯罪""犯罪的法律后果""告诉、授权和要求处刑""时效"5 章构成；分则共 279 条，分 28 章列举了各种犯罪行为以及相应的刑罚。1975 年德国刑法典的特点是：

第一，刑法典肯定了资产阶级刑法的各项法制原则。刑法典贯彻了基本法所确立的"法治国家"和"社会国家"原则，重申和强调了罪刑法定主义，排除了适用类推的合法性。刑法总则明确规定，法无明文规定者不为罪，"犯罪人之责任为量刑之基础"，禁止法官适用类推，同时分则对各种犯罪行为的构成条件、法定刑以及刑罚原则和标准做了相当明确而详尽的规定，避免刑法规定中的漏洞，排除法官适用类推的可能性。刑法典还规定了无罪推定和法不溯及既往原则。

第二，适应第二次世界大战后刑法干预范围的调整，实施"非犯罪化"与新"犯罪化"相均衡的刑事政策。所谓"非犯罪化"，是当今西方社会相当盛行的一种刑事政策，目的在于将惩罚犯罪限制在维护公共秩序所必需的范围内，具体地说就是将原本法律规范的犯罪行为，通过立法或法律解释，调整在犯罪定罪和刑法处罚的范围之外。刑法典废除了重罪、轻罪、违警罪的三分法，违警罪不再被列入刑法范围，而是纳入《违反秩序法》；专设告诉、授权与要求处刑一章，对一些轻微的财产犯罪规定"告诉才处理"，国家不主动追诉。所谓新"犯罪化"，是指将新出现的一些严重危害社会的行为定性为犯罪，使其成为刑事制裁的对象，充分发挥刑法的特殊的社会控制功能。刑法典增设了危害和平罪、灭绝种族罪和危害民主、政治和国体罪等。

第八节　司 法 制 度

一、1877 年的民事诉讼法典和刑事诉讼法典

1877 年 1 月和 2 月分别颁布了《民事诉讼法典》和《刑事诉讼法典》，确立了近代德国诉讼制度体系。《民事诉讼法典》共 10 编，1084 条，规定民事诉讼由当事人提起，原告起诉后不得擅自改变或撤回提出的诉讼请求。除当事人应当为自己的权利主张提供证据外，法院也有权调查、搜集有关事实材料，并决定证据的取舍。当事人及其律师可以在法庭上辩论，法官掌控程序，审理时应先调解，调解不成，再做判决。当事人对判决不服，可以上诉，要求再审或者抗告。该法典从编纂风格上看，更贴近法国民法典的特点，特别注重实践运用而不是抽象的理论概括，是德国传统和法国影响相结合的产物。《刑事诉讼法典》共 7 编，474

条,规定刑事诉讼除个别案件由被害人及其代理人提起以外,主要由检察机关提起。检察机关负责侦查犯罪事实,搜集证据,并代表国家对犯罪嫌疑人提起公诉。凡是重罪案件应该预审,以确定是否起诉。庭审阶段,检察官与被告辩论,法官做出判决。检察官与被告对判决不服,均可提出上诉或抗告。该法典是参照1808年法国刑事诉讼法典制定的,同时承袭了德国的许多封建传统。总体而言,德国近代有关司法制度的立法,无论是在内容上,还是编纂方式上,都受到了法国相关法律的强烈影响,贯彻了19世纪资产阶级自由主义原则。

二、现代德国的法院制度

(一) 宪法法院

德国设有两级宪法法院,即联邦宪法法院和各州宪法法院。1951年颁布,后又经多次修改的《联邦宪法法院法》是联邦宪法法院建立的具体法律依据。联邦宪法法院是独立的司法机关,与联邦政府、联邦议院、联邦参议院和联邦总统地位平等,各自行使宪法及法律所规定的职能。宪法法院的职能相当广泛,其核心为违宪审查权:受理公民因权利受到公权力侵害而提起的宪法控诉;对国家机关的各项活动进行宪法监督,解决联邦机关之间,联邦与州之间,以及各州之间在职权及权利义务问题上发生的宪法争执;解释基本法和其他联邦法律,以影响法律的发展等。联邦宪法法院与各州宪法法院之间没有隶属关系,其职权范围也各不相同。一般而言,州宪法法院对州内部宪法纠纷做出判决并使法规与州宪法协调一致。

(二) 普通法院

这是整个国家司法系统中规模最大的一个分支,根据1877年制定并于1975年重新颁行的《法院组织法》的规定,普通法院分为联邦法院、州高等法院、州中级法院和区法院四级,负责受理各类民事和刑事案件。联邦法院享有终审管辖权,实质上相当于最高法院的地位,设民事评议庭和刑事评议庭,一般不直接受理上诉案件,而是行使再审权。

(三) 行政法院

德国行政审判权分别由普通的行政法院和各类专门的行政法院,如劳动法院、财政法院和社会法院等共同行使。普通行政法院根据1960年《行政法院法》设立,分为联邦行政法院、高等行政法院和行政法院三级,管辖范围为“非宪法性质之所有公法上的争议,除联邦法律明文规定,应由其他法院审理外,皆得提起行政诉讼。涉及州法公法领域的诉讼亦同”。普通行政法院并非受理全部行政案件的唯一法院,其受案范围相对狭窄,仅限于因公共行政机关的行政行为侵犯公民或者其他组织的权利而引起的纠纷。其他各类专门的行政法院有着明确的职能分工和受案范围。

(四) 专业法院(劳动法院、财政法院、社会法院)

根据1953年制定、1979年重新公布的《劳动法院法》,劳动法院分为联邦劳动法院、州劳动法院和基层劳动法院三级,负责审理劳资纠纷案件。根据1965年《财政法院法》,财政法院分为联邦财政法院和州财政法院两级,专门受理有关财政赋税争议的案件。根据1953年《社会法院法》,社会法院从行政法院体系中分离出来并成为一种独立的专门法院体系,分为联邦社会法院、州社会法院和基层社会法院三级,专门受理因社会保险、社会补偿和社会救济而发生的争议。

三、现代德国的检察体制

德国检察院的设置分别对应普通法院系统的设置，检察院的案件管辖范围与其同级法院相一致。德国的普通法院共分四级：联邦最高法院，州级高等法院，州级法院，初级法院。德国共16个州，每个州都设有至少一个州级高等法院，有的大州设有两到三个这样的法院，因而德国共有24个州级高等法院；每个州级高等法院下辖若干州级法院，每个州级法院又下辖若干初级法院。与此相对应，德国检察系统分为联邦总检察院、州级总检察院和州级检察院三级；初级法院的检察事务由州级检察院负责。一般认为，德国的检察院既不是严格意义上的司法机关，也不是通常意义上的行政机关，而是一种具有司法机关性质的行政机关。联邦总检察院受联邦司法部领导，州级总检察院和州级检察院受本州司法部领导。联邦总检察院对各州的检察院没有领导和管理权，而州级总检察院负责本辖区内所有检察院的领导和管理。

德国有《法官法》和《警察法》，但是没有一部单独的《检察官法》。《法院组织法》单独列出一章，概括性地规定了检察制度。检察官是公务员，其权利和义务由公务员法规定，其福利待遇由工资法规定，对检察官的惩戒程序由纪律法规定。检察官的任职资格等同于法官，而担任法官的资格是：在大学里学习四年法律，通过第一次国家考试；然后经过实习，并通过第二次国家考试。获得检察官资格后从事检察工作至少三年的，可有资格被任命为终身检察官。未经法定惩戒程序，检察官的身份和职位不得被剥夺。检察官一直工作到65岁退休，退休后享受优厚的待遇。德国的检察官队伍相对稳定，联邦和各州的检察官形成一个共同体。已经获得某州检察官资格的，也有资格在联邦和任何其他州担任检察官。德国检察院在刑事诉讼的不同阶段行使不同的职能。在侦查阶段，检察院行使侦查职能，是侦查活动的主导者和监督者；在审查起诉阶段，检察院行使起诉职能，以决定是否提起公诉；在审判阶段，检察院支持公诉，并在必要时行使上诉职能，监督法院做出公正而合法的判决；在执行程序中，检察院负责以及监督生效判决的执行。因为检察院在整个刑事诉讼程序中都处于监督者的地位，所以又被称为“法律的卫士”。德国检察院具有侦查职能、起诉职能、上诉职能和执行职能。

（一）侦查职能

根据“法定起诉原则”，检察院一旦得知犯罪嫌疑时，就有义务进行侦查活动。除非法律另有规定，检察院对于是否进行侦查是没有选择余地的。检察院在侦查阶段的任务是对犯罪事实进行调查，必要时请求法院批准采取强制措施。德国实行检察院领导下的刑事侦查制度。《刑事诉讼法典》第160条赋予了检察院承担侦查犯罪的职责，这是检察院在侦查阶段承担全面责任的法律基础。为了实现这一目的，《刑事诉讼法典》第161条规定警察部门有义务接受检察院关于侦查犯罪的委托，从而确立了检察院在侦查活动中的领导权。从法律条文来看，检察院似乎承担着全部刑事案件的侦查，而警察部门只是负责配合而已。然而，检察院的人员设置和技术力量远远不及警察部门，根本就不具备全面投入侦查工作的条件。大多数案件实际上都是由警察主动侦查的，检察院不必对警察部门承办的每个案件都做出正式的委托。检察院自行侦查的案件很少,只限于一些数量有限的疑难、复杂案件。因此,相对于检察院在审判阶段的地位而言,检察院在侦查阶段的地位常被称为“侦查程序之王”。有时,检察官在侦查阶段的权力还会受到法官尤其是“侦查法官”和“批捕法官”的限制。如果检察院认为有必要采取搜查住宅或窃听电话等侦查措施时,应当向其辖区内初级法院的“侦查法官”提出申请。检察院可以向有管辖权的初级法院“批捕法官”申请逮捕令。

(二) 起诉职能

起诉是检察院最重要的诉讼职能之一,而且这种职能专属于检察院。检察院在起诉阶段也应当遵循起诉法定原则,即当有犯罪嫌疑发生时,检察院有义务介入并在理由充足时提起公诉。起诉义务发生的前提是存在初始怀疑,即已经发生了可被追究的犯罪行为。只有存在足够的事实根据,检察院才有权介入。但是,这种起诉义务不是绝对的,《刑事诉讼法典》第152条规定了例外条款。在某些法定情形下,法定原则让位于与之相对的“机会原则”。起诉机会原则是指,尽管存在犯罪嫌疑,检察院仍然享有裁量权。在侦查终结时,检察院应当决定是否提起公诉。如果检察院决定不提起公诉,那么就有必要做出一个明确的不起诉决定,并对该决定做出解释;案件不了了之的情形是不允许发生的。不起诉的类型主要包括轻微不起诉、附条件不起诉和存疑不起诉。轻微不起诉是指,如果检察院在侦查轻罪后发现,行为人责任轻微,不存在刑事追究的公众利益,检察院可以单独或者与法院共同做出不予追究的决定。附条件不起诉是指,检察院对于轻罪可以暂时不予起诉,而是对被追究人提出适当的要求和命令,以此抵消其对公共利益的侵害。存疑不起诉是指,如果检察院在侦查活动中没能发现证明行为人足够的犯罪嫌疑,即使勉强起诉也不能使其被定罪的,应当做出不起诉的决定。如果检察院决定提起公诉,那么它还应当出庭支持公诉。检察院提起公诉时,应当向管辖此案的法院递交起诉书和其他案卷材料。如果检察官不在场,法官不得进行刑事审判。检察官一旦提起公诉,其主导地位也就让位于法官。

(三) 上诉职能

德国《刑事诉讼法典》单列“法律救济”一章,专门规定了抗告、普通上诉和法律审上诉等三种上诉程序。抗告是指对法院在一审程序或者普通上诉程序中做出的决定不服时提出的上诉程序。普通上诉是指对初级法院做出的判决不服时提出的救济程序,在该程序中,州级法院既要审查事实问题,也要审查法律问题。法律审上诉是指对于普通上诉程序中做出的判决或者州级高等法院做出的一审判决不服时提出的上诉程序,州级高等法院或者联邦最高法院只对法律问题进行审查,不对事实问题进行审查,这是一种终审程序。检察院在这三种上诉程序中都可行使法定的具体职能。从理论上说,有权提出上诉的应该是利害关系人,也就是自由、财产或者其他实体性或程序性权利遭到侵犯的人,比如被告人(及其辩护人和法定代表人)。由于检察院承担维护正义的职责,可以说它与每个决定或判决都有事实上和法律上的利害关系。因此,检察院也就享有了提起上诉程序的权利。作为法律卫士的检察院既可违背被指控人的利益,也可为了其利益而提起上诉。在这两种情况下,检察院都不必事先得到被告人的同意。尽管如此,与被告人相比,检察院的上诉权利还是受到了一定程度的限制。比如,检察院只有在存在重大公共利益或者诉讼参与人提出请求时，以及救济理由充分时才可提起救济程序；又如，如果检察院是为了维护被告人的利益而提出上诉的，那么未经被告人的同意，检察院就不得撤回上诉。

（四）执行职能

如果法院最终判决被告人有罪并对其施以刑罚，刑事诉讼进入执行阶段。根据《刑事诉讼法典》第451条，检察院负责刑罚的执行。具体来说，检察院负责罚金刑、自由刑以及法院判处的其他刑罚的执行。然而，与监禁刑有关的决定由一个专门法院即“刑罚执行法庭”做出。对于刑罚执行法庭的工作，检察院都可发表意见，但是不享有决策权。检察院之执行职能的另一个重要例外是《少年法庭法》所规定的“少年法庭”。在少年法庭审理的案件中，执行负责人是“少年法官”，由该法官履行《刑事诉讼法典》赋予刑罚执行法庭的职责。至于哪个级别的检察院是负责执行的机关，刑事诉讼法未做具体规定。一般情况下，负责执行的检察院就是参与一审程序的检察院，即与一审法院辖区相对应的检察院。特殊情况下，州级总检察院和联邦总检察院也有权负责执行。而在享有地区管辖权的检察院不能及时管辖时，其他无权检察院也可采取紧急的执行措施。在两个执行机关之间出现管辖冲突时，由上一级执行机关裁决。作为执行机关，检察院承担着相对于所有相关法院的检察职责，只要这些法院也以某种方式被牵涉到执行事务中。即使执行事务已经超越了该检察院的辖区，甚至已经涉及另外一个州，检察院依然承担检察职责。检察院的职权是由检察官行使的，由此得出结论，似乎只有这些人才可承担执行任务，而且这也正是立法者当初的意图。实际上，在执行阶段，检察官基本不负责日常工作，实际执行刑罚的是司法辅助人员。司法辅助人员制度是由1921年《减轻法官负担法》确立的，该法的目的是要让司法辅助人员代替法官和检察官行使部分职权，以减轻其负担。此后，德国还制定了专门的《司法辅助人员法》。据此，检察官有权决定司法辅助人员是否承担某一执行任务，以及如何执行。

第九节 德国法的历史地位

一、德国法与法国法

众所周知，德国法和法国法同属大陆法系，都是在罗马法的基础上建立起来的资本主义法律体系。无论从法的体系、结构、表现形式，还是从法的本质、地位和作用来看，两国都极为相似。德国法继承了法国法的基本原则和制度，又有许多创新和发展。

法国法是近代资产阶级革命的产物，深受古典自然法思想的影响，形成了以“六法”为主体的成文法体系，其基本原则与制度具有革命性；而德国法是社会改良运动的结果，体现了封建贵族与资产阶级的妥协性，其法制具有保守性。

在宪政制度方面，法国大革命缔造的是单一制的、统一的中央集权制国家，尽管经历过共和政体与君主政体的反复，但单一制的统一的国家模式一直未变。德国建立了联邦制的国家结构形式，确立了“依法治国”原则，建立了独立的宪法法院制度与责任内阁制度。德国的行政法也不同于法国行政法，它坚持成文法传统，确立了依法行政原则、比例原则和信赖保护原则。

在民事经济法律领域,法国民法典体现了自由主义、个人主义的价值观念,其结构体例是《法学阶梯》式的,语言简洁、通俗易懂。德国民法典体现了国家主义、团体主义的思潮,其结构体例是《学说汇纂》式的,用语精确、概念科学、逻辑严密。与法国相比,德国更重视法学理论的创新以及对实践的指导,还创造了法人制度、法律行为概念等。德国还首创了经济法的概念,建立了完整的经济法律体系并使之成为一个富有生气的法律部门。

在刑事法制领域,法国1791年制定的法国刑法典在采取自由主义原则的同时,也限制法官的自由裁量权,力求处罚的平等和缓和的刑罚,但仍然太过革新;1810年制定的《拿破仑刑法典》自由主义的倾向稍有后退,重视犯罪预防,以及罪刑法定原则等,它是19世纪欧洲各国刑事立法的典范。1871年的德国刑法典继承了法国刑法典的基本原则和制度,并有所发展,表现为以自由主义的法治思想为基础,注重对法益的保护。此外,德国的刑法学家人才辈出,在理论上不断推陈出新,独具特色,其学派之争不仅丰富了刑法理论,而且直接影响了刑事立法实践。1975年的德国刑法典就是新旧学派折中损益的结果,表现在刑法中既强调犯罪行为是处罚的基础,又考虑行为人的不同情况,既规定了刑罚,又规定矫治与保安处分措施等。而法国1994年的刑法改革时,还未将保安处分写进刑法典,表现了实践上的犹豫不决。

在司法制度上,在基本法的指导下,注重对公民权利的司法保护,建立了包括民事诉讼、刑事诉讼、行政诉讼、宪法诉讼在内的四大诉讼制度。完善的司法体制和畅通的诉讼渠道,把各种冲突有效地控制在法律秩序的范围之内,有力地保障了整个社会运行在资产阶级法制轨道上,从而实现国家的长期稳定与和平发展。

二、德国法的历史地位

经过百余年的发展与演进,德国法已经形成部门众多、门类齐全、规范详尽的现代法律体系,构成德国现代法治社会的坚实基础,它适应现代社会的变迁和需要,标志着大陆法系的现代发展,其善于抽象概括、注重体系严谨的立法风格,对许多国家法律体系的确立和发展产生了重要影响。奥地利在历史上曾是德意志神圣罗马帝国的一个州国,其法律素与德国法有密切的关系,受到德国法的强烈影响。奥地利以1900年德国民法典为蓝本,修改自己已有百年历史的民法典,有些部分还根据德国民法典的模式加以重新编纂。除民法外,德国的其他许多法律也成为奥地利法的主要渊源,如直至1938年,德意志联邦于1862年制定的商法典草案一直是奥地利商法的主要渊源,1938年以后1900年的德国商法典适用于奥地利,直至第二次世界大战结束。瑞士在历史上也曾经是德意志神圣罗马帝国的属国,瑞士法同样受到德国法的深刻影响。瑞士历史上的《伯尔尼法典》《苏黎世州私法法典》《瑞士债法典》等都是以德国法为基础和模式制定的,最为突出的是1907年瑞士民法典主要参考和借鉴了德国1900年民法典,特别是"潘德克顿法学"所确立的编纂体例,因而瑞士法被纳入大陆法系的德国法分支为世人所公认。希腊于1940年颁布的民法典,无论在法典体例,还是在具体内容方面,都全面模仿了德国民法典,尤其是债法部分,有3/4的规定源自德国民法典。日本明治维新以后的法律西化过程中,全面借鉴了德国法模式,如1889年《明治宪法》，1890 年《裁判所构成法》《行政裁判法》《刑事诉讼法典》《民事诉讼法典》，1898 年《民法典》，1899 年《商法》等都是以德国法为蓝本制定出来的，有些法典甚至是由聘请的德国学者亲自撰写起草的。

除了上述国家之外，欧洲的卢森堡、列支敦士登、意大利、保加利亚、前捷克斯洛伐克、前南斯拉夫、匈牙利，美洲的阿根廷、巴西、墨西哥，非洲的埃及，亚洲的泰国以及旧中国等，都在不同程度上受到了德国法的影响。

德国所具有的鲜明个性和时代特征及其在世界范围内的广泛影响，使其在世界法律史上占有相当重要的历史地位。

本章习题

1. 德国封建法有哪些特点？
2. 概述魏玛宪法的内容和作用。
3. 德国行政法的分类标准有哪些？分别是什么内容？
4.《德国民法典》的基本特色有哪些？
5. 比较德国法和法国法的异同。

|第八章|

日本法

本章重点

封建法发展阶段；日本近代法制的确立；明治宪法；1946 年宪法；民法典的内容及特点；日本法的历史地位

日本法律制度发展至今，已成为将大陆法系与英美法系有机融合的独具特色的法律体系，虽然对日本法属于何种法系定位问题尚有争论，但不可否认的是，日本法在进行法律移植方面是一个成功的范例。从日本法律制度的形成发展轨迹看，其主要经历了古代封建法律制度确立时期、近代资产阶级法律制度的形成与发展时期、第二次世界大战后法律制度的变化时期及当代日本法律制度的完善时期四个阶段，各个阶段又有其时代特点。

第一节　封建时期的日本法律

一、以中华法系为基础的古代封建法律制度

综观日本古代封建时期的法律制度，从体系到内容都深受中国封建法律制度及其法律文化的影响。日本在 7 世纪以前没有系统的政治法律制度，公元 645 年开始的大化革新，确立了以天皇为中心的封建中央集权统治，此后，日本开始全面学习中国的政治法律制度。

日本封建法律制度以隋、唐法律为模式，表现为推行律令制，进行以律、令、格、式为主要表现形式的法典编纂工作。公元 701 年颁布的第一部日本成文法典《大宝律令》，以中国唐朝的《永徽律》为蓝本，是以刑法为主、诸法合体的法典。公元 1192 年日本进入了以幕府为中心的“武家政治”时期，1232 年，镰仓幕府颁布《御成败式目》（又称为《贞永式目》），该法继承了《养老律令》的法律原则，又较多地吸收了武家的社会生活习惯，是武家所有法律的基础。

当然，日本对中国唐朝的法律制度也并不完全是生搬硬套的移植，也存在着继受中的变通，如日本，神祇是其传统思想和文化的重要部分，为了保留神祇思想，在参照唐令制定

《养老律令》时,日本模仿和变通唐令中的“僧尼令”,在《养老律令》的首篇规定“神祇令”,使神祇传统和习惯法律化。

二、日本封建法的三个发展阶段

1. 以天皇为中心的中央集权制时期的法律(645-1192 年)

公元 645 年,大和国的新贵族夺取政权,拥立孝德天皇,模仿中国,建年号为“大化”,并于 646 年颁布革新诏书,仿照中国唐朝政治经济制度,进行了自上而下的全面改革,史称“大化革新”。从此,废除了奴隶制,确立了以天皇为中心的中央集权统治,创建了以唐朝法律为模式的日本封建法律制度,完成了由奴隶制国家向封建制国家的转变。

公元 646 年至 1192 年,是古代天皇制时期。天皇被奉为神之子孙,是民族和国家的象征,也是国土和臣民的最高所有者与最高统治者。这一时期仿照唐朝推行律令制,基本法律形式有律、令、格、式四种。天皇通过任命的官吏——太政官、神祇官、国司、郡司等遵照他的律令、诏敕来进行统治。公元 701 年和 718 年先后颁行的《大宝律令》和《养老律令》是这一时期律令的典型代表。《大宝律令》是大化革新后国家颁布的法律、法令的集大成,《养老律令》是对《大宝律令》的修订和补充,内容大同小异,标志着以中国法为模式的日本封建法律体系的初步确立。

2. 镰仓和室町幕府时期的法律(1192-1603 年)

1192 年,天皇大权旁落,日本进入了以幕府为中心的“武家政治”时期。武家政治的特点是天皇被将军所挟持,以将军为首的幕府成为实际上掌握国家最高权力的机关。

镰仓幕府(1192-1333 年)初期,朝廷颁布的法律(公家法)和调整各庄园内部事务的“庄园法”仍起一定的作用,但由于武家掌握政权,以武士、幕府贵族等为调整对象的“武家法”应运而生,这样就形成了公家法、庄园法、武家法三个法律体系鼎立的局面。自镰仓幕府中期开始,公家法、庄园法逐渐颓废,武家法则得到显著发展。

其中,1232 年颁布的《御成败式目》是镰仓幕府时期著名的武家法典,它是依据司法实践,并参考《养老律令》而制定的。“成败”乃审理、裁判之意,“式目”则指成文法规,因其制定于贞永元年,故又称为“贞永式目”。初为 51 条,后条文有所追加。在当时,其适用范围甚广,并被普遍认为是武家所有法律的基础。

3. 德川幕府时期的法律(1603-1867 年)

德川幕府统治时期,进一步强化了军事封建国家的统治,加强对劳动人民的镇压。这一时期,除对原有武家法典进行修订外,也先后制定了一系列法典。1742 年仿照中国明律制定的《公事方御定书》,是德川幕府法中较为完备的一部法典,也是日本封建社会后期的一部重要法典。该法典在总结过去法令和判例的基础上制定而成,分为两卷,上卷是有关各种法令的 81 条规定,下卷是有关刑法和诉讼法的 103 条规定,俗称“御定书百个条”。其中,有关刑罚的规定极为残酷,广泛适用死刑,执行死刑的方法有锯挽(锯两肩等)、磔刑、狱门(枭首)、火刑、斩刑、解死人(割首弃尸)六种。值得指出的是,基于“义理”而形成的习惯法,在日本封建社会也起着重要作用。“义理”与中国古代的“礼”相似,确认人们生活中的基本行为准则,既包括家庭成员间的“义理”,也有臣民与封建主、佃农与地主、债户与债主之间的“义理”。社会生活中的一般民事关系主要靠“义理”基础上形成的习惯法调整。

可见，明治维新前的日本法律制度，其形式、内容及法律观念均受到中国封建法律及其法律文化的强烈影响。日本著名法学家穗积陈重曾在《日本新民法》一书中指出：日本法律属于中华法系者已有1600年，虽自大化革新以后经历许多巨大变化，而日本法制之基础仍属于中国之道德哲学与崇拜祖先的习惯及封建制度。

三、日本封建法的基本内容

1. 所有权制度

封建初期，土地制度以“大化革新”为基础进行调整。对动产的所有权，原则上没有限制。对于因先占、拾遗、发掘等获得的动产，可以依法取得所有权。镰仓幕府时期，由于武家制度的建立，土地制度也发生了变化。从《御成败式目》的规定中可以看出，原则上土地的私有制得到确立。动产的买卖方式简便，只需买卖双方的合意。德川幕府时期，中央的权力加强，土地私有制并未发生变化，

2. 债权债务制度

封建初期的律令，对债权债务制度的规定并不多，债的概念比较狭窄，物的给付即是债。债分为出息之债和其他之债。出息之债是指因附利息的借贷消费发生的债，除出息之债外，均是其他之债。镰仓、室町幕府时期，债权关系的诉讼占有重要的地位，债权可以转让和继承，债务也可继承。债务的强制执行有国家的强制扣押和私人的强制扣押之分。德川幕府时期，对债权的转让做了各种限制，对不履行债务者的强制执行方法，初期允许私人强制执行，后由官方执行。

3. 家庭、婚姻、继承制度

封建初期，《大宝律令》关于亲族、婚姻、继承的规定，体现了封建宗法关系的原则。镰仓、室町幕府时期，婚约的成立仍要征得父母的同意，但若订立婚约者有一方是出身于武士之家，那么订立婚约还需得到更高一级掌权者(如将军)的许可。德川时期，父亲可以放逐、惩戒子女，并对子女有身份支配权。婚姻成立的形式有所改变，大名的婚姻须得到将军的批准，武士的婚姻须得到其上司的许可，庶民的婚姻须登记在户籍上。武家继承主要是封禄继承和家名继承，原则上均由嫡长子继承。

4. 刑法

封建初期，刑法的内容具有强烈的政治道德色彩。《大宝律令》是以刑法为主的法典，它集中体现了刑法的各种制度。犯罪的种类很多，大体可划分为三大类：侵犯国家和天皇权益的，如谋反、谋大逆、大不敬等；侵犯社会利益的，如赌博、私铸钱币、通奸等；侵害个人权益的，如杀人、欺诈、恐吓等。刑罚分正刑和附加刑两类。正刑按轻重依次为笞、杖、徒、流、死五种，笞为体刑，分五等，徒刑最高期为3年，流刑分近、中、远三等，死刑分绞、斩二种。附加刑有没官和移乡。

镰仓、室町幕府时期，刑法制度主要体现在武家法典之中。犯罪的种类较以前增加。室町时代普遍采用连坐。原来的五刑改为流、死刑，流只有远流，死只有斩一种。德川时期，刑法制度虽因时、因地而不尽相同，但《公事方御定书》下卷所规定的刑法制度颇具代表性。

5. 司法制度

封建初期，法院不是独立的组织，而是由一般行政官吏兼行司法权，法院有管辖一般人的普通法院和管辖官吏、僧尼的特别法院。普通法院又有中央法院与地方法院之别。法院系统的最高审级是天皇，他是司法权的根源。审判分为断狱与诉讼，大致前者是刑事诉讼，后者是民事诉讼。刑事诉讼实行纠弹主义，法官审理时运用五听（辞、色、气、耳、目），并询问证人，检查证据。民事诉讼向被告所在地法院提出，诉讼的提起限于每年 10 月 1 日至次年 3 月 30 日。重视“五听”，但不许拷问，特别重视书证，可以上诉。

镰仓时期，由于存在公家法、庄园法和武家法，法院也随之分为三个系统，当然，幕府的司法占据主要地位。刑事诉讼仍采纠弹主义，沿用“不告不理”的原则。审理时特别重视犯人的自供，鼓励刑讯逼供，同时“神明裁判”作为一种证据方式也被广泛采用。关于民事诉讼，由原告向管辖的法院提交附有证据的起诉状，并且须同时递上按原告身份出具的推荐状。法院通过审理可做出裁许状，也可协调，使双方和解，制成契约书。

德川时期，幕藩体制下领主权包含审判权，幕府的审判权原则上限于直辖领地，大名在领地内握有审判权，但幕府作为掌握最高权力者，仍有权干涉各大名的审判。法院仍然不是独立机构，而由行政官吏同时执掌司法事务。由于审判管辖错综复杂，幕府设立了作为中央法院的评定所，统一管理全国的司法事务。在幕府的监督下，寺院有一定的审判职能。诉讼程序有“吟味物”与“出入物”之别，前者类似于刑事诉讼，后者相当于民事诉讼。

四、日本封建法的特点

（1）日本封建法从体系到内容均深受中国隋唐法律的影响，公认的三大主要渊源，即《大宝律令》《御成败式目》和《公事方御定书》，更是明显、集中地体现了对中国封建法的模仿。因此，大部分日本法学家莫不公认日本封建法是中华法系的组成部分。

（2）在日本封建法的各个发展阶段，习惯法始终占据一定的地位。

（3）日本封建法律诸法合体、民刑不分，而且公法较私法发达。公法中尤以刑法最为突出，而私法，诸如婚姻、家庭、继承、债权等方面的法律规范，则相对较弱。

（4）日本整个封建时期的法律在内容上都体现了公开的等级不平等、确立封建土地制度、维护家族利益、刑罚残酷、男尊女卑等特点，同时，日本封建法律的内容还具有阶段性，即前一时期主要维护以天皇为首的王室特权，后一时期则主要保护以将军为首的武士集团利益。

第二节　近代日本法律

一、以大陆法系为模式的近代法律制度

明治维新是日本以大陆法系为模式进行法律制度西方化的开端。日本在明治维新时期引进大陆法系的法律制度，主要有以下原因：

1. 资本主义列强的压力

导致日本法制西化的直接原因是来自资本主义列强的压力。明治维新后,日本要求修改德川幕府与西方列强签订的不平等条约,西方列强则提出修改条约的前提是日本必须法制西化。在这种压力下,明治政府组织起草法律,在西方法学家的指导下,短期内制定了一系列的法典。

2. 社会性质发生重大变化

导致日本法制西化的根本原因是社会性质发生重大变化,开始由封建社会进入资本主义社会,实行社会变革已成为社会各界的强烈要求。1868 年标榜“富国强兵、殖产兴业、文明开化”的明治维新正是适应了这种要求而进行的。在法律制度方面,当时作为大陆法系代表的法国法自然成了日本的效仿对象。

3. 革新人物与法学家们的作用

明治政府中占主流的革新人物和法学家们在推进法制西化过程中起了重要作用。1871 年,明治政府派出大型使节团,出访考察欧美 12 个国家。通过考察,明治政府认识到日本与欧美各国的巨大差异,激发了学习和追赶西方的紧迫感。明治政府从 19 世纪 70 年代中期开始至 1907 年,着手进行法典编纂,历时 30 多年,颁布了一系列重要法典。这些重要法典的起草人几乎均有留学经验,他们不仅精通西洋法律文化,而且对日本的国情了解深刻,在将西方法律引进日本、创建近代资产阶级法律体系方面,发挥了骨干和桥梁作用。

4. 日本在传统价值观念上的特殊性

在日本封建社会后期出现了肯定商业的思想主张,并向着商业立国论的方向发展,这种把儒家道德与商业等经济活动一致化的伦理思想价值观念从根本上改变了儒家思想中的重义轻利观念,成为具有日本式特点的功利主义道德思想价值观。日本在引进西方法律制度时,经历了先模仿后反省的过程。

日本通过反省,认为普鲁士宪政最适合日本国情,因为当时的普鲁士与日本的国情有重要的共同之处:第一,两国的资产阶级革命均不彻底,留有大量封建残余。第二,日本存在着天皇崇拜的传统,而德国 1850 年《普鲁士宪法》和 1871 年《德意志帝国宪法》确立了国王绝对主权的原则,这正好符合当时通过明治维新重新掌握国家大权的天皇确立类似专制体制之心愿。于是,日本以明治宪法为开端,按照德国法的模式,先后颁布了一系列法律,确立了以大陆法系为模式的近代资产阶级法律体系。

二、日本近代法制的确立

1. 明治维新及封建法制改革

19 世纪中期,日本资本主义经济有了一定发展,以德川幕府为代表的腐朽的封建统治日益遭到资产阶级和人民的激烈反对。1867 年明治天皇即位。同年 10 月,幕府末代将军德川庆喜为稳定政局保持实力,佯称“奉还大政”,请求辞职。不料,明治立即准奏,并在倒幕派的支持下于 12 月颁布“王政复古”诏书,宣布废除幕府制度,成立天皇政府。德川庆喜见事与愿违,拒绝交出政权和土地,并纠集军队诉诸武力,结果失败。1868 年 3 月,幕府所在地——江户(今东京)被攻陷,统治日本达七百余年的幕府统治彻底结束,从而建立了以明治天皇为中心的地主和资产阶级联盟的中央集权制国家。

由于资产阶级的软弱，明治维新是一次不彻底的资产阶级革命，以与封建势力相妥协而告终，保留了许多封建残余。然而它却是日本从封建社会进入资本主义社会的转折点，也是日本法律制度逐渐向西方化转变的开端。从此，日本进入近代时期。

明治政府成立后，立即通过一系列改革纲领，着手进行国家政治经济制度的改革。1868年3月，天皇发布“五条誓文”，表示新政府要“广兴会议，万事决于公”，“求知识于世界”等，正式提出以西方模式进行国家制度的改革。同年4月，又公布《维新政体书》，确立权力归于天皇之下的太政官，“太政官之权力分为立法、行政、司法三权”，并规定立法官不得兼任行政官，司法官不得兼任立法官。以后，又陆续对中央国家机关进行改组，采取分权原则，规定太政大臣专管行政，立法权由贵族院行使，司法权由大审院行使。1869年，明治政府宣布实施“版籍奉还”政策(版即版图，指领地，籍即户籍，指人民)，把封建主占据的各藩地全部归还天皇统辖。天皇任命各藩主为“藩知事”，剥夺他们对土地和人民的领有权，使之成为隶属中央的地方官。1871年7月14日又“废藩置县”，改革行政区划，将全国分为3府72县(后合并为3府43县)，免除原藩知事的职务，命令他们到东京居住，其职务由天皇任命的知事代替。至此，以天皇为中心的统一的中央集权国家得以确立。随之，围绕经济和司法等方面的立法改革也广泛开展起来。

在经济方面，为适应资本主义的需要，颁布了一系列法令，宣布取消职业规章和行会制度，允许公民自由选择职业，自由迁徙；废除藩与藩之间的捐税关卡，统一全国的货币制度，实行贸易自由；宣布各等级在法律上一律平等，废除各等级间通婚的限制；改革土地制度，确认土地实际占有者的土地所有权；制定银行条例，统一全国汇兑业务；奖励贸易，积极创办银行、企业；颁布征兵令，建立近代常备军，剥夺武士独占军人身份的特权，等等。

在司法体制和刑法制度方面，也进行了初步改革。设立刑部省(后改为司法省)，统一领导司法行政，下置各种法院，专门负责审判。修改刑律，废除笞、徒、杖、流四刑，改为惩役和死刑两种，并减轻刑罚，缩小死刑的适用范围。此外，为了使日本与西方在法学教育和研究方面进行交流，聘请法、德等国法学专家来日讲学，创办法政研究所和法政学校，翻译、研究外国法律，培养法律人才等。

总之，上述改革的推行，为日本资本主义经济的发展扫除了封建障碍，也为建立西方化的资产阶级法制奠定了基础。

2. 近代日本法律体系的建立

明治维新后，日本开始创建资产阶级法律制度，至1907年日本近代最后一部法典——刑法典制定完毕，其间大致经历了两个时期。

(1) 奠基时期(1868-1875年)

自1868年明治维新开始，至1875年明治天皇发布诏敕、宣布渐次建立立宪政体时为止，是日本创建近代法律制度的奠基时期。1868年1月，明治天皇在倒幕派的支持下颁布“王政复古”诏书，宣布废除幕府制度，建立天皇政府；同年4月，发表“五条誓文”，主要是学习西方资本主义，破除封建制度，建立资产阶级政权；同年6月，公布《维新政体书》，规定由天皇亲自执政，中央机构分行政、立法、司法三个部门，协助天皇进行统治，但所标榜的三权分立并未实现；1869 年 6 月，宣布“版籍奉还”，版即版图，籍即户籍，意为把封建领主管辖的土地和人民归还天皇；1871 年 8 月实行“废藩置县”，把全国划分为 3 个府，72 个县(后合并为 43 个县)，府和县的知事由天皇任命，受明治中央政府直接统辖。通过这一系列措施，确立了以天皇为中心的统一的中央集权国家，随后又进行了多方面的改革。其中，在法律，尤其是司法制度方面，先后设立司法省和大审院，使司法行政与法院审判开始独立，地方设各级法院，专门负责审判工作；颁布《假刑律》(1868 年)、《新律纲领》(1870 年)、《改定律例》(1873 年)等刑事法规，改革刑罚体系；加强法律教育，翻译外国法典，聘请外国(主要是法国、德国)的法律专家帮助进行法律修订。所有这些改革，不仅巩固了以天皇为中心的中央集权制政权，促进了资本主义经济的发展，而且也为日本资产阶级法律制度的建立准备了条件。

(2) 法典编纂时期(1875-1907 年)

19 世纪 70 年代中期开始，日本明治政府着手进行法典编纂工作，初以法国法为模式，后转而以德国法为蓝本。模仿法国法制定的法典，大多是在当时日本政府的顾问、法国巴黎大学教授保阿索那特(Gustave Boissonade，1825-1910)的直接指导下编纂而成的，先后有《刑法典草案》(1880 年公布、1882 年实施)、《治罪法》(1882 年实施)、《民法典》(1890 年公布)等。由于它们过分法国化，有的甚至照抄法国法典，并不符合当时留有封建残余的日本现实，因此遭到日本各界的普遍反对和抵触，故不得不参照德国法重新修订。1889 年，颁布了《明治宪法》，它是以 1850 年《普鲁士宪法》为蓝本制定的。随后编纂、颁布了商法典、民事诉讼法典、刑事诉讼法典、民法典、法院构成法，至 1907 年刑法典颁布，资本主义法律体系的各主要法典均告完成，这标志着日本近代资产阶级法律制度的最终确立。

第三节　日本现代法律制度

一、两次世界大战期间日本法律制度的演变

这一期间，日本法律制度发生了很大变化，以 1932 年政党政治被推翻、法西斯势力控制整个国家政权、确立军事独裁体制为界，大体上可以分为两个阶段。

1. 1932 年以前法律的发展、完善阶段

(1) 宪法。第一次世界大战后，日本国内工农革命运动日益高涨，中小资产阶级争取民主宪政的斗争不断展开。在这种阶级力量发生变化的形势下，日本不得不对带有浓厚封建性和军事性的《明治宪法》进行一些带有资产阶级民主色彩的改革。而当时学者提出“国家法人说”“天皇机关说”，宣扬国家犹如扩大了的法人，国家主权不属于天皇，天皇只是一个国家机关，只能依据宪法行使职权，这又为改革提供了理论依据。这些改革主要表现在以下方面：

① 议会地位有所提高，作用有所增强。

② 由于资产阶级在政权机关中地位的提高，日本第一次出现政党内阁。自 1918 年至

1932年，基本上由政友会和民政党（宪政会）两党轮流组阁，在内阁中除了陆海军大臣和外交大臣以外，都是一个政党的成员，但政党内阁并未真正形成制度。1932年它被军阀官僚内阁取代。

③ 由于广大群众要求民主、争取普选权的斗争日益高涨，日本统治阶级于1919年对1889年的选举法进行若干修改，降低了选民财产资格；1925年颁布新的选举法，取消对选民财产资格的限制，一定程度上体现了民主制的发展。

这些宪法制度的改革步伐很小，但在缺乏民主传统的日本都是史无前例的。

（2）民商法

① 民法。第一次世界大战后，民法典中有关财产法部分不断通过颁布单行法规的形式予以修改，其中以建立调停制度和信托制度最为突出。民事调停制度实质上是日本传统的民间和解制度的发展，从1920年到1932年，日本制定了各种调停法，如1922年的《租地法》和《租房法》、1924年的《租佃调停法》、1932年的《金钱债务临时调停法》等。1922年，日本还将英美国家采用的信托制度引进并制定成单行法，从而在大陆法系的财团法人制度之外，找到了另一种可以达到共同财产目的的方法。

在婚姻、继承方面制定的修改纲要没有成为法律。

② 商法。1938年商法典修改草案经审议通过，于1940年实施。修改的主要精神是：总则部分扩大了商人的概念，明确了转让营业时双方的责任；公司法部分比较注重保护公司债权人的利益，谋求筹资便利，将企业的所有权与经营权分离。

1922年颁布了新的破产法，抛弃了旧法中的商人破产主义，采用商人和非商人通用的一般破产主义，顺应了国际立法的发展趋势。

这一时期，随着国家对经济生活干预的加强，颁布了一些产业立法和社会化规范，旨在扶植和促进垄断组织的发展，并对无限私有制原则和契约自由原则做了某些限制。

（3）刑法

颁布了一些单行刑事法规，对刑法制度进行改革，主要表现在以下方面：

① 1931年，公布《假释审查规程》，对假释制度做出了较为全面的规定。

② 1922年，制定《少年法》，规定了对少年的保护处分、刑事处分和少年法院的审判等事项。

③ 1925年的《治安维持法》是一个镇压工人运动和进步人士的反动法律，又被称为“危险思想法”。

（4）诉讼法

这一时期，日本对两大诉讼法分别进行了较大修改。1922年颁布了修改后的刑事诉讼法典，其修改要点是：扩大了检察、侦查机关的强制处分的权限范围，确立了非经公诉绝对不得进行预审的原则，限制未决犯的拘留日数，并扩大了非常上告的范围。修改后的法典具有较强的自由主义色彩。1926年修改，1929年开始实施修改后的民事诉讼法典。民事诉讼法典修改的要点是：删除了不符合日本社会经济情势的“证书诉讼程序”的规定；对继受德国民事诉讼法的审判程序进行全面修改，以强化法院对民事诉讼程序的管理和指挥权。

1923 年公布了以英国陪审制度为蓝本的《陪审法》,1928 年开始实施,但并未取得多大成效,1934 年被宣布停止实行。

2. 法西斯统治时期的立法

1931 年由军部挑起的“九·一八”事变和 1932 年政友会首相犬养毅被暗杀,标志着日本政党政治的结束和法西斯化的开始;1935 年禁止“天皇机关说”,重申国家主权属于天皇;1937 年成立“帝国大本营”,作为国家最高决策机关,标志着天皇和军部独裁统治的进一步形成;1940 年提出“新政治体制”和“新经济体制”,解散所有政党;1941 年,军部首脑东条英机实行独裁统治,发动太平洋战争,日本法西斯专政最终全面建立。1942 年,建立“翼赞政治”体制,网罗议员,使议员按军部方针表决,协助天皇和政府进行法西斯统治。在这一进程中,法律制度也逐步法西斯化,明治宪法中消极的封建军国主义内容被强调和利用,议会成为摆设,宪法中仅有的民主制度被破坏。到 1943 年颁布《战时行政职权特例》,赋予首相,即军部首脑“禁止、限制或废除现行法律”的专断大权,从而以法律形式公开肯定了军部的军事独裁统治,将法律完全置于法西斯政权的操纵之下。

除此之外,这一时期还颁布了一系列国家主义统制立法和刑事特别法。

(1) 国家主义统制立法。1937 年至 1938 年间,为适应全面侵华战争的需要,日本颁布“战时三法”,即《临时资金调整法》《关于进出口商品等临时措置的法律》和《国家总动员法》,旨在加强国家对经济的干预,使之走上战时轨道。其中,1938 年 3 月通过的《国家总动员法》是日本战时国家主义统制立法的核心,它将科技、文教、新闻报道、工业、交通运输、金融贸易等都置于政府控制之下。其后又根据此法颁布了各种统制法令,将国民生活的各个方面纳入国家统制范围。至 1945 年颁布《战时紧急措施法》时,国家统制范围更大,政府控制权力也更大。这些统制立法实质上是对传统法律原则的歪曲或否认。

(2) 刑事特别法。为满足法西斯统治的需要,一方面实施并修改《治安维持法》并且部分修改刑法典,另一方面不断颁布刑事特别法。其中最典型的是:1937 年颁布的《思想犯保护观察法》,其目的是监视、控制革命者和具有进步思想的人;1942 年制定的《战前刑事特别法》是法西斯刑事法律的集大成者,其效力优于刑法典,它规定了严惩反对法西斯统治的各种行为。此外,还颁布了《劳动纠纷强制仲裁法》《战时管制言论、出版、集会结社法》《不稳文书临时取缔法》等法规,严酷迫害进步人士,严惩思想犯罪,剥夺公民的基本自由权利,体现了刑事立法的法西斯化。

二、第二次世界大战后日本法律制度的改革

1. 第二次世界大战后日本法律制度的变化

1945 年 8 月 15 日,日本宣告无条件投降。第二次世界大战后,日本置于盟国远东委员会控制之下,美军以盟军总部名义进驻日本。根据《波茨坦公告》等国际协议,战后日本应向和平、民主、独立方向发展。基于此,日本进行了法制改革,其主要任务是废除包括旧宪法在内的原有军事法西斯法律制度,重新制定宪法及各种急需法律,修改主要法典,到 1952 年这一任务基本完成。这一时期法律改革一方面体现了民主与法治的精神,另一方面表明了对英美法律部分内容的吸收,同时日本固有的法律传统和特色基本保留。1952 年《旧金

山和约》生效，日本独立。此后，日本走上自主的法制改革和建设道路，建立并完善了高度发达的现代法律制度。

第二次世界大战后日本法律制度的发展与变化，表现出以下主要特点：

(1) 虽然仍以大陆法系的六法体系为基础，但较多地接受了美国法的影响，法律风格有所变化。如判例在司法实践中的作用受到重视，英美法的原则和制度也在制定法中具有明显影响。

(2) 按照三权分立原则，将战前以天皇为中心的君主立宪政体，改为以国会为中心的责任内阁制，但仍保留了天皇。

(3) 通过立法，赋予公民较为广泛的民主自由权利，并在形式上确认了“国民主权”原则。

(4) 废除了行政法院，有关行政诉讼案件由普通法院直接受理，并借鉴美国司法制度的经验，将违宪审查权授予最高法院，提高了司法机关的地位。

(5) 适应现代资本主义经济发展的需要，进行了大规模的经济立法活动。虽然没有形成统一的经济法典，但也建立了门类齐全、较为完整的经济法体系，在资本主义世界中具有一定的代表性。

2. 第二次世界大战后日本法制建设的主要成果

(1) 1946 年《日本国宪法》

第二次世界大战后，日本实质上处于盟军的控制之下。1945 年 10 月，在美国占领当局的授意之下，日本政府着手进行新宪法的制定工作，但其起草的宪法草案本质上仍然维持明治宪法的专制体制，因而遭到盟军的否决。于是，麦克阿瑟(盟军最高统帅)直接提出修改宪法的三项原则：保留天皇权力，但天皇权力必须受宪法的限制；放弃战争和一切战备；废除所有封建制度。在麦克阿瑟的亲自主持下，1946 年 2 月由盟军总司令部政治局拟定并起草了宪法草案，送交日本政府。虽然当时日本当局对此十分不满，但迫于当时的国际、国内形势，不得不采用此草案，并于 1946 年 11 月 3 日正式颁布《日本国宪法》，1947 年 5 月正式实施。

《日本国宪法》是日本现行的宪法，条文采用口语体的形式。其内容具有以下特点：

① 否定国家的一切权力属于天皇，确立国民主权原则，天皇成为象征性的国家元首。宪法规定：天皇是日本国的象征，由握有国家主权的专制君主变为立宪君主，其地位以主权所属的全体国民的意志为依据，从而确立了国民主权原则，否定了明治宪法确立的以天皇为中心、主权属于天皇的国家政治体制。宪法不仅在序言中明确了国家主权原则，而且规定了国民行使主权的基本制度。

② 明确三权分立原则与责任内阁制。宪法规定，立法权、行政权、司法权分别由国会、内阁、法院行使，三者之间相互牵制。宪法规定，国会是国家最高权力机关和唯一的立法机关，行使立法权，并有财政监督权和国政调查权。国会由参众两院组成，两院议员均由国民普选产生。规定内阁是国家最高行政机关，行使行政权，对国会负连带责任。内阁总理大臣经国会决议在国会议员中提名，在众议院通过对内阁的不信任案时，内阁如 10 日内不解散，众议院就得总辞职。司法权属于法院，法院独立审判。新宪法使日本变成了三权分立

的议会立宪君主制国家。

③ 规定放弃战争原则，仅保留自卫权，体现和平原则。宪法不仅在序言中宣布日本国民希冀和平、维持和平的愿望，而且还以专章对“放弃战争”做了具体规定，即宪法第 9 条“日本国民衷心谋求基于正义与秩序的国际和平，永远放弃作为国家主权发动的战争、武力威胁或使用武力作为解决国际争端的手段。为达到前项目的，不保持陆海空军及其他战争力量，不承认国家的交战权”。以宪法形式规定放弃战争和不保持武装力量原则，这在资产阶级宪法史上前所未有，这一规定有利于防止日本复活军国主义和重走侵略战争的道路。

④ 扩大了国民的基本权利和自由，强调对人权的保障。与明治宪法相比，现行宪法中“国民的权利和义务”一章的条文数显著增加，宪法规定的国民的自由权利范围较广，并规定国民的权利是现在和将来都不可被侵犯、剥夺的永久权利。

（2）民法与商法

① 民法典的修改。日本现行民法，仍为 1898 年实施的《日本民法典》。第二次世界大战后，日本政府从 1947 年起对民法典进行了多次修改，这些修改基本上符合现代资本主义民法发展的潮流。日本民法内容的发展、变化主要有以下方面：

a. 民法原则已发生变化。第二次世界大战后，根据《日本国宪法》的精神，1948 年实施的修改后的民法典新增加了第 1 条，即“私有权应尊重公共福祉，行使权利及履行义务时，应恪守信义，诚实进行，不许滥用权利”。这表明所有权无限制原则和契约自由原则已发生变化。正因为如此，有些学者认为修改后的民法典确立的是“公共福祉原则”“诚实信用原则”“法律人格平等原则”。此外，通过判例和单行民事法规已逐渐在某些领域确立了无过失责任原则。

b. 财产法中某些具体的民法制度已得到发展。公益法人范围已经扩大，物权的种类增多。此外，所有权制度、担保制度等都发生了一些变化。

c. 婚姻家庭制度发生了较大的变化。废除了封建色彩浓厚的户主和家族制度，规定家庭的共同生活以夫妻和父母为中心，父母在平等的基础上尊重子女的人格，监护和教育子女；取消了成年人结婚须经父母同意的规定，以男女双方自由合意为婚姻成立的基础，强调夫妻在婚姻关系上的平等，夫妻双方拥有相同的权利和义务，废除了原来的丈夫享有对妻子财产管理权的规定；提高了养子女、非婚生子女的地位。

d. 继承制度也有很大变革。废除家督继承制度，确立继承仅限于财产继承。财产继承的法定顺序依次为直系卑亲属、直系尊亲属、兄弟姐妹，同一顺位的继承人各自的应继份额相等。规定被继承人的配偶恒为继承人，并且照顾其应继承的份额。

② 商法典的修改。第二次世界大战后不久，日本对商法典进行了修改，变动较大的是公司法部分。修改后的商法典将公司限定为无限公司、两合公司、股份有限公司三种，删除了股份两合公司的规定。公司法适应了国际发展趋势，加强了与美国资本的合作，吸收了美国法的一些原则和制度。

（3）经济法

第二次世界大战以后，日本在恢复和发展经济的过程中，非常重视利用法律手段改革、调整和管理经济，制定了大量的经济法规。各方面的经济活动几乎无一例外地被纳入法制轨道，从而使经济法成为日本战后发展最为迅速的法律领域。这一时期建立起的较为完整的经济法律体系，不仅对日本战后经济的恢复和迅速崛起、成为世界经济大国有重要作用，而且使日本成为经济立法相当发达的资本主义国家之一。

第二次世界大战后日本经济法的发展，主要经历了两个时期：

① 盟军占领时期(1945-1952 年)

这一时期的经济立法是在占领政策指导下进行的，体现了占领当局对日本经济政策的基本原则：经济非军事化、确立和平经济、建立民主化经济。这一时期的主要经济立法有《经济力量过度集中排除法》《禁止私人垄断和确保公平交易法》《农地调整法改正法案》《自耕农创设特别法案》《工业标准化法》《企业合理化促进法》《中小企业诊断制度》等。其中最重要、最基本的法规是《禁止私人垄断和确保公平交易法》，又称《禁止垄断法》，它既有关于禁止私人垄断和限制不当交易，禁止控股公司，限制大企业的股份所有总量和金融公司的股份保有，禁止不当的区别对待、不当的价格、不当地引诱和强制顾客、附有约束条件的交易、不当利用交易上的地位、引诱他人采取不利于竞争的行为等不公正的交易方法这样的实体性的规则内容，又有实施机构和处理违法事件程序的规定。该法至今还具有效力，但已被多次修改。它对于维护日本第二次世界大战后的经济秩序、繁荣企事业活动、确保消费者的利益等具有重要的意义。大多数学者都承认它在日本经济法体系中的核心地位，称之为“经济宪法”。

到 1952 年《旧金山和约》生效前，三大经济改革任务基本完成，日本战后经济法体系得以确立。

② 1952 年以后以实现工业现代化为中心的经济高速发展时期

1952 年日本结束了被占领状态，重新被纳入第二次世界大战后国际经济秩序之中，开始了独立自主的经济立法活动。至今 50 多年来，日本先后经历了经济恢复期、经济高度成长期和经济低成长期等阶段，由于每一阶段国家的经济重点和经济政策的中心不同，因此不同阶段颁布的经济法规各有其侧重点。“法与时转则治”，如独立初期经济立法主要体现放宽对垄断的限制、促使企业结构合理化的特点；20 世纪 60 年代以发展重工业和化学工业为重心，改善产业结构、加强国际竞争力的经济法规是其重点，这一时期颁布的重要经济法规有：《机械工业振兴临时措施法》《农业基本法》《中小企业基本法》《中小企业现代化促进法》《职业训练法》《出口检查法》等。

第二次世界大战后日本经济立法都规定了明确的目标及实现措施，并且几乎都立有罚则专章，这在日本也被称为“经济刑法”。

总之，日本是一个重视对经济活动进行强力国家干预和宏观控制的资本主义国家。充分利用法律手段调节经济是日本宏观经济管理的一个重要组成部分，也是日本经济发展的成功经验之一。

(4) 社会立法

日本的社会立法基本与德国同步，这是与日本自“明治维新”后经济上开始由自由资本主义向垄断资本主义过渡相适应的。日本的社会立法主要由劳动法和社会保障法组成，它随着日本资本主义的产生、发展，从无到有，逐渐得到发展。

① 1898 年明治政府制定了日本历史上第一部劳工法案——“工场法案”，但未能付诸

实施。1911 年公布，1916 年开始施行的“工场法”限制了劳动者的最低年龄，给予贫困职工以生活补助。

② 第一次世界大战后，制定和实施的《职业介绍法》等单行法规在一定程度上缓解了因失业引起的社会矛盾。

③ 第二次世界大战后，日本劳动法的发展在劳动团体法、劳动保护法和失业者保护法各个方面都得到体现。

1946 年和 1949 年，日本分别制定了《劳动关系调整法》和《劳动组合法》，它们规定了有关调整劳动争议的具体问题。此外，还有《公共企业劳动关系法》《地方公营企业劳动关系法》等，这些法律在一定程度上保障了劳动者的团结权、交涉权及争议权。

1947 年制定的《劳动基准法》规定了劳动者具体劳动条件的标准，并附有罚则。此外，还制定了确保劳动场所安全卫生的法规和规定劳动者最低工资待遇方面的法规。

在失业者保护法方面，1947 年制定的《职业安定法》具体确立了公共职业安定所免费介绍职业的原则；1966 年的《雇佣对策法》以达到国民经济的均衡发展与完全雇佣为目的；1974 年的《雇佣保险法》确定了失业劳动者一定期间的生活保障等。

④ 第二次世界大战后，日本社会保障立法的基本方针是向平等性、国家统一责任的方向发展。《日本国宪法》第 25 条规定的“全体国民都享有最低限度的健康和文化生活的权利。国家必须在生活的一切方面努力于提高和增进社会福利、社会保障以及公共卫生的工作”为社会保障法的发展提供了良好的宪法依据。

第二次世界大战后，日本相继制定了《劳动者补偿保险法》《失业保险法》《雇佣保险法》《社会福利事业法》等法规，使日本社会保障法逐渐形成包括社会保险、社会福利、社会补助（救济）三个方面在内的完整体系。

（5）刑法

1947 年依照新宪法的精神，对 1907 年刑法典进行了较大修改，主要有 6 个方面：

① 外患罪规定的修正和有关安宁秩序罪规定的删除；

② 缓刑条件的缓和与法律上复权（不记前科）的规定；

③ 删除危害皇室罪的规定；

④ 新增关于损毁名誉罪的事实证明规定；

⑤ 对渎职罪、暴行罪、胁迫罪法定刑的加重；

⑥ 参照各国刑法关于通奸行为一般不予处罚的惯例，对通奸罪予以删除。

1974 年公布《改正刑法草案》，1980 年通过关于修改部分刑法的法律。修改的主要内容是：

① 在刑法基本原则方面，强调罪刑法定和不溯及既往的原则，贯彻责任主义原则，使用保安处分以预防犯罪。

② 刑罚方面，提高了徒刑、监禁、拘役的最低期限，广泛采用不定期刑。

③ 废除第二次世界大战前基于封建伦理观念而设的杀害尊亲属罪。

④ 在量刑上，更注重犯罪人的主观条件，并以预防犯罪和有利于犯罪人的改造为目的。

第二次世界大战后日本统治阶级为镇压国内进步力量，也颁布了《防止破坏活动法》《限制罢工法》等一些单行刑事法规，剥夺了日本人民的言论、出版、集会、游行示威等方面的权利自由，使新宪法规定的公民较为广泛的民主自由的权利，事实上难以得到真正的实现。

(6) 法院组织与诉讼法

第二次世界大战后，日本根据新宪法精神，参照美国模式对司法体系进行重大改革：

① 1947 年颁行《法院(裁判所)法》和《检察厅法》，废止了一直实行的行政裁判制度，实现裁判一元化，实行单一的法院组织体系，并赋予最高法院以违宪审查权。法院分为最高法院、高等法院、地方法院、简易法院四个审级，实行四级三审制，各级法院一律兼理民、刑事案件。另设与地方法院平级的家庭法院，专审家庭案件和少年犯罪案件。检察厅独立于法院，按法院审级相应划分级别，作为统一行使国家检察职能的机关而出现。1948 年颁布《律师法》，规定在地方法院辖区内设律师会，在全国设立日本律师联合会。日本律师、法官、检察官并称"法曹三者""法制建设上的三根支柱"，因为他们对日本法学理论的发展和法律实践的完善都有很大贡献。

② 根据新宪法确立的原则，1948 年重新制定了《刑事诉讼法》，其特点是：规定各种强制处分都须有令状，新设宣告拘留理由制度，体现了保障人权的原则；明确了刑事案件的追诉权专属于检察官，检察官根据罪犯的情况享有起诉或不起诉的裁量权，但同时又规定了职权滥用罪，以防止检察官行使职权时不公正；废止预审，扩大辩护制度，限制被告人自证的证据能力，体现了对被告当事人地位的尊重；检察官提起公诉时只向法官提交一份起诉状，而不移送案卷和证据材料，贯彻了以庭审为中心的原则和辩论原则；废除了对被告不利的再审，对被告有利的按其请求可以再审，第二审的控诉从原来的复审制改为事后审查制。总之，它体现了大陆法系刑诉制度与英美法系刑诉制度的结合。

1891 年起实施的《民事诉讼法典》在第二次世界大战后经多次修改，1979 年将第 6 编独立出来，制定《民事执行法》。

第四节　宪　　法

一、明治宪法

《大日本帝国宪法》，是日本基于近代立宪主义而制定的首部宪法，颁布于 1889 年(明治二十二年)2 月 11 日，并于 1890 年(明治二十三年)11 月 29 日施行。很多情况下，该部宪法也被称作《明治宪法》或《帝国宪法》。与现行有效的《日本国宪法》相对应，也经常被称作"旧宪法"。这部宪法在伊藤博文的外国调查之后，通过天皇向黑田清隆首相亲手递交的方式发布，即所谓"钦定宪法"。该宪法标志着日本开始有限的宪政统治。

1882 年(明治十五年)3 月，参议、伊藤博文等人，受命前往欧洲考察德国立宪主义的理论与实践发展。伊藤一行从柏林大学的鲁多尔夫·冯·格奈斯特、维也纳大学的罗伦斯·冯·史坦两位学者处得到了宝贵的建议：宪法必须立足于本国的历史、传统、文化。如果一个国家需要制定宪法，那么必须先学习这个国家的历史。因此，考察官员们一直认为德国的宪法体制最适合日本(然而,伊藤也没有像过高评价德国宪法的井上毅一样,考虑将德国宪法全盘移植)。1883年,伊藤一行回国,命令井上毅着手宪法草案的起草,并设立宪法取调局(次年改称制度取调局),正式开始了制定宪法、设立日本国会的进程。

1885年(明治十八年),随着太政官制的废止和内阁制度的创立,伊藤博文被任命为首任内阁总理大臣。井上毅在担任政府法律顾问的德国人罗斯勒(Karl Friedrich Hermann Roesler)和莫塞(Albert Mosse)等人的协助下着手起草宪法,并于1887年(明治二十年)5月初步完成了宪法草案初稿。以该草案为基础,伊藤、井上、伊东巳代治、金子坚太郎等人聚集在位于夏岛的(神奈川县横须贺市)的伊藤别墅中,进行再次修改,形成了所谓的《夏岛草案》。此后,在夏岛草案的基础上再做修改,于1888年4月基本完成了定稿。随后不久,伊藤设置枢密院,并自任议长,对宪法草案进行了审议。审议过程持续到1889年(明治二十二年)1月方告终结。

1889年(明治二十二年)2月11日,1889年《大日本帝国宪法》正式向全体国民公布。这部宪法,通过天皇向黑田清隆首相亲手递交的方式发布,即所谓"钦定宪法"。由此,日本成为东亚首个拥有近代宪法的立宪君主制国家。同时制定的法典还有作为皇室家族法的皇室典范、议院法、日本贵族院令、日本众议院议员选举法、会计法等重要法令。1889年《大日本帝国宪法》在第一届帝国议会召开当天的1890年(明治二十三年)11月29日施行。

二、1946年日本国宪法

1945年7月26日,盟军领袖丘吉尔、杜鲁门及蒋介石发表了《波茨坦宣言》,要求日本无条件投降。该宣言也确定了日本投降后盟军占领的主要目标:"日本政府将要解除在日本人当中恢复及加强民主倾向的所有障碍。言论、宗教、思想自由及尊严等基本人权将会被确立。"

《波茨坦宣言》的内容和盟军统帅麦克阿瑟在投降初期所采取的措施都显示出,他及他在华盛顿的上级都不打算单方面地在日本实行新的政治制度。相反,他们希望日本自行实行民主改革。但至1946年初,麦克阿瑟就在编写新宪法这个最基本的问题上,与日本官员出现分歧。首相币原喜重郎和许多他的同僚极不愿意采取激烈的手法以一份自由的文件取代明治宪法。在反法西斯民主力量的推动下,日本于1946年2月开始新宪法的制定工作。草案经反复审议、修改,最后经盟军(美军)总部同意,于1946年11月3日颁布,1947年5月3日正式实施。这也是日本现行宪法。

1946年宪法除前言外,共11章103条。这部宪法吸收了欧美资本主义国家宪法通行的原则,在捍卫资本主义私有制和资产阶级政治统治的前提下,以三权分立原则组织国家政权机关,削弱了天皇的权力,实行对国会负责的责任内阁制,扩大了公民的自由民主权利。同第二次世界大战前帝国宪法相比,它具有以下几个特点:

1. 天皇成为象征性的国家元首

鉴于天皇制度在日本社会中有着长期和深刻的影响,根据美国占领当局的指示,保留了天皇制,利用其作为政治上、精神上的统治支柱,但新宪法否定了天皇的神化偶像,废除了旧宪法所确立的天皇总揽国家统治权的规定,明确指出天皇"并无国政的权能","只能行使本宪法规定的国事行为",而且"天皇有关国事的一切行为,必须有内阁的建议和承认,由内阁负其责任"。所谓天皇的"国事行为",实际上只是礼仪上、形式上的活动,这说明天皇地位发生了根本变化，仅为日本的“象征性”国家元首。

2. 实行三权分立与责任内阁制

新宪法采取欧美资本主义国家普遍实行的三权分立原则，并实行“国民主权”的英国式的责任内阁制。根据宪法，立法权、行政权、司法权分别由国会、内阁、法院行使，互相制约。宪法规定，国会是国家最高权力机关和唯一的立法机关，行使立法权，并有财政监督权和国政调查权。国会由参众两院组成，两院议员均由国民普选产生。行政权由内阁行使，内阁是国家最高行政机关。内阁首相经国会提名在议员中产生，内阁行使行政权，必须对国会负责。当众议院对内阁表示不信任时，内阁就得辞职。司法权属于法院，法院独立审判。总之，新宪法使日本由第二次世界大战前以天皇为中心的君主制和法西斯国家，变成了三权分立的议会立宪君主制国家。

3. 规定放弃战争原则，仅保留自卫权

新宪法第 9 条明确规定：“日本国民衷心谋求基于正义与秩序的国际和平，永远放弃以国家主权发动的战争、武力威胁或使用武力，不以此作为解决国际争端的手段。为达到前项目的，不保持陆海空军及其他战争力量，不承认国家的交战权。”以宪法形式规定放弃战争和不保持武装力量原则，这在资产阶级宪法史上是前所未有的。这一规定有利于防止日本复活军国主义和重走侵略战争的道路，也反映了日本人民坚决要求维护和平的决心。日本政府首脑和法院在解释宪法第 9 条时，曾经指出，第 9 条的规定并不等于剥夺日本的国家自卫权。为此，日本设有“自卫队”，实行“专守防卫”的方针。

4. 扩大了国民的基本权利和自由

新宪法第 3 章对公民的政治、经济、社会等方面的权利，做了比较广泛的规定。共计 31 条，将近宪法条文总数的 1/3。如此详细的规定，在资本主义国家宪法中是很突出的。国民权利具体可分为基本人权、财产权、平等权、参政权、生存权、自由权、要求赔偿权等。同时，宪法对公民行使基本权利和自由所加的限制较少。这较之明治宪法无疑是一个进步。

由于 1946 年宪法带有较多的资产阶级民主自由的色彩，自 20 世纪 50 年代以来，日本右翼反动势力多次提出要修改宪法，而进步民主力量则为维护这些原则进行着斗争。在 2014 年 7 月 1 日，以时任日本首相安倍晋三为主导的内阁正式通过关于“解禁集体自卫权”的重大修改，使宪法的第 9 条，从内容到原则被改得面目皆非。目前，日本国内围绕护宪和修宪的斗争仍在继续，其结局如何，引起国际上的关注。

第五节 行 政 法

一、日本行政法的形成和发展

（一）日本行政法的形成

早在明治维新初期，日本就曾出现有关行政诉讼的规则。1889 年颁布的《大日本帝国宪法》尽管实质上确立了天皇专制制度，但它形式上的立宪主义对日本行政法的形成起到了作用。宪法规定的“由于行政官厅的违法处分而损害权利的诉讼,另以法律规定由行政法院审判,而不在司法法院的受理范围之内”(第61条),原则上确定了行政诉讼审判权独立于普通法院司法权之外。根据宪法,1890年6月颁布了《行政裁判法》。该法规定在普通法院之外设立行政法院,它属于行政机关,由长官一人与评定官、书记员若干组成,原则上合议审理依法令应由行政法院审理的案件。行政法院仅在东京一处设立,采取一审制,并以诉愿前置主义为原则。与《行政裁判法》同时实施的“行政厅违法处分的行政裁判事件”,对行政法院可以管辖的具体事件做了规定。这是关于行政诉讼的主要法律。随后颁布了《文官任用令》(1893年)、《文官考试规则》(1893年)、《治安警察法》(1898年)、《国税征收法》(1897年)、《行政执行法》(1900年)等一系列法令,对行政组织、财政税收、治安、行政执行等制度都做了规定。

至此,近代日本行政法制基本形成,它总体上属于大陆法系模式,尤其与德国的行政法有密切联系。

(二) 日本行政法的发展

近代日本行政法形成以后,尽管存在许多不足,但至第二次世界大战结束前,并未发生很大变化。行政领域的主要法规仍被沿用,只是随政治形势的变化,各时期的行政法也相应地被打上政治烙印而各显示出时代特点。

第二次世界大战后,《日本国宪法》的颁布为日本现代行政法的发展奠定了基础,英美若干行政法律制度和原则传入日本,从而形成了大陆法系与英美法系相混合的行政法制。根据宪法规定,废止了原来的行政法院,一切案件均由普通法院管辖、审理,并且法院对行政行为是否符合宪法有进行审查之权,同时效仿美国行政委员会制度,在行政机关内设立公正交易委员会及各种劳动委员会等。受宪法颁布的影响,1947年制定了《国家赔偿法》(内阁法)、《地方自治法》《国家公务员法》《警察法》,1948年颁布了《行政案件诉讼特例法》等,这些法规确立了第二次世界大战后日本行政法的发展方向。自那以后,由于国家活动范围的扩大,行政内容日趋复杂,行政管理职能大大增加,尤其是国家经济发展,要求行政机关更多地介入社会各种关系,各种法规命令和行政规则不断颁布,行政法在国家法律体系中所占比重迅速上升。1962年颁布了行政法中很重要的两项法规——《行政案件诉讼法》和《行政不服审查法》,进一步推动了行政法的发展。此外,20世纪60年代经济的急剧增长带来广泛的社会公害,国民权益受到损害,受损害者为维护自己的权益而频频发起行政诉讼,并取得了一定成果,行政判例法得到发展,这在客观上也促进了行政法的发达。

现在,行政法不仅在日本法律体系中占据重要地位,已发展成为独立的法律部门,而且对于国家行政权的行使和国民生活的各个领域都有重大意义。

二、日本行政法的基本制度

1. 行政组织

根据日本国宪法确立的地方分权原则,日本的行政由国家行政和地方行政组成,国家行政由国家行政组织执行,地方行政则由地方自治组织执行。国家行政组织由内阁及其下属的府、省、厅、委员会组成。内阁是国家最高行政机关,由内阁总理大臣和国务大臣组成。府、省是日本的基本行政组织，是内阁统辖下负责行政事务的机关，由总理府和外务、法务、大藏、文部、厚生、通产等12个省组成。在府和省设置厅和委员会，委员会是议制行政机关，原则上独立行使职权，除法定行政权限外，还享有一定的准司法权和准立法权。地方自治组织依照行政区划设立，包括都、道、府、县、市、町、村各级地方议会、行政首长和各种委员会。地方自治组织享有在不违反宪法、法律的前提下制定条例和规则的权力。虽然地方自治组织并不隶属于内阁，但中央可以通过立法、财政等手段干预和控制地方自治组织。

2. 公务员制度

在明治宪政体制下，所有官吏皆由天皇任免，并对天皇及天皇政府负责，因此谈不上公务员制度。现代意义上的公务员制度是在第二次世界大战后建立的。除宪法外，1947年《国家公务员法》和1950年《地方公务员法》是调整、规制公务员制度的主要法律依据。日本的公务员是指除参、众两院议员外在国家和地方公共团体中担任公职的人。公务员在享有身份保障权、薪金请求权、工作条件措施请求权等权利的同时，承担着专心工作、服从法令、保守秘密、政治中立、不做丧失信用的行为等义务。若公务员履行职务不当，将依据不同程度对其进行惩戒，令其承担赔偿责任乃至刑事责任。日本法律还规定了公务员的职务等级制，并由专门的机关管理公务员的等级考核、任免、惩戒、待遇等事宜。

3. 国家赔偿制度

1946年宪法第17条规定："由于公务员的不法行为受到损害时，任何人都可以根据法律规定，向国家或公共团体提出赔偿要求。"这一规定确立了国家赔偿责任。据此，日本于1954年制定了《国家赔偿法》，对国家和公共团体赔偿责任的范围、条件，对受害国民的救济方法等做出了具体规定。按照该法规定，国家或公共团体对行使公权力、公共设施的设置或管理上的瑕疵以及因私经济作用给国民权益造成的损害都负有赔偿责任。但若因私经济作用带来的赔偿责任，要按照民法来确定，因为在这样的关系中，国家或者公共团体与私人处于同等的地位。一般情况下，行使公权力的公务员并不对受害国民负直接责任，而由国家或公共团体负赔偿责任，但如果公务员存有故意或者重大过失，国家或者公共团体对该公务员享有赔偿损失索回权。

4. 行政诉讼制度

1946年宪法撤销了明治时代设置的行政法院，将行政诉讼交给普通法院管辖，日本的行政诉讼制度已经由大陆法模式转变为美国模式。1962年颁布了《行政案件诉讼法》，对行政诉讼制度进行了全面规定。根据该法，行政诉讼分为抗告诉讼、当事人诉讼、民众诉讼和机关诉讼。抗告诉讼是指因行政行为以及与行政机关行使公权力有关的作为或者不作为而受到侵害的人所提起的诉讼，这是行政诉讼的主要类型。当事人诉讼是指以解决权利主体相互之间的法律争端为目的的诉讼，如确认议员身份、公务员关于薪金的请求等。民众诉讼是指民众为纠正国家或者地方政府的不合法行为而提起的诉讼，原告的权益并未直接受到侵害，如确认选举无效、确认地方政府违法处分财产等诉讼。机关诉讼是指国家或公共团体之间因权限争端引起的诉讼。

第六节　民　　法

一、民法的制定背景

《日本民法典》是世界上重要的民法典之一。日本于 1890 年制定了旧民法典，1898 年制定新民法典。其基本内容为：(1)总则；(2)物权；(3)债权。日本民法典属于大陆法系，注重结果而忽视判例法和程序法，在很大程度上继承了罗马法，并且是在以 1804 年《法国民法典》和 1896 年《德国民法典》为主要渊源的基础上形成的法律。日本民法典对中国也有一定的影响。

日本明治维新是世界史上的一件大事，维新的重要内容之一是“变法”，而变法，只是把西方法制移植到日本，用以取代全部旧有的法制。对于外国法的全面的、彻底的“继受”，像日本这样的例子，在世界历史上是少有的。

在这次对西方法制的继受中，日本在短短的十年内，制定、公布了 8 部法律或法典：刑法(1880 年)、刑事诉讼法(1880 年)、(明治)宪法(1889 年)、法院组织法(1889 年)、行政诉讼法(1890 年)、商法(1890 年)、民事诉讼法(1890 年)和民法(旧民法、1890 年)。其中有的简直就是外国法律的翻译。例如民事诉讼法几乎就是那时的德国民事诉讼法的翻译本。即使是这样，这种立法的规模和速度也是令人惊异的。一个东方的封建国家，原来什么近代法律也没有，在十年内一变而与欧洲的一些先进国家(如法国、德国)“并立”(这一点正是当时日本的先进志士所企求的)，当然是非同小可的。而且这些法律中，如明治宪法(以普鲁士宪法为蓝本)一直施行到第二次世界大战结束之后才被迫废除，民事诉讼法施行了三十余年，到 1926 年才加以修改，这些情形都成为研究日本法制史和比较法学的人们注意的焦点。

在这 8 部法律中，只有民法是很特别的，是上述情形的一个例外，这一点更引人注意。围绕着民法发生的“法典论争”，被人们以之与发生在德国的法典论争相提并论，议论不休。

二、民法的制定过程

(一) 急于制定民法的原因

日本在明治维新后立即着手制定各种法律，甚至直接翻译外国的法律，将之作为日本法律而公布。当然有其不得已的原因。

总的来说，这是维新后适应经济发展的需要，以及统一分散的封建法制的要求。但是在当时却有特殊的原因。这就是想要通过调整人们之间的民事关系，为国家的“富强”打下基础。除此之外，最重要的还是对外的原因，即改订不平等条约的需要。当时法国、英国、美国、荷兰等都与日本订有不平等条约，在日本享有领事裁判权和关税决定权。前者使日本处于殖民地地位，感到屈辱，后者减少政府的税收，阻碍民族资本与国内产业的发展。明治政府与外国交涉，外国政府均以日本必须整备法制、建立与欧洲各国相同的民刑诉讼审判制度为要挟。明治 27 年(1894 年),日本与英国签订条约,以后相继与各国订约,修订以前的不平等条约,还是以重要法典(刑法、刑事诉讼法、民法、商法、民事诉讼法等)的施行为条件。

日本政府急于制定与欧洲各国类似的各种法律的急迫心情,可以从制定民法的情形看出来。一方面忙于翻译外国法律,一方面频繁地设置、改设各种机构。早在明治 3 年(1870 年),日本政府在大政官之下设制度调查局,以江藤新平为长官。江藤即命令箕作麟祥翻译法国民法典,甚至指示说:"尽快地翻译,有误译也无妨",打算就之修改后即作为日本的民法,甚至把制定民法的工作一度交给外务省以求速成,以后又聘请外国人来工作。这些说明,"条约改正"是当时(明治初二十年内)最大的政治问题,而其前提则是"近代法典之完备"。

这一点,在刑事法律方面比较容易,所以刑法和刑事诉讼法都在 1880 年制定、公布。民法则几经周折,10 年之后才得以制定。

(二)"旧民法"

1. "旧民法"的来源

明治 6 年(1873 年),日本政府在司法省设民法编纂课,于明治 9 年(1876 年)着手起草民法,到明治 11 年(1878 年)完成初稿。明治 12 年(1879 年)又聘请法国专家来日本,委以民法起草工作。明治 13 年(1880 年)在司法省设民法编纂局,加紧起草工作。民法编纂局一度划归外务省,后来又归司法省,由法国专家负责财产法部分,另由日本人负责亲属法部分,最后在明治 21 年(1888 年)完成草案。明治 23 年 3 月与 10 月,分两次将经过立法程序的民法公布,定于明治 26 年(1893 年)1 月 1 日施行。这次公布的民法,被称为日本的"旧民法"。

2. "旧民法"的组成

旧民法基本上以法国民法为蓝本,分为人事编、财产编、财产取得编、债权担保编、证据编,共 5 编 1 760 条。内容也大体上与法国民法典相同,关于人的能力和亲属关系在人事编,继承、赠与、遗赠、夫妻财产制都在财产取得编。在继承部分规定了家督继承制度。在财产编中规定了公用征收、水利等行政规定。从法国民法典承继而来的这些编制方面的缺点,如物权与债权不分、继承与夫妻财产制列入财产取得编,在民法中加入了程序法(如证据编)和有关行政的规定等,在当时(1888 年)德国民法典第一草案已经公布的情况下,当然显得落后,但是这些并没有成为大的问题。这部民法仍预定于 1893 年施行。可是由于其他的原因,终于发生了法典论争而使这部民法夭折了。

(三)"法典论争"

日本的旧民法是以法国民法典为蓝本的。早在制定之初,就把财产法部分委托给从法国聘来的专家(巴黎大学教授保阿索那特)(这位专家先受聘起草了刑法和刑事诉讼法,这两个法律很快被日本接受,于 1880 年公布施行),把亲属法部分交给日本学者,并且要求后者注意日本固有的风俗习惯。可见当时已经注意到这两部分的不同。

在公布的旧民法里,财产法部分不用说,基本上是以法国民法典的精神为指导的,其内容也与法国民法典相同。这一方面,没有引起人们的异议。亲属法部分虽然也保留了一些日本固有的制度，如家制、“家督相续”(身份继承制)等，但因当时主持工作的人究竟受到法国民法的影响，旧民法中的人事编就成了被称为体现“西方原则”的法律，其中散见着一些具有“近代性”的规定。如在形式上，采用了先规定婚姻、接着规定亲子关系、最后才规定家长和家制的欧洲式序列(在东方古老的传统里，应该是先有“家”，而后才有夫妻关系和子女)。关于血亲、姻亲和配偶的划分也是西方式的。在内容上，虽然保留了家长权，却不承认家长权(户主权)的核心之一的家属居所的指定权，对家长也没有授予对家属婚姻的否决权(无效诉权)，这样就大大削弱了家长的权力；关于家督相续人(身份继承人)因婚姻和收养而离开家庭，不予禁止。这些规定与以后的新民法(1898 年)相比，显然是具有更强的“近代性”。因而在旧民法公布前，这些已受到指摘了。

旧民法公布后，人事编立即受到批评，许多人认为旧民法无视日本的“固有的淳风美俗”，特别是破坏了家族制度。这样就形成了对旧民法拥护和反对的两派，而展开了“法典论争”。

早在 1889 年(公布前一年)就出现了反对意见，公布后，反对意见与拥护意见逐渐增多，论争逐渐激烈。这两方面与日本法学界原已存在的两个学派结合到一起，形成两个严重对立的阵营。拥护派的中心是倾向于自然法的法国法学派，当时称为“断行派”(立即施行派)。反对派则以倾向于历史法学的英国法学派为中心，称为“延期派”(延期施行，然后进行改废)。这样，法律意见之争与流派之争、学派之争相结合，再扩大到政治思想和主张不同的派系之争(具有自由民权思想的政见者当然加入拥护派，主张以家长制为基础而建立保守的国家的国家主义者加入反对派)，这种论争日益剧烈。延期派提出，这部民法破坏了日本立国的基础——绝对主义的家长至高无上的家族制度，与《大日本帝国宪法》的精神不符。家长权是尊严的、不可动摇的，正如天皇的大权是神圣不可侵犯的一样。动摇家族制就动摇了“大日本帝国”的立国之本。这样，法典论争由学术之争发展为政治斗争，由民法范围扩展到宪法与政治文化各方面。1892 年，穗积八束在《法学新报》(反对派的机关刊物)上发表论文《民法出而忠孝亡》，论争达到白热化，而且反对派的势焰已不可当。

论争当然反映到政府和议会里。当时，商法(在德国顾问主持下制定、公布的)方面也出现了问题，都引起了议会里的斗争。当时议会里的议员大多是具有保守思想的上层人士(特别在贵族院)，结果是想得到的。明治 25 年(1892 年)，两院(贵族院和众议院)以压倒多数相继通过了民法、商法延期施行案，将民法和商法的施行期都延长到 1896 年年底。法典论争以延期派的彻底胜利而告终。日本的具有“近代化”因素的民法夭折了。

日本的法典论争显然是两种思潮的斗争，资产阶级的自由思想与封建主义的专制思想的斗争。随着“断行论”的失败，当时日本初露端倪的自由民权思想被压下去了，通过维护家族制度而维护天皇制度的思想站稳了脚跟。

有人指出，日本的旧民法规定了一夫一妻制，只此一点，就是对当时日本上层社会的一个冲击。在大多数议员都是多妻者的情形下，议会是当然不会通过的。这种说法虽然偏激，却道出了实质。

(四) 新民法

旧民法施行延期后，日本政府着手重新起草民法。明治 26 年(1893 年)，设置法典调查会，以伊藤博文为总裁、西园寺公望为副总裁，以穗积陈重、富井政章、梅谦次郎三人为起草委员，另以数十人为委员。这次起草，在维持日本旧有习俗、特别是家族制度的原则下，特别参照当时的德国民法第一草案进行，于 1895 年完成总则编、物权编和债权编，次年这三编在议会通过，于当年 4 月 27 日公布。亲属编与继承编于 1898 年通过、公布（同时公布的还有《法例》与《民法施行法》）。全部民法于 1898 年 7 月 16 日施行。这是日本的"新民法"，又被称为"明治民法"。这部民法一直施行到现在。其中亲属编与继承编在第二次世界大战后经过了重大修改。公布新民法的同时，将以前公布的旧民法废除。

三、民法典的内容

日本的新民法——明治民法在编制上改依德国民法典，分为 5 编。第 1 编"总则"，分为人、法人、物、法律行为、期间、时效 6 章。第 2 编"物权"，分为总则、占有权、所有权、地上权、永佃权、地役权、留置权、先取特权、质权、抵押权 10 章。第 3 编"债权"，分为总则（债权的标的、债权的效力、多数当事人的债权、债权的让与、债权的消灭）、契约（又分为总则与赠与、买卖等 14 节）、无因管理、不当得利、侵权行为 5 章。第 4 编"亲属"，分为总则、户主及家属、婚姻、父母子女、亲权、监护、亲属会议、扶养的义务 8 章。第 5 编"继承"，分为家督继承、遗产继承、继承的承认及抛弃、财产的分离、继承人的旷缺、遗嘱、特留分 7 章。

1. 总则

总则编是以德国民法典为蓝本的。物权编和债权编的顺序没有依照德国民法典（巴伐利亚民法草案的顺序），而依撒克逊民法，物权在债权之前。"占有"被规定为"占有权"。永佃权是日本特有的。先取特权来自法国民法。

亲属编显然与旧民法的规定有所不同。把"户主及家属"放在开头，回到"以家统率个人"的封建原则。继承编里也是家督继承和遗产继承分开。从编制上的这些地方已看得出"新民法"的"新"之所在。

日本民法（不再称"新民法"）的各部分存在着严重的矛盾。

就民法的全部说，其中的两大部分即财产法和身份法（亲属编和继承编）是矛盾的。财产法是建立在个人主义的自由经济的基础上，以近代民法中的所有权不可侵犯、契约自由、个人责任的三大原则为指导的，符合资本主义发展需要的近代法律。身份法则是建立在封建的、家长制的家族制度基础之上的，不承认家族成员（包括家属、妻、子女）的独立人格和平等地位的法律。表面上，似乎这两部分互不相关，两部分建立在不同的基础上，互不影响。实际上，经济关系和身份关系是密切相关的，身份上的支配关系与经济上的平等关系是互不相容的。在中世纪的农奴制之上不可能存在自由平等的身份关系，就是这个道理。

2. 亲属法

日本亲属法的基础是家制。家的核心是户主（家长），户主为进行其对全家族的支配（统治），拥有强大的户主权。在日本旧民法中稍稍受到削弱的户主权，在新民法中得到加强。户主权的内容主要有：(1)对家属的居所指定权（明治民法第 749 条）；(2)对家属入家、去家的同意权（第 735、737、738、743 条）；(3)对家属的婚姻、收养的同意权（第 750、776、848 条）；(4)对不服从统治的家属进行制裁的离籍权与复籍拒绝权（第 741、749Ⅲ、750 条）；

(5)对家属的婚姻、收养的撤销权(第780条)等。明治民法中规定的户主权,较之明治维新前封建社会家族制度中的强大的户主权当然略有不同,但仍足以对家族进行统治,加上旧习惯力量的影响,户主事实上具有较民法规定的更强大的统治力。户主的这种地位,又因家督继承中的全部财产独占继承而得到加强。

在这种家族制度之下,婚姻关系、亲子关系都从属于维持"家"这一最终目的。在法律上必然表现为男尊女卑、夫尊妻卑等。法国民法典中原来也有许多限制妻的能力的规定,例如妻未经夫的许可不得进行诉讼(第215条),妻未经夫同意,不得为某些法律行为(第217条),但法律同时规定了补救办法(如审判员得许可妻进行诉讼,法院得经妻的请求许可其实施法律行为,第218、219条)。但日本民法硬性规定妻的能力是受限制的。因而在日本民法里,妻与未成年人、禁治产人并列为无能力人。

日本民法里的家制自始至终是新旧思潮的斗争焦点。这是因为,这不仅仅是民法中的问题,而且联系到宪法问题,实质上是一个政治性问题。在明治宪法的整个体制之下,家为国之本,家长(户主)制与天皇制是一脉相承的。忠孝一本,否定对家长的孝,也是否定对天皇的忠。"民法出而忠孝亡",当然是绝对不可以的。

3. 财产法

在财产法的内部,也存在着矛盾。日本民法物权编里的永佃权就是从封建的地主与佃农的关系沿袭下来的封建的不平等关系。永佃权(永久耕作权)称为"永",而民法规定不得超过50年(第278条),这实际上是对农民的剥夺(德川时代还允许农民对自己开垦的土地有永久耕作权)。在永佃权里,有许多不利于农民或对农民极其苛酷的规定,如永佃权人只要连续两年怠付佃租或受破产宣告时,地主就可请求消灭永佃权(第276条),又如永佃权人即使因不可抗力而减少收益受到损失,仍不得请求减免佃租(第274条),第275条规定,永佃权人因不可抗力连续3年全无收益,或在5年以上期内收益少于佃租时,可以抛弃其权利。这一条表面上是授予永佃权人一种"权利"(抛弃),实际上是将土地交给地主。第272条又规定,地主可以约定禁止永佃权人将永佃权让与他人或将土地出租。总之,永佃权人完全是一个无权者。这种不平等的关系是违反近代民法的精神的,只能说它是一种变相的封建关系。

但是就是这样的一个充满封建气息的民法典,仍然不能见容于日本的一些卫道士。原来,在个人主义的财产法之下,承认家属个人享有财产而且准许其积累财产,家属在经济上有了地位和实力,就会产生"独立"思想,他们对户主的"恭顺意识"和孝心就减弱了,这当然是对封建家族制度的冲击。大正8年(1919年),日本政府根据临时教育会议的建议,设置临时法制审议会,着手对民法的亲属、继承两编进行修改,主要是要恢复日本自古以来的"淳风美俗"。法制审议会于大正14年(1925年)和昭和2年(1927年)先后提出对两编的"改正要纲"。日本政府设立民法改正调查委员会,对民法进行修改。正要进行修改时,日本战败,这个工作被搁置了。如果不是这样,真不知这个"新民法"又会改成什么样。

四、民法典的特点

(1) 资产阶级民法的内容和原则主要集中体现在法典的财产部分。法典不仅运用了诸如法律代理等近代资产阶级民法普遍使用的法律词汇，体现了其概念、术语的欧化和近代化，而且还贯彻了资产阶级的立法原则；不过在财产法部分，也保留了一定的封建色彩。永小作制度又称永佃制度，是明治民法在财产领域保留封建内容的重要体现。

(2) 家族法则大量保留了封建时代的内容。包括：以男性为中心的"家"的制度，明确规定了户主的特权，亲属会议决议对家族事务起决定作用；公开确立夫妻之间的不平等，妻子的行为能力受到限制；规定继承分为家督继承和财产继承；庶子及非婚生子女的应继份额较少。

五、第二次世界大战后民法的发展

1. 发展

早在日本投降之前，1945 年 7 月 26 日，美国、中国（当时的中华民国）与英国领导人发布《波茨坦宣言》，就提出："日本国国民间的民主主义倾向应予恢复并加强，日本国政府应消除一切障碍。"日本投降后，在盟国占领下，日本国宪法于 1946 年 11 月公布。宪法第 24 条规定，关于婚姻与家族的法律，应该在"个人尊严与两性实质的平等"原则下制定。因而民法中亲属、继承两编必须做根本的修改。宪法定于 1947 年 5 月 3 日施行。要在这个日期前修改民法是来不及的。于是决定采取应急的措施，于 1947 年公布《关于日本国宪法施行后民法的应急措施的法律》（简称《应急措施》），把民法后两编中与宪法精神抵触的规定废除，制定一些补充规定。这个法律与宪法同日（5 月 3 日）施行，有效期到 1947 年年底为止。

1947 年 12 月 22 日《修改民法的一部分的法律》公布，自 1948 年 1 月 1 日（《应急措施》失效之日）起施行。这个法实际上就是对民法第 4、5 两编（亲属编与继承编）的修改。这次修改就是贯彻宪法第 24 条的精神，将这两编里违反个人尊严与两性实质上平等的规定概予删除。其中主要有关于户主权的规定、家督继承的规定。结果，把明治民法中第 4 编第二章（"户主及家属"）全部删除、其他有关夫妻不平等的规定予以删除、有关亲权的规定大多删除。把第五编第一章（"家督继承"）全部删除。

这样，基本上消除了第 4、5 两编中的封建性，使这两编也与前三编一道成为"近代化"的民法。1947 年重新公布、1948 年施行的民法第 4 编（亲属编）与第 5 编（继承编）被称为新法。

在新法的制定过程中，眷恋旧法的人虽然不敢公然反对这次修改（不敢反对《波茨坦宣言》和宪法），但仍竭尽全力企图缓和修改的彻底性，力图保存一点旧制度。经过激烈的斗争，保守派终于守住了两块最后的阵地。这就是新法的第 730 条和第 897 条。

新法完全废除了"家"的制度，废除了户主权制度，但在第 730 条中规定："直系血亲及同居的亲属（相互间）应当互相扶助。"这一条被反对的人指摘为"家"制的残余，为"家"的复活设下的一块基地。这一条通过后，新旧两派又围绕着这一条的解释进行斗争。旧派主张，这一条是有实质性法律意义的规定，其精神是在家庭生活中抑制市民的权利主张，维持日本固有的良好道德与风尚。新派主张，这一条只有道德上的意义，没有实质上的法律意义，不起什么作用，将来应予废除。

新法废除了"家督继承"，但在第 897 条中规定："家谱、祭具及坟墓的所有权，可以不拘前条规定，由按习惯应主持祖先祭祀的人承受。但有由被继承人指定的主持祖先祭祀的人时，则由被指定的人承受。”新派的人认为，这一条是“家督继承”的残余。

由此可见，旧的势力是不甘心完全退出历史舞台的，总要留下一点立足之地，为他日复辟做点准备。不过无论如何，这次修改把日本民法大大地向前推进了一步。

这次修改民法，对前面的三编(总则、物权、债权)只改动了很少几点。可见这部分以德国民法典第一草案和法国民法典为蓝本的财产法，是适合当时战胜国(主要是美国)统治阶级的胃口的。对第 1 编的修改只有：修改了第 1 条，删除了第 14 条至第 18 条关于限制妻的能力的规定。对第 2 编和第 3 编，完全未动。

明治民法的第 1 条原来规定私权的享有。1947 年修改时，把这一条移作第 1 条之 3，而在其前加了两条：第 1 条之 1：“(1)私权应服从公共福利。(2)行使权利及履行义务，应恪守信义及诚实而为之。(3)禁止滥用权利。”第 1 条之 2：“对于本法，应以个人尊严及两性实质上的平等为主旨而解释之。”这样，就为整个民法乃至整个私法规定了一些根本性的总的原则。

2. 主要变化

(1) 民法原则已有一定的变化：所有权无限制原则和契约自由原则已经受到限制；通过判例和单行法规，在有些领域确立无过错责任原则。

(2) 财产法中具体的民法制度已得到发展：公益法人的范围已经扩大，物权的种类增多；所有权制度、担保制度等发生了一定的变化。

(3) 婚姻家庭制度发生了较大的变化：废除封建色彩浓厚的户主和家族制度，家庭内，妻子的地位和子女的地位提高。但是，日本至今在法律上还保留着针对妇女的“待婚期制度”，没有明文确立“婚姻关系破裂”的离婚原则，对于是否确立夫妇别姓制度也有很大争议。

(4) 继承制度也有很大变革：废除家督继承制，确认继承仅限于财产继承；财产继承的法定顺位依次为直系卑亲属、直系尊亲属、兄弟姐妹，同一顺位的继承人各自的应继份额相等，规定被继承人的配偶恒为继承人。

3. 遗留问题

这次修改仍然留下一些问题。例如女子结婚后的姓的问题(民法第 750 条规定，夫妻必须同姓，于是女子婚后都从夫姓)，非婚生子女与婚生子女的应继份额不同的问题(第 900 条第 4 项规定，非婚生子女的应继份额为婚生子女的应继份额的 1/2)，仍与宪法所规定的原则不同。1993 年 6 月，日本东京高等法院判决宣告第 900 条的这一规定违反宪法。看来在贯彻“个人尊严”“人人平等”这些问题上，在日本民法方面，争论还是会不断发生的。至于一般的修改，当然总还是会有的。

第七节 商 法

一、1899 年日本商法典

明治维新后，为适应资本主义商业发展的需要，曾先后颁布了银行、票据、保险、公司等单行条例。1881 年开始制定商法典，由担任日本政府顾问的德国专家劳埃斯拉（H. Roesler，1834-1894）负责起草，1884 年完成法典草案，1890 年公布，1891 年 1 月 1 日起实施。由于商法典的内容主要来自法国商法典，不完全适合日本商业发展的需要，不久，决定对其进行修改。这在日本被称为“旧商法”。

1899 年，经国会讨论通过，颁布、实施新商法，又称“明治商法”。新商法由总则、公司、商事行为、票据、海商 5 编构成，共 689 条。其中，将票据作为独立一编，是日本商法典的创新之处，其他各编从形式到内容大致与德国商法典相同。

商法典公布、实施后，日本资本主义迅速发展至垄断阶段。因此，法典中确立的一些原则、制度已日益不能适应新的形势需求。1911 年对商法典进行了较大的修改，其中，在被修改的两百多个条文中，一半以上涉及公司法，主要目的在于保障垄断组织的经济扩张和投入企业的银行资本的利益。此外，在第 5 编海商法中新设了“海难救助”一章，以同西方各国在此问题上协调一致。

二、商法的发展

第一次世界大战后，由于日本公司制度的迅速发展，以及资本集中的方式和企业形态的变化，原有的商法典已不能适应。1929 年日本政府向法制审议会提出修改商法的建议，次年制定出修改草案，着重对总则编和公司编进行了较大的修改。后经商法修改委员会修改，1938 年提交议会审议通过，1940 年实施。修改的主要精神是，总则部分扩大了商人的概念，明确了转让营业时转让人与受转让人的责任；公司法部分则比较注重保护公司债权人的利益，谋求筹集资金的方便，将企业的所有与经营分离开来，并规定董事不一定从股东中选任，承认转让股票和把公司债券转换为股票等。

1926 年颁布了《商事调停法》，试图以简便易行的方法，通过法院或调停委员会的仲裁，依靠两方协商解决商业纠纷，使交易活动得以继续进行。但因商业纠纷具有明确的权利、义务对抗性质，不明确权利、义务，仅凭劝解不可能从根本上平息纷争，因此，该法公布后并未起到作用。

1922 年还颁布了新的破产法。旧破产法原是 1890 年旧商法中的第 3 编，1900 年新商法实施后，它仍以单行法的形式继续发生效力。新破产法不同于旧破产法的显著特点之一，就是抛弃了旧法的商人破产主义，而采用商人和非商人通用的一般破产主义。商人破产主义起源于中世纪意大利城市共和国条例，法国商法典将其加以发展，构成了以法、意为代表的一种特殊制度。日本旧商法是仿照法国法制定的，然而在制定破产法的同时，西方大多数国家，如英、美、德、奥等国已不适用商人破产主义而采用一般破产主义。为此，日本新破产法也顺应国际立法的发展趋势，将其做了修改。

三、第二次世界大战后商法典的修改

到第二次世界大战后不久，日本政府即对商法典进行了修改，变动较大的是公司法部分。修改后的商法典将公司限定为无限公司（合名会社）、两合公司（合资会社）和股份有限公司（株式会社）三种，删除了股份两合公司的规定。公司法修改的要点：一是对外国公司一章做了重大修正，主要是明确了外国公司的法律地位，以保障外国公司的权益；二是适应国际发展趋势，加强与美国资本的合作，吸收了美国法中的一些原则和制度，如授权资本制及对董事的选任采用“适任原则”，即董事不一定是股东，以选任适合的管理人才为标准。

第八节 刑 法

一、1907年日本刑法典

在1907年刑法典颁布之前，明治政府曾经从事过颁布刑事法规的工作。明治初期，《假刑律》（1868年制定，“假”即“暂行”之意）、《新律纲领》（1870年颁布）、《改定律例》（1873年颁布）相继出台，但它们的体例、内容等都不过是日本封建时期法律的翻版而已，并没有实现刑事立法的近代化。正因如此，1875年明治政府着手制定西方式刑法典，保阿索那特受邀负责法典的起草工作，经过对草案的审议、修正、改订，于1880年7月正式颁布，1882年1月1日开始施行。它后被称为“旧刑法”，是以1810年《法国刑法典》为依据制定的，共430条，体例上分第一编总则、第二编关于公益的重罪轻罪、第三编关于身体财产的重罪轻罪及第四编违警罪。这是日本第一部西方式刑法典，它首次规定“法无明文规定不为罪”和“法不溯及既往”等原则，并且对量刑幅度做了较严格的规定，以限制法官的自由裁量权。

与明治初期保留大量封建内容的刑事法令相比，旧刑法具有较大进步性，但由于它在许多方面并不适合当时日本国情，因此遭到社会舆论的反对。尽管一直实施到明治末期新刑法生效为止，但在实施过程中其地位极不稳定。在旧刑法实施后不久，就提出了对它的第一次修正要求，司法省仍委托保阿索那特起草修正案，并于1891年向议会提出。但由于它仍仿照《法国刑法典》，与旧刑法相比并无太大变化，因此未获议会通过。明治政府于1892年设置刑法修改审查委员会，着手起草新的刑法修正案。日俄战争（1904-1905年）结束后，明治政府于1906年设立新的法律调查委员会，通过对原修改案稍做修订，于1907年1月向议会提出，并获审议通过，于同年4月公布，1908年10月1日施行，这又被称为“新刑法”。该法典共264条，分总则、分则两编，第一编总则是关于刑法适用范围、刑罚种类、假释、缓刑未遂罪、累犯、共犯等的原则性规定，第二编规定了各种犯罪及应处的刑罚。它既反映了古典刑法学派的报应刑思想，又吸取了社会刑法学派的目的刑思想，而且更加侧重于后者。

二、两次世界大战之间刑法的发展变化

1. 第一次世界大战后刑法的发展

1926年和1927年先后提出了《刑法修改纲领》和《刑法修改预备草案》，拟全面修改1907年刑法典，但一直停留在草案上，并未交付审议。这一时期，政府颁布了一些单行刑事法规，以适应社会发展的需要。1922年颁布了《少年法》，规定了对少年的刑事处分、保护处分、少年法院的审判等，共7章74条。此法适用于14岁以上18岁以下的少年罪犯，采用特

殊的变通方法判处刑罚。对未满16岁的犯罪者,除特别犯罪外,不适用死刑及无期刑,应判死刑或无期刑时,改判10年以上15年以下的惩役或监禁。少年犯在特设的监狱或特别监房服刑,不与成年犯关押在一起,以免沾染恶习。少年犯的假释条件也比成年人宽。此外,除死刑或无期徒刑外,当刑罚执行终了或免予执行时,应视同未曾判刑,以不影响其做人资格。除刑事处分外,还有少年法院使用的保安处分,方法有训诫、写悔改保证书、送少年保护司观察、送交感化院或矫正院、送医院治疗等。此法着眼于对少年罪犯的改造,有一定的积极意义。

与此相反,1925年颁布的《治安维持法》,则是一个镇压工人运动和进步人士的反动法律。该法是日本政府借口皇宫附近发生的爆炸事件而制定的。规定:凡组织以改变国体和推翻私有财产制度为目的的团体,或知情参加此种团体者,处10年以下惩役或监禁。1929年又将10年以下惩役或监禁改为死刑。并且根据这项法律,任何人只要具有反对天皇制度和推翻私有财产制度的思想,而不问是否有反对或推翻行为,即构成犯罪,受到严惩。因而,它又被称为"危险思想法"。

2. 法西斯刑事立法

1935年,日本政府根据1925年的《治安维持法》,大力迫害共产党人及其他进步人士,将日共中央几乎全部逮捕。1941年为适应全面法西斯统治的需要,又对其进行修改,增加"预防拘束"等内容,对被怀疑有危害治安者,采取"预防性"的限制措施。1937年颁布的《思想犯保护观察法》,是日本最典型的法西斯刑事立法之一,它规定:"对于违反治安维持法之犯罪,已宣告缓刑,或因无追诉之必要而不提起公诉者,得交付保护观察。对于刑罚执行完毕及准许假释者,亦同。"这就是说凡违反《治安维持法》者,不论服刑与否,即使刑期已满,也须置于保护观察之下。保护观察期定为2年,但如有继续观察的必要,可延长其期限,延长多久,法律未予明确规定,实际上是对革命者和具有进步思想的人进行长期监禁的手段。

为加强法西斯统治,1941年对刑法典做了部分修改,新增加了危害安宁秩序罪,并新规定了散布虚伪事实罪、妨碍国民经济运行罪等有关言论统制的条文。1942年又制定《战时刑事特别法》,其效力优于刑法典。该法规定,凡在战时以"变乱国政"为目的而杀人者,处死刑、无期惩役或监禁。1943年又颁布修正案,规定以"变乱国政"为目的而危害、逮捕或监禁他人以及施加暴行、威胁者,处7年以下惩役或监禁;以同样目的而集会、宣传和扰乱治安者,也处7年以下惩役或监禁。而所谓"变乱国政"又是一个不确定的弹性概念,给统治阶级任意镇压人民、维护法西斯统治提供了种种借口。

与此同时,还颁布剥夺工人组织工会和罢工的权利、强制解决劳资纠纷的《劳动纠纷强制仲裁法》,限制言论、出版和集会结社自由的《战时管制言论、出版、集会结社法》,管制反战、反法西斯宣传的《不稳文书临时取缔法》等。这些法西斯立法将人民的基本权利与自由剥夺殆尽。

3. 第二次世界大战后刑法的修改

1947年依据新宪法精神对刑法典做了较大修改:总则方面,修改缓刑制度,增设抹消前科的规定,删除连续犯的规定,将假释条件由原来的有期徒刑应执行1/4改为1/3、无期徒刑应执行15年改为10年;分则方面,把第一章"对皇室之罪"全部删除,废除了外患罪中的通谋利敌罪，国交罪中的关于对外国元首、使节之罪也被取消，删除了法西斯统治时期增补的“妨害安宁秩序罪”，并参照各国刑法对通奸行为不予以处罚的通例，取消了通奸罪，新增关于损毁名誉罪的事实证明规定，加重滥用职权罪、暴行罪及胁迫罪的法定刑。

虽然第二次世界大战后部分修改刑法的工作从不曾中断过，但由于都是针对特定时势所做的零星修补，远远不能满足已经发生重大变化的客观现实需要，于是考虑全面修改刑法。1956 年法务省设立修改刑法准备会，制定修改刑法草案，1963 年法制审议会设立刑事法特别内部会，开始进行修改刑法的审议工作，1971 年草案制成，1974 年 5 月法制审议会批准、公布了“修改刑法草案”，1976 年法务省还公布了“关于刑法的全面修改的中期报告”，1981 年法务省又发表了“刑法修改工作当前的方针”。不过，时至今日，日本全面修改刑法的工作并没有取得最终结果。

但是，在 20 世纪最后 10 年中，部分修改刑法典的活动又进行了两次：1991 年废除了已实施 40 多年的《罚金等临时措置法》，并为适应货币价值的变动提高了罚金数额，而且将罚金数额规定到刑法各具体条文中；1995 年的部分修改主要是废除了杀害尊亲属罪、伤害尊亲属致死罪、遗弃尊亲属罪、逮捕监禁尊亲属罪，并将法典原来使用的片假名全部改为平假名，使法条文字表述得更为通俗易懂。进入 21 世纪，日本刑法的修改工作仍在继续，2001 年修改了 3 次，2003 年又修改了 2 次。

第九节　司 法 制 度

一、法院组织法

明治维新时期，日本还无系统的法院组织体系，司法与行政不分。1871 年成立司法省，民刑裁判权由其兼管，地方则由地方行政官员兼任司法官。1875 年制定《大审院各级法院职制章程》，规定大审院为全国最高司法机关，下设上等法院、巡回法院、府县法院（后改为地方法院），废除了地方官兼任司法官的制度，初步实现了司法与行政分离。

日本正式颁布西方式的法院组织法是在 1890 年。在此之前，因无普通诉讼与行政诉讼之分，所有案件均由普通法院审理，只存在普通法院一个系统。明治宪法施行后，按法国和德国的模式建立了普通法院和行政法院两个系统，并于 1890 年分别颁布了《裁判所构成法》和《行政裁判法》。

《裁判所构成法》是参照德国法院组织体系制定而成的。分为裁判所及检事局、裁判所及检事局的官及监督权等 4 编，共 144 条。设区法院、地方法院、控诉院、大审院，实行四级三审制。区法院审理一般轻微的民事和刑事案件，由一名判事（法官）主持审判。地方法院除审理所辖案件外，也受理不服区法院判决的上诉案。控诉院仅在全国设有数院，是地方法院的第二审级和区法院的第三审级。大审院是全国最高审判机关，设民事庭和刑事庭，为终审审级，并享有对危害皇室罪、内乱罪等重大犯罪的一审终审的特别权限。该法还采取审检合一制，各级法院均设检事（检察官）局，检事的任务是侦查、提起公诉、监督判决的执行，必要时也可就民事案件向法院提供意见。法律规定，检事不得干涉判事的审判，并直接从属于上级检事长。各级法院的判事均为终身制，检事非受刑罚或惩戒，也不得罢免其职务。对判事和检事的资格规定很严，须经过两次考试，合格者才能充任。

《行政裁判法》是委托德国学者劳埃斯拉起草的，规定了行政法院组织以及行政诉讼原则和制度，共 4 章 47 条。规定在东京设立行政法院，由裁判长及评定官 5 人以上组成合议庭进行审判。行政法院只审理依法律、敕令及有关行政裁判文件所规定的行政违法案件。

第二次世界大战后法院组织发生了变化。1947 年颁行《裁判所法》和《检察厅法》，废除旧的行政法院和特别法院，实行单一的法院组织体系，行政诉讼案件也由普通法院受理，并赋予最高法院违宪审查权。法院分为四个审级：最高法院、高等法院、地方法院、简易法院。各级法院一律兼理民、刑案件，实行四级三审制。另设与地方法院平级的家庭法院，负责审理家庭案件和少年犯罪案件。检察厅不再附属于法院而单独设立，也按法院审级分为最高检察厅、高等检察厅、地方检察厅、区检察厅。检察官也不再被视为司法官，而以国家行政官吏的身份出现。这样，检察机关便作为统一行使国家检察职能的机关而出现。

1948 年又颁布《律师法》，规定在地方法院辖区内设立律师会，在全国设立日本律师联合会。日本律师联合会的任务是负责对律师和律师会进行指导、联络与监督，以保证律师工作的健康发展。日本律师同法官、检察官一起被称为“法曹三者”“法制建设上的三根支柱”，社会地位甚高，对其资格的要求很严，要想进入“法曹三者”行列，须经过专门培训，并通过国家考试。

二、刑事诉讼法

日本最早制定的刑事诉讼法是 1882 年实施的《治罪法》，共 6 编 480 条。它以法国治罪法为蓝本制定，强调证据在审判中的作用，并采用国家追诉原则和不告不理原则。由于《治罪法》中也包含一些法院组织法的内容，显得杂乱，1890 年日本政府将其废止，并参照德国刑事诉讼法改订成《刑事诉讼法典》，1890 年 10 月公布，同年 11 月起实施。

《刑事诉讼法典》共分 8 编 15 章 334 条。第 1 编总则，将诉讼分为公诉与私诉两种，并规定了诉权消灭等一般原则。公诉以证明犯罪、适用刑罚为目的，由检事提起，规定了检事代表国家进行追诉原则；私诉以赔偿犯罪造成的损害及返还赃物为目的，由被害人提起。第 2 编法院，详细规定了法院的管辖权及回避制度。第 3 编犯罪的侦查、起诉及预审，将预审作为公判审理前必需的诉讼程序，预审法官有权根据检察官或被告人的请求积极调查证据，为了保护公益，也可以依职权主动搜查证据，确认了资产阶级“自由心证”原则，也体现了大陆法系在普通诉讼中实行职权主义诉讼原则的特征。第 4 编公判，规定了公判的一般程序和原则，采取法庭辩论制度。第 5 编上诉，规定了 4 种上诉形式：控诉（对第一审法院判决提出的上诉）、上告（对第二审法院判决提出的上诉，只能以裁判违背法律为提出理由）、非常上告（不问何级法院，凡对法律所不罚的行为判处刑罚后，有上诉权的检事向该法院提出的上诉）、抗告（法律特许对裁定提出的上诉）。第 6 编再审，列举了再审的理由。第 7 编为大审院特别权限的诉讼程序。第 8 编为裁判的执行、复权及特赦等。

1922 年公布了修改后的《刑事诉讼法典》，1924 年实施。其修改的要点是，扩大了检察、侦查机关的强制处分的权限范围，确立了非经公诉绝对不得进行预审的原则，限制未决犯的拘留日数，并扩大了非常上告的范围。在修改诉讼法的同时，以英国陪审制度为蓝本，日本政府于 1923 年公布了《陪审法》。但由于该法与缺乏民主法治传统的日本国情不相适合，公布后遭到统治阶级中保守势力的反对，认为陪审违反宪法关于审判权只由法官行使的规定。最后达成折中方案，规定只适用于刑事案件，但皇室成员的犯罪、侵犯皇室的犯罪、内乱罪、外患罪、骚扰罪等，不适用陪审；陪审员的任务只限于审查犯罪事实是否存在，不得就证据的真伪和罪责的有无发表意见，更不得解释法律；陪审分为法定陪审和请求陪审两种，在法定陪审中，被告人可以拒绝陪审，在请求陪审后被告人也可撤回请求。可见，日本的陪审制比西方国家带有更大的局限性。《陪审法》自 1928 年实施以来，并没有普遍为人们所接受，加之还需支付较高费用，拒绝陪审的人逐渐增多，至 1943 年全面法西斯化后，被宣布停止实行。

根据新宪法确立的原则，1948 年日本重新制定了《刑事诉讼法》，共 7 编 506 条，对法院的刑事管辖、审级、公诉、审理、判决等程序，做了比较详细的规定。主要特点是强调"保障人权"；取消提起公诉后的预审程序，第一审以公开审理为主；庭审中引入英美的对抗制，注重通过辩论弄清事实，并以职权主义作为补充，融合了大陆法系和英美法系诉讼制度的特点；在证据制度上，采取"证据裁判主义"和"自由心证主义"。1950 年还实施了《刑事补偿法》，规定在一定条件下被宣告无罪者可就其所受到的错捕、错押和错判一事，请求国家给予补偿。这个法令对完善法制具有一定意义。

三、民事诉讼法

1880 年，日本曾仿照法国 1807 年民事诉讼法制定了一个草案，但因政府准备改效德国最新的 1877 年民诉法典，未能交付审议。后在德国人铁肖（Hermann Techow）的指导下，1885 年完成民事诉讼法典的草案，经法律调查委员会几度修改，于 1890 年 4 月公布，次年 1 月起实施。这是日本第一部民事诉讼法典。

《民事诉讼法典》分为 8 编：总则、第一审诉讼程序、上诉、再审、证书诉讼及票据诉讼、强制执行、公示催告程序、仲裁程序，共 12 章 805 条。基本特点是：(1)与民法中"契约自由"原则相适应，贯彻"当事人本位主义"和法院不干涉的原则，即诉讼由当事人提起，否则法院不予过问；一方当事人在言词辩论中对于他方所主张的事实，不做明确争执时，当视其为已经自认；双方当事人可达成合意，停止诉讼程序；法院不得就当事人没有申请的事项进行判决。(2)证据的调查一般根据当事人的申请进行，但法院也可依职权调查证据，法官有权自由判断证据的效力，也体现了大陆法系在普通诉讼中法官指挥诉讼的进行并始终居于主导地位的职权主义特征。(3)肯定了通过和解处理民事纠纷的传统做法，因和解是由法官主持实施的，故又称和解裁判。和解不成再进行判决。(4)上诉审只在原审提出的请求和上诉申请的范围内进行审理，从而将法院不干涉原则贯彻到上诉程序之中。

在民事诉讼上一直沿用 1891 年实施的《民事诉讼法典》，第二次世界大战后对其进行了多次修改，其中 1979 年的修改较大，将法典的第 6 编强制执行独立出来，另行制定了《民事执行法》。此外，1951 年颁布的《民事调停法》，也是一项重要法律。该法规定，凡民事纠纷当事人均可要求法院进行调停，但对某些不宜调停或当事人怀有不正当目的的强行调停要求，可不予调停。这部法律进一步发展了日本的和解传统，将其扩大适用于所有民事案件，并在实践中取得一定成效，应当说，近代日本由于缺乏民主传统，律师制度不很发达，陪审制度也未建立，因而使日本法官在诉讼活动中的主导地位比法国和德国更加突出。

第十节　日本法的历史地位

现代的日本法既体现了大陆法系与英美法系的融合，也体现了东西方法律文化的有机结合。在法律的形成与发展过程中，日本非常重视对外来发达法律制度的借鉴和吸收。在明治维新以后创建近代资产阶级法律制度时以大陆法系为参照模式。20 世纪以来尤其是第二次世界大战以后英美法系的许多内容又继之成为被吸收的对象。即使是现在，这种对外来法律制度的借鉴和吸收也没有停止，从而使得日本法具有大陆法系与英美法系的混合色彩，也为当代世界两大主要资本主义法律体系的逐渐融合架起了桥梁、创造了经验。同时，在近现代对西方法律的吸收过程中也保持了作为东方国家和民族所独有的传统法律内容和习惯，从而使现代的日本法律体现了东西方法律文化的有机结合。

日本在明治维新以后创建近代资产阶级法律制度时，深受大陆法系的影响，以大陆法系为模式。这是因为以下方面：

（1）日本封建法律属于中华法系，它以制定法为主要模式，制定过许多法典式的法律文件，具有制定法的传统和基础。

（2）法国大革命、法国启蒙思想家以及法国当时较为完整的法律体系的影响。开始，日本以法国法典为蓝本起草或制定了民法、刑法、刑事诉讼法典。但由于它们与日本当时的国情不符，因而没有发生应有的效力。继而日本借鉴德国法，制定了包括宪法典、民法典、刑法典、商法典、刑事诉讼法典、民事诉讼法典在内的完整的六法体系。因此，日本近代法属于大陆法系，并更具有德国法的特点。

二、日本法与英美法系

20 世纪以后，日本法又受到英美法系的影响。20 世纪 20 年代，为适应垄断经济的发展需要，提高日本在国际交往中的政治形象，适应资本主义世界的发展潮流，日本在法律制度上吸收了英美法系的部分内容，制定了《信托法》《陪审法》《少年法》，引进英美国家的信托制度、陪审制度和对少年罪犯的特殊保护原则。

第二次世界大战结束后，由于历史原因，日本对英美法系的吸收范围更为广泛，君主立宪制、责任内阁制、行政委员会制、违宪审查制以及刑法、商法、经济法、司法诉讼等方面均有体现，说明了对英美法系的效仿。但这些吸收从广度、深度、吸收方法等各个方面来看，都无法与创制近代法律制度时对大陆法系的效仿和接受相比，因而并未改变日本法的法系属性。

三、日本法的历史地位

日本法律制度在现代资本主义国家的法律体系中已经占有一席之地，其特点是：

(1) 现代日本法既体现了大陆法系与英美法系的融合，也体现了东西方法律文化的有机结合。

在法律的形成、发展过程中，日本非常重视对外来发达法律制度的借鉴和吸收，即使今天仍未停止，从而使日本法兼具两大法系的混合色彩，也为两大法系的逐渐融合积累了经验，架起了桥梁。与此同时，它还保持了作为东方国家和民族所独有的传统法律内容和习惯，从而体现了东西方法律文化的有机结合。

(2) 日本法的发展说明了法律在经济发展中的作用。

日本经济的急速发展带来了日本法律的不断完善，而不同时期法律的制定和生效又反过来促进了日本经济的稳定和发展，二者有机联系。

(3) 日本法发展、完善过程中，形成了较为发达、完整的法学理论。

现代日本，几乎所有法律领域都存在几派具有代表性的学说，使日本法学理论独树一帜。法律制度的发展促进了法学的繁荣，而各派学说对立法、执法中的问题，判例的解释、立法走向等问题相互争鸣的结果客观上又促进了法律的发展与完善。

(4) 日本法的发展促进了国民法律意识的提高，有利于日本社会的安定。

在创建近代资本主义法律制度的过程中，国民的法律意识得到培养，并随着现代法律制度的不断完善而普遍得到提高。在现在的日本，国民的义务观念很强，对各种秩序遵守的自觉性相当高。国民良好的守法意识有助于维护法律的权威，发挥法律的效率，从而促进法律制度的进一步完善。

日本法的发展说明了法律在经济发展中的作用。明治维新以来，日本资本主义经济获得了确立并得到发展，现在日本已成为资本主义经济大国，在日本经济发展的各个阶段，法律始终与之相适应而不断发展、完善。如果说日本经济的急速发展带来了日本法律的不断完善，那么也应该承认不同时期法律的制定和生效又反过来促进了日本经济的稳定和发展，两者之间存在着有机的联系。

本章习题

1. 日本封建法经过了哪几个发展阶段？
2. 什么是《明治宪法》？
3. 简述日本行政法中的公务员制度。
4. 日本民法典的特色是什么？
5. 概述日本法的历史地位。

|第九章|

欧洲联盟法

本章重点

欧洲联盟法的渊源;关税同盟;欧盟竞争法;反倾销法;欧盟法的历史地位;中国与欧盟

第一节　欧洲联盟法概述

一、欧洲联盟法的渊源

欧洲联盟法的渊源可分为成文法和不成文法两类。成文法包括条约和欧洲联盟机构颁布的法规,不成文法包括法的一般原则和判例。

1. 条约

(1) 基础条约。这是成员国为建立欧洲联盟而签订的,是由各成员国共同直接创造的法律。其中最重要的是《巴黎条约》《罗马条约》和《欧洲联盟条约》,其地位相当于主权国家的宪法,是司法机关对欧洲共同体制定的其他法律进行合法性审查的依据。

(2) 欧洲联盟国际协定。这是欧洲联盟成员国与非成员国及其他国际组织缔结的条约。

2. 欧洲联盟机构颁布的法规

(1) 条例。条例是最重要的欧盟立法,具有普遍适用性、全面强制性和直接适用性,它较多地适用于欧盟内一体化程度较高的领域。条约的普遍适用性指条例的内容是就某一领域的事项创制在欧盟统一适用的一般性法律规则,因此,其适用对象为欧盟的所有法律主体。条约的全面强制性是指其法律效力的整体性,它不仅规定了目标,而且规定了为达到既定目标应采取的行动方式。它要求成员国必须全面实施条例,禁止采取任何国内立法或行政措施以变通实施条例。条例的直接适用性是指它不需要并且禁止成员国任何国内立法或行政措施的中转,直接对成员国公民和法人产生法律效力。

(2) 指令。指令是为履行欧盟条约上的义务而做出的、对特定成员国有拘束力的、命令该成员国通过国内立法手段来履行该义务的规定。作为统一的欧盟规则同各国具体实践相结合的法律形式，它成为欧盟协调各成员国国内立法的主要手段。

(3) 决定。决定是针对特定成员国或特定人，以及特定事项颁布的实施一般性法律规则的具体条件和办法，是欧盟法中具有具体行政措施性质的法律形式。

3. 欧盟法的一般原则

欧盟法的一般原则来源于成员国法律制度的共同一般原则、国际法中的有关原则规定，以及欧盟基础条约的基本精神或某些条款的规定，其渊源大多出自罗马法。从欧洲法院的判例来看，作为欧盟法渊源的一般原则主要有：基本人权的保护与待遇的平行以及无差别的原则、比例性原则、平等与不歧视原则、保护合法期望原则、欧盟非契约性原则、不溯及既往原则等。

4. 欧洲法院的判例

欧洲法院以大陆法系的裁判制度为模式，原则上不承认判例的拘束力。法院的判决只适用于同一诉因的同一当事人。其判决只具有既判力而没有拘束力；在任何情况下，它只有事实上的影响力。但由于欧洲法院的判决存在着明显的连贯性和一致性，而且欧洲法院在法律适用中通过运用某些适当的解释方法，或者适用法的一般原则，或者援引国内法或国际法的原则，用以弥补成文法律的不足，从而逐步发展了判例法。所以欧洲法院的判例也可以列为欧盟法的渊源之一。

二、欧洲联盟法的概念

欧洲联盟法，是指以建立欧盟、规制欧盟各国的国际条约为核心而建立起来的，包括欧盟自己为实施条约而制定的各项条例、指令、决定和判例以及欧盟各国的相关国内法，旨在调整欧盟各国对内和对外关系的国际法和国内法规范的总称，是一个将国际条约的内容逐渐发展为国内法规范的法律体系。

欧洲联盟法与欧共体法是相通的两个概念，前者是在后者基础上的历史演进。欧洲联盟法是关于欧洲联盟(即欧盟)机构设置、职能及其经济货币联盟与政治联盟的条约、条例、指令、决定和判例等法律规范的总称，是欧洲国家为进行区域合作、实现一体化而在建立欧洲联盟诸条例的基础上发展起来的一种兼具国内法和国际法特征的新型法律制度。

(1) 欧共体(即欧洲共同体)和欧共体法是长期以来欧洲统一运动的结果。数百年来，欧洲联合的思潮即“泛欧主义”一直是欧洲一种重要的社会思潮，它认为欧洲多数国家具有相似的历史传统和文化基础，应当通过消除战争和彼此统一，促进欧洲的繁荣发展。特别是第二次世界大战结束以来，“泛欧主义”运动出现高潮，专门从事欧洲统一运动的组织非常活跃。1947 年，美国为适应“冷战”时代的需要，提出了援助欧洲复兴的“马歇尔计划”，得到了西欧诸国的响应，并促成了“欧洲经济合作组织”的建立，英国、法国、意大利、联邦德国等 17 个国家加入了这一组织，以推动西欧自由贸易区的建立。1949 年，西欧各国签订了《北大西洋公约》，成立了“欧洲委员会”，作为欧洲军事和政治联合的尝试。1951 年，法国、联邦德国、意大利、比利时、荷兰和卢森堡六国签订了《巴黎条约》(即《欧洲煤钢共同体条约》)，建立了煤钢共同体。1957 年，上述六国政府又签订了《罗马条约》(即《欧洲经济共同体条约》和《欧洲原子能共同体条约》)，条约规定：共同体的任务是通过建立共同体市场和逐渐协调各成员国的经济政策，促进整个共同体经济活动的协调与发展。欧洲联盟的前身欧共体即为上述三个共同体的总称。欧共体成立后，先后接纳了英国、爱尔兰、丹麦、希腊、西班牙、葡萄牙、奥地利、芬兰和瑞典等国家，扩大到 15 个成员国。

(2) 欧洲共同体的宗旨是以建立三个共同体为基础来推动全欧洲的统一，首先侧重于统一经济区的建设和内部共同大市场的形成，经历了从关税同盟到单一市场、从共同市场到经济货币联盟、从经济共同体到政治联盟的发展、演变过程。欧洲联盟法正是沿着这一轨迹发展与完善的。

欧洲共同体成立之初，致力于区域经济一体化，将建设关税同盟作为统一大市场的基础。通过实施各项共同政策，在成员国之间形成了一个非关税自由贸易区，实现了商品和其他生产要素的跨国自由流通。在此基础上，开始建立经济货币联盟，其真正起点，始于 1979 年建立欧洲货币体系和欧洲货币单位。这是一项超越《欧洲经济共同体条约》、深化欧洲经济一体化的有力步骤。1986 年的《单一欧洲条约》肯定了这种发展方向，对《欧洲经济共同体条约》做了重大修改。1992 年的《马斯特里赫特条约》(即《欧洲联盟条约》，也称"马约")对经济货币联盟的性质、目标以及实现目标所应采取的法律、政策手段做出了明确规定。该条约规定经济货币联盟的目标是在单一市场内部协调各国的货币政策，建立独立的欧共体中央银行，最终以单一的欧洲货币取代各成员国的货币，使之成为在欧共体内部自由流通的唯一货币。

欧洲共同体在经济一体化取得突破性成就的同时也致力于政治一体化的尝试。1970 年欧共体六国通过了一项"关于欧洲政治统一的报告"，谋求建立欧共体各国的政治合作制度，这一制度在 1986 年经《单一欧洲条约》被融入欧洲共同体体系。1992 年《欧洲联盟条约》的制定是欧共体法发展的里程碑，对欧洲一体化进程具有关键作用，为政治联盟奠定了基础。条约规定：建立共同外交政策和共同安全政策，欧盟决议采纳的共同立场对各成员国政府有约束力；建立共同的防务政策；建立统一的欧洲联盟公民资格；在内务和司法领域进行合作等。1993 年 10 月，各成员国完成了对《欧洲联盟条约》的批准，同年 11 月，欧洲联盟正式成立。原来以经济一体化为主要特色的欧洲共同体转变为一个具有经济和政治双重性质的欧洲国家联盟。由于欧洲联盟的全部活动均建立在法律的基础上，所以，欧洲联盟法的发展与欧洲联盟的发展紧密结合，互为一体。

三、欧盟法与成员国法之间的关系

欧洲联盟是一个独立的法律实体，欧盟法律体系具有相对的独立性。解决欧盟法与成员国法之间关系的原则主要有：

1. 直接效力原则，是指欧洲联盟法在成员国国内直接适用，直接发生法律效力。成员国必须把所适用的欧洲联盟法视同国内法，并以其国家力量保障该适用法能够切实施行；成员国的任何公民和法人均可直接援引欧洲联盟法行使或主张其权利；任何成员国的法官，不论其所在国法律制度如何，都有义务奉守和适用欧洲联盟的相关法律。这一原则是由欧洲联盟本身的特殊性质所决定的，它明确规定了欧盟法与成员国法在一定程度上的协调关系，是欧盟法律机制得以运作的重要基础。

2. 欧盟法优先原则，即欧盟法优先于国内法，不仅先于欧盟法颁布的成员国法无效，即使后于欧盟法而制定的成员国法律也应归于无效。

3. 欧盟法与成员国法之间的合作关系。尽管欧盟法本身是较为完整的独立的法律体系，但在许多方面都有一定的局限性，需要成员国国家的法律填补和紧密合作。任何欧盟的条约、法规，尤其是欧盟机构发布的指令，都需要各成员国通过立法、行政以及司法机关的具体实施，才能真正发生法律效力。

第二节 欧盟法的主要制度

一、关于建立统一市场的法律制度

欧洲联盟实现经济一体化的基础是关税同盟。通过关税同盟，使各成员国调整立法，实行统一的对外关税，消除成员国之间在相互商品贸易中的各种障碍，实现所有商品和各种生产要素（人员、服务和资本）在欧洲联盟范围内自由流动，从而建立统一的欧洲市场，实现经济一体化的目标。

关税同盟是欧洲联盟统一对外贸易法的基础。其特点是：以统一的欧洲联盟关税领土取代分立的各成员国的关税领土；对内取消各成员国之间贸易关系中的一切关税以及具有同等效果的措施，实行商品的自由流通；对外与第三国的贸易关系中各成员国建立统一标准的关税制度。

《欧洲经济共同体条约》规定了成员国之间人员自由往来、劳务自由提供、资本自由流动的制度。人员自由往来的制度在欧洲联盟已经基本实现。目前，欧洲联盟内部可以自由流动的资本有：直接投资、不动产投资、汇回本国的利润、短期和中期商业信贷等。

二、欧洲联盟竞争法

1. 欧盟竞争法的演进

欧盟竞争法是欧盟法律的重要组成部分。欧盟的前身欧共体是由法国、联邦德国、意大利、荷兰、比利时和卢森堡创立的。1951 年 4 月 18 日，他们在巴黎签订了《欧洲煤钢共同体条约》（又称《巴黎条约》）。1957 年 3 月 25 日，这六个国家又在罗马签订了《欧洲经济共同体条约》和《欧洲原子能共同体条约》，统称《罗马条约》。1965 年 4 月 8 日，这六个国家签订了《布鲁塞尔条约》，决定将三个共同体的机构合并，统称欧洲共同体。1991 年 12 月，欧洲共同体马斯特里赫特首脑会议通过《欧洲联盟条约》，通称《马斯特里赫特条约》（简称《马约》）。1993 年 11 月 1 日，欧盟正式诞生。总部设在比利时首都布鲁塞尔。早在 1951 年的《欧洲煤钢共同体条约》中的第 60 条、第 65 条、第 66 条就有保护竞争的规定，该条约中的第 60 条关于禁止歧视的规定，第 65 条关于反竞争协议的规定和第 66 条关于控制企业合并的规定就是现在欧盟竞争法的雏形。但是因为这个共同体只是局限在煤钢领域，其作用是非常有限的。在签订《欧洲经济共同体条约》和《欧洲原子能共同体条约》之前，共同体的创建者们感到要推动整个欧洲经济的繁荣和发展，必须充分发挥竞争机制的作用，把多国相对分割的市场逐步变成超国界的完全竞争的市场，排除国界及经济组织对于市场竞争的限制和不当影响，实现商品、人员、劳动力和资本在成员国之间的自由流通。于是在签订《欧洲经济共同体条约》(简称《欧共体条约》)的时候，欧共体创始国把建立公平的竞争制度作为主要的课题之一。因此，《欧洲经济共同体条约》的主要目的就是通过建立共同市场和协调各个成员国之间的经济政策，促进经济的发展。该条约的第 85 条关于禁止反竞争协议的规定和第 86 条关于禁止滥用市场支配地位的规定便成为欧盟竞争法最核心的内容。在此之后，欧盟立法机构又颁布了一系列的调整竞争关系的单行法规，欧盟委员会的司法实践和欧洲二级法院的司法判例与解释也逐渐发展起来，并最终形成了欧盟较为完善的竞争法律制度。

欧盟竞争法的主要依据是《欧共体条约》。根据《欧共体条约》第 2 条(6)的规定，欧盟竞争法的根本目的就是建立一个使共同市场内的竞争不受扭曲的机制，以实现经济协调、持续和稳定的发展，使人民的生活水平得以提高。并且在这个统一的、自由平等的竞争环境中，在协调各个成员国利益的同时，保护欧盟的利益，建立一个真正的单一市场。

有关欧盟竞争法的最主要内容具体体现在《欧共体条约》第 85 条和第 86 条中，第 85 条是有关禁止反竞争协议的法律规定。根据该条规定，企业之间的协议、企业集团所做的决定或者协调的行为，可能影响成员国之间的贸易并且具有妨碍、限制或者扭曲共同市场内的竞争的目的或者后果，因与共同市场不相容而被禁止。第 86 条是有关禁止滥用市场支配地位的法律规定。根据该条规定，一个或者多个企业滥用其在共同市场或者共同市场内部某个主要部分的市场支配地位，可能损害成员国之间的贸易的行为，因与共同市场不相容而被禁止。

2. 不正当竞争行为的构成要件

按照法学理论的基本要求，一个客观行为要由主体、客体和行为内容组成，同样的，不正当竞争行为也是这样，根据欧盟竞争法的规定，不正当竞争行为应当具备以下要件：

(1) 不正当竞争行为的主体是企业

欧洲法院在其判决中对于企业所下的定义是：“企业是指由人、各种有形的和无形的因素所组成的单独的组织，它是独立自主的法律实体，并且具有长期的经济目标。它具有自主决策的权利，并且是以从事经济活动为目标的组织。”按照竞争法的规定可以看到，企业不限于某种特定的组织形式，形式具有多样性，它是具有自主决策功能的经济实体，不受其他企业或者个人的控制或者影响，能够独立制定和执行自己的商业政策，自主做出计划、决定或者行动。企业是以长期从事经济活动为目的的，从事与生产、销售或者服务有关的行业。只有企业实施法律规定的不正当竞争行为的，才构成不正当竞争。在市场中处于消费者地位的民事主体不属于企业的范畴。

(2) 不正当竞争行为侵害的客体是欧盟共同市场

根据条约和欧盟其后通过的相关条例，该行为必须具有欧盟共同市场的意义，即其不正当竞争行为所引起的企业规模的变化和市场销售额的变化在共同市场内部具有相当大的影响。首先是要对欧盟市场产生影响，按照欧盟法院的判例所确定的，当通过一系列的法定的或者事实的客观因素，足以预见到其行为将直接或者间接地、实际地或者潜在地影响成员国之间的贸易模式的时候，就是成员国贸易可能受到了影响。其次是要达到显著的程度，按照欧盟法院的判例中确定的“程度轻微”的原则，只是对共同市场产生轻微影响的时候，不予以认定为不正当竞争行为，只有程度显著的行为才会被认为是触犯了条约的禁止性规定，才会被认定为不正当竞争的行为。

(3) 不正当竞争行为的内容是实施了具有扭曲竞争性质的行为

首先是使得正常的竞争条件发生了显著变化，它通过采取不同于在正常条件下销售产品或者提供服务的手段，具有妨害市场上仍然存在的竞争程度的维持或者竞争发展的后果的行为。它既可以是限制或者禁止的行为，也可以是激发剧烈竞争的行为。其次是伤害了企业的独立性和经营自主权，在欧盟法中竞争法的发展历史上，如果本身就是扭曲竞争的协议或者行为，是不能够豁免的。例如固定销售价格，分享市场协议，联合销售或者购买某种产品的行为，企业之间相互交换价格信息或者其他有关市场信息等行为。其次是当共同研究、开发等协议可能会限制竞争的时候，欧盟则是区别对待，因为它们是市场经济发展的结果，虽然在一定程度上阻碍了自由贸易，但是在一定程度上提高了竞争水平，有利于消费者最终得到高质量的产品或者服务。再次，是破坏了欧盟共同市场的统一，因为形成欧盟统一市场是欧盟一直孜孜以求的目标，当然不能容忍破坏市场统一的行为出现。

三、欧洲联盟反倾销法

欧盟反倾销法最早见于欧共体理事会 1968 年第 459 号《关于抵制非欧洲经济共同体成员国倾销和进口补贴的规则》。该规则经理事会多次修订，现在的最新规定是欧共体理事会 1995 年 12 月 22 日通过的《欧共体理事会关于抵制非欧洲共同体成员国倾销进口的第 384/96 号规则》(以下简称规则)。

欧盟反倾销法包括实体法规范和程序法两大部分，其主要内容如下：

1. 实体法方面

欧盟反倾销法的实体法，是指进口商品违反欧盟反倾销法的实质要件。主要有以下四个方面的规定：

(1) 倾销存在。“如果一个产品向共同体的出口价格低于在正常贸易过程中为该出口国确定的相似产品的正常价格，该产品就将被认定是倾销产品。”可见正常价格和出口价格的确定十分重要。规则第 2 条具体规定了正常价格、出口价格、价格比较和倾销幅度的确定方法。在正常价格确定上欧盟区分市场经济国家和非市场经济国家。对前者的基本标准是采用在正常贸易条件下的独立消费者的支付价格，否则采用结构价格或向第三国出口价格，而对非市场经济国家则采用极具争议的替代国价格。

(2) 损害存在。根据规则第 3 条第 1 款，损害是指“对共同体产业的实质损害，或构成实质损害的威胁，或严重妨碍有关产业的建立”。在其他条款中，规定了确定损害的证据、累积计算、因果关系等。对于共同体产业，第 4 条第 1 款规定“作为整个的共同体内相似产品的生产者，或是指其产品的集合产量构成整个共同体生产的主要部分的那些生产者”。

第 5 条第 4 款规定主要部分是指共同体内的总产量 50%以上,例外情况下共同体产业也可是共同体内一个被隔离的地区的生产者。

(3) 因果关系。根据规则第 3 条第 6 款,倾销进口的数量和价格水平与共同体产业受到的损害必须存在因果关系。对于因果关系,欧盟不要求倾销是损害的主要原因,仅要求是损害的实质原因之一,即“即便倾销所造成的损失只是其他因素造成的更广泛的原因的一部分,也存在让倾销者对此等损害承担责任的可能”。

(4) 共同体利益。规则第 21 条规定,反倾销的措施应当是基于共同体的利益。为此,应当将各方面的利益进行总体评价,即不仅要考虑共同体产业的利益,而且也要考虑共同体的用户和消费者的利益。

2. 程序法方面

在欧盟,实施反倾销任务的主要是欧委会,理事会决定最终反倾销税的征收,欧盟反倾销咨询委员会参与欧委会的决策。一个较完整的反倾销案一般要经过起诉(立案)、调查、初裁(征收临时反倾销税和价格承诺)、终裁(征收最终反倾销税)这几个过程。

(1) 起诉。根据规则第 5 条,任何自然人、法人以及没有法人资格的社团都可以共同体产业的名义提出书面申诉,要求为确定倾销的存在、倾销程度及其后果进行调查。

(2) 调查。调查的内容包括倾销和损害。条例详细规定了调查的时间、程序、听证、抽样使用、商业秘密的保护、信息披露等方面的内容。如为了不拖延时间,提高反倾销的效率,特别规定了调查一般应在一年内结束,任何情况下不得超过 15 个月。应当注意调查是反倾销程序中相当重要的一步,关于是否有倾销和损害,基本上是在此程序中确定的。因此被诉企业应与欧委会紧密合作,充分行使权利和履行义务,以便让欧委会得到对自己有利的证据,避之不理,只会自己受损。

(3) 征收临时反倾销税。根据规则第 7 条第 1 款,若利害当事人已被给予充分机会提供信息和做出评论,并且倾销和损害已经初步确认,为了共同体的利益也要求干预,便可征收临时反倾销税。这是欧委会可能采取的一项应急措施,其不需要调查结束,只要调查已开始并符合上述条件,便可在不早于起诉后 60 天、不晚于起诉后 9 个月开始征收。

(4) 价格承诺。如果出口商自愿承诺提高对共同体市场的出口价格,委员会经商议后对这种结果感到满意,就可以在不征收临时或者最终反倾销税的情况下终止调查。承诺的价格应当与确保消除倾销幅度的程度相适应。如果委员会认为承诺是不切实际的,比如出口商数目过大或者存在政策方面的原因,委员会就不会接受出口商的价格承诺。如果委员会经商议接受了承诺,调查就可以结束。

(5) 征收最终反倾销税。根据规则第 9 条,委员会经与咨询委员会商议后认为有必要征收最终反倾销税,就向理事会提交商议结果并提出终止诉讼的建议。理事会在一个月内没有做出其他决定,诉讼即为最终结束。征收最终反倾销税的决议由理事会根据委员会建议,经特定多数同意后做出。该决议以理事会规则的形式在欧共体官方公报上公告。最终反倾销税的幅度不应超过所测定的倾销幅度。最终反倾销税从征税之日起或者从对倾销或损害做出复审结论之日起 5 年终止,在征收过程中,如果共同体产业提供的信息说明,实施的反倾销措施没有使倾销产品在共同体市场的销售价格发生很大变化,委员会经商议后，可对案件重新进行调查。在必要的情况下，可修改现行的反倾销措施，重新计算倾销幅度。

四、欧洲联盟对外缔约权

作为国际法的主体，欧洲联盟具有国际法上的权利能力和行为能力，享有对外交往和缔结条约的权力。欧洲联盟的缔约权有以下两种：

1. 明示缔约权，是指《欧洲经济共同体条约》明确赋予欧洲联盟在一些特定事项上缔结条约的权力，包括为实施共同商业政策而缔结的关税和商业协定，同那些与某些成员国具有特殊关系的非欧洲国家签订的关系协定，同联合国的组织、专门机构以及其他国际组织签订的合作协定等。

2. 默示缔约权，通过欧洲法院的判例逐步确立。

关于欧洲联盟的缔约权限，欧洲联盟拥有专属权限和共有权限，在欧洲联盟享有专属权限的领域，成员国不再有权缔结与欧洲联盟行使的明示或默示权力明显或潜在发生冲突的条约。

五、欧盟司法制度

1. 欧洲法院

欧洲法院是根据欧盟基础条约设立的独立机构，其职责是保证欧洲联盟的法律得到尊重，保证在解释和适用欧洲联盟法律过程中的法律统一。

(1) 欧洲法院的组成

欧洲法院由15名法官组成，推选其中一人为院长，并由9名检察官（即公设律师、法律顾问或合法性代理人）协助工作，下设1正2副3名书记官。法官和检察官任期6年，院长任期3年。

法官任职期间不得担任任何其他政治或行政职务，也不得从事任何计酬或不计酬的其他工作。检察官的工作独立于法官，他们不代表欧洲联盟，也不代表任何成员国，只为公共利益代言，其意见对法官具有重要影响。

(2) 欧洲法院的管辖权

① 先予裁决的权力。先予裁决权是指欧洲法院有权对成员国法院提出的有关条约的解释、欧洲联盟机构通过的法令的效力和解释，或者其他机构的章程的解释问题进行裁决。这一程序适用于成员国法院已经受理并且正在审理的涉及欧盟法解释的案件。欧洲法院在此行使的职能相当于宪法法院的职能。

② 受理委员会或一个成员国对另一个成员国违反欧盟法的诉讼。欧洲法院有权对成员国违反欧盟法的事实进行审查，直至宣告违法行为的存在。

③ 受理对欧盟机构提起的诉讼。欧洲法院有权应当事人请求，对欧盟机构的法令和其他行为的合法性进行审查，确定其是否符合欧盟法，从而在法律上制约欧盟各机构管理联盟的行政行为，欧洲法院在此行使行政法院的职能。

④ 欧洲法院同样具有普通法院的职能，有权受理纯司法性质的案件。它有权审理非契

约上的损害赔偿的纠纷，以及联盟机构与其雇员的雇佣契约上的纠纷。

2. 诉讼程序

(1) 书面程序

这是由原告提出诉状、开始诉讼的第一阶段。法院书记官将诉状及有关资料送达被告后，被告在一个月内应提出答辩。对此，双方可反驳和再答辩。然后以书面程序结束。

(2) 预先调查

这一阶段，涉及对事实问题的认定，由法院决定需要哪些证据。收到诉状后，法院院长即指定法官担任审判长，负责相应案件的审理，并同时指定检察官。法官着手审理，并进行必要的开庭、调查取证、鉴定等。全部调查取证完毕，院长决定下一程序开始的日期。

(3) 口头程序

口头程序相当于正式的开庭审理阶段，由院长主持。审判长宣读报告后，双方当事人及代理人进行询问，检察官宣读意见书。

(4) 判决

判决由法官秘密评议后做出，以多数法官的意见为准。判决当众宣读，自宣告之日起即生效。欧洲法院的判决为终审判决，不得上诉。

欧洲法院对其判决没有直接执行的权限；但由于欧盟法规定了有关成员国应采取相应的措施，同时规定了对拒不执行判决的成员国所采取的制裁措施，所以其判决基本上得到了履行。

第三节　欧洲联盟法的基本特点和历史影响

一、欧洲联盟法的基本特点

1. 超国家性

欧盟不是国家，没有军队、警察等国家机器，其存在和发挥作用，皆凭欧盟法律制度，法律是欧盟的基本保证。欧盟法要发挥应有的作用，就必须保证欧盟法的超国家性，这是欧盟法律制度的要求，是欧洲联盟的基础。欧盟法的超国家性体现在两个方面：一是欧盟法在成员国直接适用；二是欧盟法对成员国法具有优先性。

2. 直接适用性

这是指欧盟的各个条约和欧盟的各个机构所制定的条例、指令、决定等法律规范可以在成员国中直接适用，而不必再在国内法程序上采取任何立法措施。并非欧共体条约的所有条款均具有直接的效力，法院在认定特定条款是否具有此等效力的过程中已经形成了一些重要的标准，如：(1)条款必须明确无误；(2)条款必须是无条件的，即不给成员国或欧共体机构留存酌量的余地；(3)如有期限规定，直接效力必须是在期限结束之后。

欧洲联盟法的这种直接适用性是十分重要的，它有效地确保了欧洲联盟法的统一。欧洲联盟法在成员国的直接适用，使欧洲联盟法成为各成员国国内法中不可分割的一个组成部分，在整个欧洲联盟的范围内具有相同的约束力。因此，欧洲联盟法中这些直接适用的规定，不仅在欧洲法院的诉讼中，而且也可以在各个成员国的国内法院所进行的诉讼中，均可由个人为了自己的权益而直接加以援用。

3. 优先地位，也即最高效力性

一般认为，共同体法律制度建立在“直接效力”和“最高权威”的双支柱基础上。最高权威也即最高效力。

欧洲法院认为，欧盟法具有优先地位，并且明确提出了欧盟法在成员国的直接适用性，原因是，成员国将产生于条约的权利和义务从国内法律制度转让给共同体法律制度，伴随着对其主权权利的永久限制。条约生效后颁布的与共同体法不一致的成员国法令不可能有优先性，因此此时成员国的立法活动是“越权”行为，所以无效。

4. 局限性

首先，欧盟法的调整范围具有明显的局限性，基础条约对赋予欧盟的权力有严格限定。与主权国家不同，欧盟仅具有成员国转让的部分权利，并只能在条约限定的范围内行使这些权力。主权国家还可以通过退出联盟，收回转让给欧盟的权利。所以欧盟仅在有限的范围内拥有管辖权，欧盟法主要调整经济货币联盟关系，和经济货币联盟有关的社会关系。就一国法律体系而言，欧盟法所规范的仅是一部分。

其次，欧盟不具备制定欧盟法的自主性。创建欧盟的基础条约以缔约国同意为生效前提，欧盟的二级立法均需以基础条约为依据，要尊重成员国主权，不能无视成员国政府的意愿。缔约国将部分权力转移给欧盟，本质上是通过欧盟合伙行使这些权力。欧盟不是，也不可能成为真正的主权实体，不可能真正凌驾于成员国之上。制定一项欧盟法规，尽管由欧盟委员会动议开始，欧洲议会通过“共同决策程序”予以辅助，但最终要经体现成员国意志的部长理事会表决才能生效。

再次，从欧盟法的实施看，欧盟缺乏行使其权力的下属机构，对成员国政府有关机构有很大的依赖性。欧洲法院及其下设的初审法院受理争议后，仅就争议做出裁决，裁决的执行则交由成员国有关机构负责。这样，成员国法律关于民事程序和救济手段的规定，直接影响欧洲法院裁决的执行。众所周知，欧盟成员国分属不同法系，各国的法律传统、法律制度不尽相同，这就很难保证欧盟法在所有成员国一致施行。欧盟委员会没有下属机构，许多欧盟政策通过后，只能责成成员国行政当局实施。

最后，欧盟法律对违法者缺乏有效的直接制裁手段，缺乏权威性。欧盟的创建者在基础条约中似乎有意回避对成员国违反共同体法规予以制裁的问题。《欧洲经济共同体条约》第 169 条和 170 条规定，欧共体不能要求后者执行裁决，而只能采取允许受害国集体报复的做法。对私人违反欧盟法的制裁，一般也只是课以罚金，并且是交由成员国当局执行。如成员国当局拒绝执行，则意味着该成员国虽违反条约义务，但对其亦无制裁措施。

综上所述，欧盟法（又称欧洲法）是一套前所未有、十分独特而复杂的法律体系，它与传统的国际法及国内法密切相关，但既不是一般的国际法，也不是一种国家法，因为它不仅适用于调整成员国国家之间的关系，而且还直接适用于成员国的公民和法人。欧盟法包容了成员国法律体系的精神和部分内容，但它并非任何一个成员国法律体系的独自产物，而是构成了一个“新的法律秩序”。欧盟法中既包括实体法，也包括程序法；既包括成文法，也包括不成文法；既包括国际法部分，也包括国内法部分；既包括宪法性法律，也包括非宪法性的一般法律。所以，不能单纯地把欧盟法归类于某个既存的传统法律部门，比如，由于欧盟法的基础和核心是《欧共体条约》和《欧盟条约》等基本法律文件，所以欧盟法可以概括为：以《欧共体条约》和《欧盟条约》等基本法律文件为基础和核心建立起来的，包括与修改、补充和实施《欧共体条约》和《欧盟条约》有关的其他条约。

二、欧洲联盟法的历史影响

1. 欧洲联盟法开创了新的法律模式，进一步促进了大陆法系和英美法系的相互融合，不但对欧洲联盟各成员国，而且对世界法律文化的发展产生了巨大影响。欧洲联盟法是在英美法系和大陆法系的共同影响下建立和发展起来的，本身已经上升为兼有大陆法系和英美法系因素的法律，它在成员国的直接适用和优先适用，必然给这些国家的法律带来另一法系的影响。对于大陆法系国家来说，适用欧洲联盟法意味着其法院正式承认判例渊源的合法性，并必须对其成文法传统做必要的理论变更。对英美法系国家来说，这种最初整个大陆法系模式创造出来的法律体系的直接适用，意味着必须调整本国现有的法律制度，大量接受大陆法系的法律术语和原理。欧洲联盟法已经成为使两大法系融合的一个重要动力。

2. 欧盟法包容了成员国法律体系的精神和部分内容，欧盟的成员国既有属于民法法系的，也有属于普通法法系的，它们之间的相互关系体现在欧盟在处理欧盟与各成员国的关系上遵循的是“从属性原则”。从属性原则原是大陆法系行政法中的一个原则，即国家在处理国家机关与公民、社会团体之间的关系时遵循的最小干预的原则，凡是公民和社会团体能够自己处理的问题，国家机关均不干预，由它们自行处理，只有当它们自己无法处理时国家机关才加以干预。欧盟将这一原则适用于处理欧盟与成员国之间的关系问题，即凡是成员国能够自己处理的问题，欧盟不加干预，只有当成员国自己不能处理时，欧盟才加以干预。1993 年生效的建立欧盟的《马斯特里赫特条约》把从属性原则表述为：“只有在成员国采取措施的目的不能充分实现，而共同体采取措施的目的由于范围和效果的原因能更好地实现的情况下，共同体将根据辅助性原则采取措施。”(1999 年的《阿姆斯特丹条约》将共同体采取措施的范围进一步分为三种情况：第一，所考虑的问题具有跨国性，成员国的措施对其不能满意地加以调整；第二，只有成员国采取措施或缺少共同体的措施会与条约的要求相冲突或破坏成员国的利益；第三，共同体层次上的措施由于规模或效果上的原因，比成员国层次上的措施会产生明显的利益。特别值得注意的是，在辅助性原则的指引下，成员国法之间的协调很少采取在欧盟层次上制定新法律的形式，而更多地采取相互承认各国标准和在欧盟层次上制定最低限度的规则，而允许成员国制定更高标准的规则的形式。因此在许多欧洲学者看来，所谓“一体化”，实际上是“协调化”。)所以欧盟法与民法法系、普通法法系之间是相互制约、相互影响、相互配合的，欧盟法与各成员国的国内法的独立性和互补性决定了两者的关系。一方面，欧盟法直接进入成员国的国内法体系，并在一定条件下，欧盟法在国内直接适用，产生效力，具有绝对的优先适用权。这正如欧洲法院所指出的那样，从欧洲各大共同体的角度来看，各成员国的国内法，甚至宪法，都有义务贯彻欧盟法。欧盟法的统一效力不允许单个的成员国在条约的授权之外还单边地援引本国国内法，特别是本国的宪法。欧洲法院对欧盟法与成员国的国内法关系做出解释时指出，根据共同体法优先效力的原则，在与成员国的国内法律规范的关系问题上，条约规定以及由共同体各机构颁布的具有直接适用效力的法律文件，不但优先于在它们生效之后与其发生竟合的国内所有相关法律规范，而且还优先于各个成员国在这一领域已经存在的具有最高法律效力的法律规范——因为成员国通过新的立法行为进行立法时，如果该法律与共同体法律相抵触的话，该立法者应该阻止这一法律文件的产生。假如成员国的国内立法者认可了国内的某些法律规范的某种法律效力的话，而这些法律规范对共同体法律规范已经发生效力的某一领域会产生某种影响，或者甚至和共同体法律规范出现了不一致，那么，国内立法者的这种行为就会否定各成员国所负有的条约义务的不可保留性和不可撤销性，甚至这种行为也会使共同体的基础发生问题。而对于在成员国国内从事法律工作的法官，都有义务使共同体法不受任何限制地适用，并且为了实现共同体法对个体权利的保护，国内法院的法官们应当把所有可能与共同体发生冲突的国内法律规范，无论其产生早于共同体法还是晚于共同体法，都应排除适用。由此可见，欧盟法的优先效力毫无疑问已经非常明显地表现出来了。

三、中国与欧盟

1975年5月，欧洲经济共同体(欧盟的前身)同中国建立了外交关系。以此为起点，中欧关系开始了新的篇章。中国改革开放为中欧关系的发展注入了新的活力，欧盟更加重视发展对华关系。1995年7月，欧盟出台第一个对华战略文件——《欧中关系长期政策》。欧盟开始从战略高度调整对华政策，并确定了长期发展对华关系的基本框架。文件指出，“欧盟必须发展起能够与中国在世界及地区范围内的经济和政治影响力相适应的长期关系”，将对华关系作为“欧盟对外关系，包括对亚洲和全球关系的一块基石”。

1998年、2002年、2003年，欧盟又先后制定了3个对华关系文件。近年来，欧盟采取一系列具体步骤，发展同中国的关系。1998年1月，欧盟倡议在第二届亚欧会议期间举行欧中领导人会晤，进而建立欧中领导人定期会晤机制。1998年4月，中国—欧盟领导人举行首次会晤，并发表了联合声明，希望中国和欧盟建立面向21世纪的长期稳定的建设性伙伴关系。双方决定每年举行一次中欧领导人会晤。截至2020年12月，双方领导人已经举行了7次会晤。1998年2月，欧盟放弃在人权问题上同中国对抗的政策，表示在联合国人权会议上，无论作为整体的欧盟，还是单个成员国，都不再提出也不再支持所谓谴责中国人权记录的决议案。随着中国经济改革不断取得重大进展，欧盟于1998年3月开始不再将中国列入“非市场经济名单”。中国同样重视发展同欧盟的关系。

2003年10月，中国发表《中国对欧盟政策文件》，阐述了中国对欧盟的政策目标和以后5年的合作措施。这份文件表达了中国政府在政治、经济、文教、社会、军事5个方面与欧盟进行全面合作的愿望。这是中国政府首次制定针对欧盟的对外政策文件，是对近年来欧盟发表的一系列对华政策文件的积极回应。

中国同欧盟建交30年来，经过双方共同努力，中欧关系已处于历史上最活跃、最富有成果的时期。双方在各个领域的友好合作关系全面发展，取得了丰硕的成果。中欧高层领导人保持了频繁的互访和接触，就重大国际问题和地区热点问题加强磋商和协调。双方确立了发展全面战略伙伴关系的目标。欧盟已成为中国第一大贸易伙伴，中国是欧盟的第二大贸易伙伴。这些都标志着中欧合作的领域不断拓宽，合作水平不断提高，双边关系正步入成熟、健康、稳定发展的新阶段。

本章习题

1. 欧盟法的概念是什么？
2. 解决欧盟法与成员国法之间关系的原则是什么？
3. 欧洲联盟法的基本特点是什么？
4. 欧洲联盟法的历史影响有哪些？